现代经济与管理类规划教材
普通高等教育"十三五"规划教材

人力资源管理
——有效提升直线经理管理能力

主编 赵继新 魏秀丽 郑强国

清华大学出版社
北京交通大学出版社
·北京·

内容简介

全书内容共 10 章，分别为：人力资源管理与企业竞争优势、人力资源规划、工作分析、招聘和甄选、员工培训和开发、绩效管理、薪酬和福利管理、员工职业生涯管理、员工帮助计划、员工关系管理。

本书强调人力资源管理是能够帮助企业赢得竞争优势的，强调直线经理在人力资源管理工作中的重要作用，强调直线经理应当提高人力资源管理技能。

本书适合作为工商管理类本科生、研究生、MBA 教材使用，也适合作为企业人力资源部和直线经理提升人力资源管理技能的首选培训教材。

本书封面贴有清华大学出版社防伪标签，无标签者不得销售。
版权所有，侵权必究。侵权举报电话：010-62782989 13501256678 13801310933

图书在版编目（CIP）数据

人力资源管理：有效提升直线经理管理能力 / 赵继新，魏秀丽，郑强国主编. —北京：北京交通大学出版社：清华大学出版社，2020.6
现代经济与管理类规划教材
ISBN 978-7-5121-4214-5

Ⅰ. ① 人… Ⅱ. ① 赵… ② 魏… ③ 郑… Ⅲ. ① 人力资源管理–高等学校–教材 Ⅳ. ① F243

中国版本图书馆 CIP 数据核字（2020）第 089658 号

人力资源管理——有效提升直线经理管理能力
RENLI ZIYUAN GUANLI——YOUXIAO TISHENG ZHIXIAN JINGLI GUANLI NENGLI

责任编辑：吴嫦娥					
出版发行：	清华大学出版社	邮编：100084	电话：010-62776969	http://www.tup.com.cn
	北京交通大学出版社	邮编：100044	电话：010-51686414	http://www.bjtup.com.cn
印 刷 者：北京时代华都印刷有限公司					
经　　销：全国新华书店					
开　　本：185 mm×260 mm　　印张：12.5　　字数：320 千字					
版 印 次：2020 年 6 月第 1 版　　2020 年 6 月第 1 次印刷					
定　　价：39.00 元					

本书如有质量问题，请向北京交通大学出版社质监组反映。对您的意见和批评，我们表示欢迎和感谢。
投诉电话：010-51686043，51686008；传真：010-62225406；E-mail：press@bjtu.edu.cn。

前　　言

世面上已经有众多的人力资源管理教材，再写一本人力资源管理的教材，我们将给读者呈现什么样的特色呢？这是本书在编写之前一直思考的问题。

经过教学团队的讨论，本书聚焦于以下三点。

1. 强调人力资源管理是能够帮助企业赢得竞争优势的

在这一点上，我们非常赞同战略人力资源管理的思想。如果人力资源管理不能为组织战略提供支撑作用，那么人力资源管理就会陷入无价值的事务性活动中。人力资源管理必须要为组织创造价值。因此，本书在每章都专门阐述了人力资源管理职能是如何为组织带来竞争优势的。

2. 强调直线经理在人力资源管理工作中的重要作用

组织要想做好人力资源管理工作，需要直线经理积极参与其中并发挥作用，但是这一点往往容易被忽视，也被直线经理所忽视。因此，本书在每章中专门论述人力资源部门和直线经理应当如何进行配合才能取得好的效果。

3. 强调直线经理应当提高人力资源管理技能

直线经理是员工面对的直接上司，组织的人力资源管理政策的上传下达及人力资源管理的每一个环节都需要直线经理的参与。对于直线经理而言，人人都应该是人力资源的管理者。为此，直线经理需要提高人力资源管理技能。

本书是在北京市教学名师赵继新教授的带领下，由北方工业大学经济管理学院工商管理系人力资源管理教学团队的老师编写，团队成员具有丰富的教学经验和实践经历。赵继新教授负责本书的整体设计，把握本书的框架结构，魏秀丽和郑强国负责本书的审阅和统稿。编写的具体分工如下：第1章和第2章，张淑谦；第3章和第4章，魏秀丽；第5章和第10章，付艳荣；第6章和第7章，郑强国；第8章，罗文豪；第9章，宋钰。

在本书的编写过程中，我们参考了国内外学者的成果，在此深表感谢。

我们期待这本书能不断完善人力资源管理的知识体系，丰富教学内容，提升人力资源管理的应用价值。相对于不断更新的管理实践，本书肯定存在不足之处，恳请读者们提出宝贵的意见，以便我们能够不断丰富和完善本书。

本书得到"2018 年北方工业大学教材建设专项"资助。

编　者

2020 年 6 月

目　　录

第1章　人力资源管理与企业竞争优势 … 1
　学习目标 …………………………………… 1
　开章案例 …………………………………… 1
　1.1　人力资源管理 ………………………… 2
　1.2　人力资源管理与获取组织竞争
　　　　优势 ……………………………… 5
　1.3　经理人指南 …………………………… 11
　重点提示 …………………………………… 13
　讨论题 ……………………………………… 14
　案例研究 …………………………………… 14

第2章　人力资源规划 ……………………… 16
　学习目标 …………………………………… 16
　开章案例 …………………………………… 16
　2.1　人力资源规划与获取组织竞争
　　　　优势 ……………………………… 17
　2.2　人力资源规划的问题及实践 ……… 19
　2.3　经理人指南 …………………………… 27
　重点提示 …………………………………… 31
　讨论题 ……………………………………… 31
　案例研究 …………………………………… 31

第3章　工作分析 …………………………… 33
　学习目标 …………………………………… 33
　开章案例 …………………………………… 33
　3.1　工作分析与获取组织竞争优势 …… 34
　3.2　工作分析的问题和实践 …………… 36
　3.3　经理人指南 …………………………… 47
　重点提示 …………………………………… 48

　讨论题 ……………………………………… 48
　案例研究 …………………………………… 49

第4章　招聘和甄选 ………………………… 51
　学习目标 …………………………………… 51
　开章案例 …………………………………… 51
　4.1　招聘和甄选工作与获取组织竞争
　　　　优势 ……………………………… 52
　4.2　招聘和甄选的问题及实践 ………… 53
　4.3　经理人指南 …………………………… 68
　重点提示 …………………………………… 70
　讨论题 ……………………………………… 70
　案例研究 …………………………………… 71

第5章　员工培训和开发 …………………… 75
　学习目标 …………………………………… 75
　开章案例 …………………………………… 75
　5.1　员工培训和开发与获取组织竞争
　　　　优势 ……………………………… 76
　5.2　员工培训和开发的问题及实践 …… 78
　5.3　经理人指南 …………………………… 96
　重点提示 …………………………………… 97
　讨论题 ……………………………………… 97
　案例研究 …………………………………… 98

第6章　绩效管理 …………………………… 99
　学习目标 …………………………………… 99
　开章案例 …………………………………… 99
　6.1　绩效管理与获取组织竞争优势 … 100
　6.2　绩效管理的问题及实践 ………… 101

I

  6.3 经理人指南 ·················· 114
  重点提示 ······················ 118
  讨论题 ························ 118
  案例研究 ······················ 119

第 7 章 薪酬和福利管理 ············ 120
  学习目标 ······················ 120
  开章案例 ······················ 120
  7.1 薪酬和福利管理与获取组织竞争
    优势 ······················ 121
  7.2 薪酬和福利管理的问题及实践 ··· 122
  7.3 经理人指南 ·················· 135
  重点提示 ······················ 136
  讨论题 ························ 136
  案例研究 ······················ 136

第 8 章 员工职业生涯管理 ············ 138
  学习目标 ······················ 138
  开章案例 ······················ 138
  8.1 员工职业生涯管理与获取组织
    竞争优势 ·················· 139
  8.2 员工职业生涯管理的问题及实践 ··· 141
  8.3 经理人指南 ·················· 149
  重点提示 ······················ 150
  讨论题 ························ 151

  案例研究 ······················ 151

第 9 章 员工帮助计划 ················ 153
  学习目标 ······················ 153
  开章案例 ······················ 153
  9.1 员工帮助计划与获取组织竞争
    优势 ······················ 154
  9.2 员工帮助计划的问题及实践 ····· 155
  9.3 经理人指南 ·················· 163
  重点提示 ······················ 165
  讨论题 ························ 165
  案例研究 ······················ 166

第 10 章 员工关系管理 ·············· 168
  学习目标 ······················ 168
  开章案例 ······················ 168
  10.1 员工关系管理与获取组织竞争
     优势 ····················· 169
  10.2 员工关系管理的问题及实践 ···· 170
  10.3 经理人指南 ················· 187
  重点提示 ······················ 189
  讨论题 ························ 189
  案例研究 ······················ 190

参考文献 ························ 192

第1章
人力资源管理与企业竞争优势

学习目标

◎ 理解人力资源管理实践的本质；
◎ 理解人力资源管理对保持竞争优势的重要性；
◎ 理解如何通过人力资源管理来获取组织竞争优势。

开章案例

阿里巴巴卓越的人力资源管理实践[①]

问题：如何让阿里巴巴持续发展 102 年

如何让阿里巴巴持续发展 102 年，这不仅仅是阿里巴巴曾经的掌门人马云对自己及其高管团队的问话，更是一个卓越的企业家对企业持续竞争力的思考。从某种意义上讲，阿里巴巴"不是一家公司，而是一个由五湖四海具有阿里味的平凡人聚集的集体"，创始人马云曾说过，"现在的阿里巴巴，有一个汇聚世界精英的团队，但是，我们在用人上选的都是对公司价值观有认同感的人，选的都是平凡的人，阿里巴巴就是要把平凡的人聚在一起，做件不平凡的事。"

解决办法：努力打造阿里的平凡型人才

围绕马云努力打造平凡型人才、构建阿里持续竞争优势的思路，阿里巴巴集团在招聘员工时主张"一看二判断"。"一看"是看员工是否认同公司的文化、目标与理想等，"二判断"是在"一看"的基础上，判断员工是否具有"阿里味"。"阿里味"主要是两点：第一，这个人必须善良；第二，愿意主动先相信别人一点。目前，阿里巴巴有近 9 万名员工，为了引导来自五湖四海的阿里人建立对阿里价值观的认同感，将众多教育背景、工作经历、个性特质各不相同的阿里人连接在一起，集团人力资源管理业务的部门和人员都应该掌握让每个员工融入阿里的关键：要引导员工主动把自己的盔甲先卸下去一些，愿意主动去拥抱别人。准确地说，阿里巴巴人力资源管理的核心就是要在人海中找到那些具有阿里味的平凡人，并在相互建立连接后一起去做不平凡的事。为集团储备大批优秀年轻干部，是张勇作为阿里巴巴新任 CEO 的重要职责，他积极寻找和提拔了一批 80 后乃至 85 后的年轻人，这些年轻人没有经历过 PC 端的辉煌，甚至来阿里前都没做过电商，但就是靠这些初生牛犊，阿里才顺利完成了从 PC 端到移动端的转型。

效果：别具一格的用人标准与阿里的持续竞争优势

阿里巴巴的用人标准是：认同、谦卑、忠诚、善于沟通、自动自发、敬业、合作并且积

[①] 马海刚，彭剑锋，西楠. HR+三支柱：人力资源管理转型升级与实践创新. 北京：中国人民大学出版社，2017.

极进取。此外，阿里用人的最高境界是提升人的观念，主张青出于蓝而胜于蓝，优秀的领导者善于看到别人的长处，永远要相信身边的人比你聪明。无论是领导者还是普通员工，作为"阿里人"，始终是怀着一颗谦卑、平凡的心，努力做好看似平凡的工作，却正在一步步完成一件不平凡的事，为阿里巴巴的持续102年而努力着。

显然，人力资源为企业竞争优势提供了可能性，又将这种可能性转化为现实，所以，人力资源管理是企业持续竞争优势的来源。著名管理学者彼得·德鲁克认为，管理的实质是管人。组织中每一位管理者在行使管理的计划、组织、领导、控制职能的过程就是"求才、用才、育才、留才"的过程，因此，人力资源管理是每一位直线经理的职责。

这不仅仅是一个概念的转换，更是对现代管理核心的正确认知，这将对未来的企业管理具有非常重要的意义。因为，高素质的人力资源永远难以代替高效的人力资源管理，做好人力资源管理工作是现代企业管理的核心。

1.1　人力资源管理

在当今新的竞争格局下，竞争已经不再仅限于对成本的控制，对产品和服务的不断创新是企业获取竞争优势的源泉。而企业较高的创新质量和创新速度，是基于其卓越的人力资源管理实践。比如，对组织未来职位的人力资源需求和供给的分析与预测，对组织员工持续、有效的激励等人力资源管理实践，可以有效地降低组织未来的运营风险并可以使组织的员工具有创新的动力并保持创新的持续性，从而创造出不同于竞争对手的产品和服务，实现组织的价值增值，获得竞争优势。

人力资源管理（human resource management）是组织对其员工的有效管理，包括对组织所需人员进行招聘前、招聘中及招聘后的相关管理过程。人力资源管理涉及如何有效地处理组织与员工之间的相关事务，以提升员工和组织之间的相互承诺，增强彼此的信任感和满意度，从而提升组织效能，保持组织的竞争优势。

1.1.1　人力资源管理的员工招聘前实践

人力资源管理的招聘前阶段，是组织人力资源管理实践的基础，包括组织的人力资源规划和工作分析。在这一阶段，组织需要判断自身的职位需求，同时确定挑选对象应该具备的核心能力，其核心是为组织的员工招聘做准备。在这一阶段，组织需要确定未来符合业务发展要求的求职者，并选择一定的测评体系，以便在未来招聘过程中对其能力进行评估。

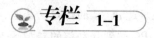

互联网时代对人力资源管理的挑战

互联网时代的到来，推动着技术变革和商业模式演进，甚至给产业带来颠覆性的变化，以此对企业管理带来了前所未有的挑战。国内领先企业，都在不断探索企业管理的创新之路，以保持其竞争优势的可持续性。华为、海尔、腾讯、阿里巴巴等知名企业基于各自拥有的资源优势，在企业的人力资源管理实践中将企业在消费互联网获取的相关数据、粉丝等新概念，融合到企业运营过程，构建了基于 HR 的用户意识和产品意识；重视自身 HR 的能力建设，使 HR 成为企业最亲密的战略合作伙伴。

1. 人力资源规划

人力资源规划（human resource planning）是判断组织在未来环境变化中的人力资源需求，从而获取、开发和使用员工以满足未来业务发展的需要。它主要包括组织根据自身的战略计划，进行相应的人力资源需求与供给预测，从而确定实现组织战略目标所需的员工数量和类型。

具体见第 2 章内容。

2. 工作分析

工作分析（job analysis）是获取和分析有关工作详细信息的系统性过程。工作分析对各岗位员工的工作内容和任职资格进行详细的描述，其信息用于规划和协调人力资源管理实践，包括以下工作内容：

- 确定任职资格；
- 制订挑选方案；
- 制订培训计划；
- 编制绩效考核表；
- 确定薪资水平；
- 制定生产力改进方案的绩效标准。

具体见第 3 章内容。

工作分析信息的应用

针对某公司采购文员职位的空缺，公司人力资源总监把工作分析的信息用于六个方面，如图 1-1 所示。

```
决定空缺的采购文员职位的任职资格。

设计最佳的招聘方案，进行采购文员的招聘。

编制采购部的绩效考核表，对各岗位的员工绩效进行评估。

制订采购部的员工培训计划，包括对采购人员进行与公司业务相关的培训，加深其对自身工作内容的了解。

制订采购部工作绩效的改进方案和绩效标准，激发员工工作热情。

制订薪酬方案，包括为新录用的采购文员制定恰当有效的薪酬激励方案。
```

图 1-1　工作分析信息的使用

1.1.2 人力资源管理的员工招聘实践

招聘（recruitment）是组织为具体职位定位和吸引求职者的过程。其目标是迅速、低成本和有效地寻找具备资格的求职者，包括内部招聘和外部招聘两种方案。

甄选（selection）是评估和选拔求职者的过程。有效挑选求职者的关键在于制定恰当的甄选方法和程序。

具体见第 4 章内容。

1.1.3 人力资源管理的员工招聘后实践

人力资源管理的员工招聘后实践是保障员工绩效水平的重要工作，具体包括员工的培训和开发、绩效评估、薪酬体系、工作效率的改进方案等，其核心是员工的培训与开发，使得员工通过有计划的学习过程，掌握工作中必要的知识和技能，并不断激励员工在实现个人目标的同时提高对组织目标的贡献度，从而提升员工个人绩效和组织整体绩效，降低产品和服务的成本，增强组织竞争优势。

1. 培训和开发

培训（training）和开发（development）是组织为了适应自身业务和发展的需要，有计划地培养和训练员工使其胜任当前或未来工作的过程，通过培训和开发，员工的知识和技能水平有所提升，从而有效地提高个人工作绩效。

具体见第 5 章内容。

2. 绩效评估

绩效评估（performance appraisal），即组织通过有效的绩效评估程序，对员工的绩效作出准确的评价并反馈给员工。通过绩效评估，可以激励员工发挥积极性和创造力，同时使员工认识到自身在工作中的不足并改进，从而提升组织绩效和员工个人价值。绩效评估是管理层对员工作出加薪、晋升等决策的重要参考依据。

具体见第 6 章内容。

3. 薪酬和福利

薪酬（pay）是员工获得的工资或者薪水；福利（benefits）是组织支付员工的另一种报酬形式，如员工保险、利润分红等。薪酬和福利管理是组织激励员工实现组织目标的重要环节。

具体见第 7 章内容。

4. 职业生涯管理

职业生涯管理（career management）是指由组织所实施的、旨在开发员工的潜力，留住员工，使员工能够自我实现的一系列管理方法。

具体见第 8 章内容。

1.1.4 影响人力资源管理实践的其他因素

组织要让员工实现良好的个人绩效，必须确保排除影响工作绩效、安全与健康的消极因素，同时组织应当依法进行劳动关系管理，树立组织良好的形象，营造一个良好的劳资环境，构建一个规范、和谐的劳动关系；否则组织不仅会面临法律和社会的压力，更会因此而扰乱

第 1 章　人力资源管理与企业竞争优势

组织正常的业务运营。

1. 员工帮助计划

员工帮助计划（employee assistance program，EAP）不仅旨在帮助员工，甚至包括帮助员工家属处理和解决各种问题，从而排除影响工作绩效、安全与健康的消极因素。而且，在此基础上，EAP 的另一大重要职责便在于"提高工作效率、提升组织生产力"。EAP 的目的在于预防、识别、解决个人及生产效率问题，从而保证工作有效性，提高组织竞争优势。

具体见第 9 章内容。

2. 劳动关系

劳动关系（employee relations）主要是指如何处理好组织和员工的关系，既合理又合法。这不仅需要提高管理技巧，还需要懂法守法。所以，组织应当依法进行劳动关系管理，树立企业良好的形象，营造一个良好的劳资环境，构建一个规范、和谐的劳动关系，促进共同发展，增强企业竞争优势。

具体见第 10 章内容。

1.2　人力资源管理与获取组织竞争优势

组织的人力资源管理实践能为其获取竞争优势做出重要贡献。有效的人力资源管理实践能创造成本领先和产品差异化，从而提升组织的竞争优势。

1.2.1　获取竞争优势的重要途径

竞争优势（competitive advantage）是组织在竞争过程中所表现出来的特性。这种特性具有不同于其他竞争对手的价值性和难以模仿性，是组织利润和效益的源泉。竞争优势的获取会受到组织所拥有的技术资源、管理能力、品牌价值和劳动力等因素的影响。组织形成和利用竞争优势的核心目的是获得可持续的市场用户，因此，为客户创造价值是组织获取竞争优势的保证，成本领先和产品差异化就是组织获取竞争优势的重要途径。

1. 成本领先

成本领先战略（cost leadership strategy）是组织用相比竞争者较低的成本生产与其相同的产品而获取竞争优势的战略。

单位成本是生产一单位产品的成本，即

$$单位成本=生产总成本/生产数量$$

在生产总成本不变的条件下，增加生产数量能降低单位成本；在生产数量不变的条件下，减少总成本能降低单位成本。如：某手机生产商能用 10 万元生产 200 部手机，每部手机的成本为 500 元，该生产商可以通过用 10 万元生产 250 部手机或用 8 万元生产 200 部手机可以使手机的单位成本降到 400 元。

那么，通过什么方法可以在成本不变时增加生产数量或在生产数量不变的条件下减少总成本呢？从管理的角度看，只有通过优秀的员工来实现技术的创新、生产费用的降低、产品数量和质量的提高，以此通过技术创新，降低产品的生产费用；通过提高每个员工的工作效率，增加产品的数量和质量；通过优化管理方式，减少管理费用从而降低手机生产的总成本。

2. 产品差异化

产品差异化（product differentiation）是提供与竞争者不同而受消费者欢迎的产品和服务的竞争战略。通常有如下方法：

- 产品质量差异化；
- 产品功能差异化；
- 产品服务差异化；
- 产品销售地点差异化。

当产品的销售利润足以弥补差异化形成的成本时，该战略就具有竞争优势。如手机生产商提供质量比竞争者更可靠的产品而受消费者青睐时，该生产商就通过产品差异化战略获得了竞争优势。企业如果能使得顾客对自己的产品和服务有高水平的满意度，那么它将能在危机中渡过难关。

1.2.2 人力资源管理实践与竞争优势相联系的模型

组织发展的环境是动态的。尤其在当今的经济环境下，不确定性将会导致构成组织能力的各要素发生变化，从而导致组织核心竞争能力的刚性，影响组织持续竞争优势的获得。这就需要企业在一定时期内充分利用企业的核心能力，同时注意选择和形成新的核心能力，不断检验现有和未来核心能力的有效性，以实现企业持久的竞争优势。而组织的人力资源管理实践是竞争者很难模仿的，因为这是基于组织文化所构建的组织制度，特别是组织的绩效制度、薪酬制度、晋升制度、培训制度等，即使这些被竞争者知道，简单的模仿并不能带来真正的优势。

在全球经济中，劳动成本、财务资源、原材料的获取及通过高质量的创新，向客户提供有效的服务和产品，从而在有限的时间内实现对市场的调节和控制是组织竞争优势的来源。而组织竞争战略的实现常常有赖于训练有素的、具有较高组织承诺度的员工，而这恰好说明，员工的能力和动机代表了一种不可或缺的竞争优势。比如，苹果公司以其创新性的产品而闻名于世，但是如果没有那些作为其竞争优势的极富创新性的杰出的工程师，也就不可能有那些对消费者极具吸引力的产品。类似地，日本丰田汽车公司提供的高质量、低价格的汽车也不仅仅是那些精密设备的产物，同样也得益于其训练有素且具有很高组织承诺度的员工，正是他们的辛勤劳动和严格自律才实现了以尽可能低的成本生产出最好的汽车的目标。

因此，组织竞争优势的获取离不开人力资源和人力资源管理实践。

为什么有效的人力资源管理实践能提高组织的竞争优势呢？图1–2的模型解释了这个问题，图1–2中的箭头表明了人力资源管理实践影响竞争优势的两种途径：直接途径和间接途径。

第 1 章　人力资源管理与企业竞争优势

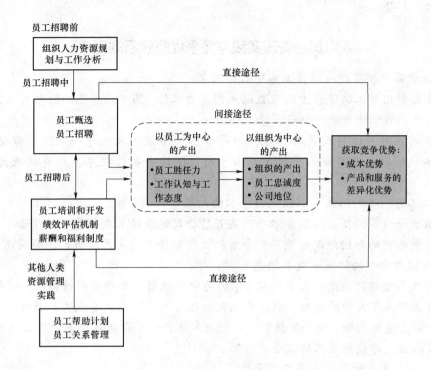

图 1-2　组织人力资源管理实践与组织竞争优势获取

1.2.3　人力资源管理实践对竞争优势的直接影响

组织通过有效的人力资源管理实践可以获得成本领先优势，这其中的成本包括招聘、挑选、培训、报酬等，它们在组织的支出中占有相当的比重。比如服务行业，在其总成本中，工资所占的比例达到了三分之二以上。

与人力资源管理有关的成本，在同类行业的不同组织之间有很大差别，因此降低这些成本组织就获得了财务上的竞争优势。显然，设计一个成本较低的招聘方案就能降低组织的人力资源管理成本，从而取得成本优势。比如，如果工厂甲是通过内部员工的介绍发现了新的求职者，这就避免了通过广告招聘的广告费，从而节省了一大笔人力资源招聘费用。即：若这两种途径招聘到的员工具有同等的素质，那么，工厂甲就可以在保持产能的条件下降低组织成本，获得成本领先优势。

1.2.4　人力资源管理实践对竞争优势的间接影响

从图 1-2 中可以看出，人力资源管理实践同时也通过以下途径间接地影响着组织的竞争优势，即人力资源管理实践→以员工为中心的产出→以组织为中心的产出→竞争优势，它们之间的联系可以通过专栏 1-2 中的实例反映出来。

专栏 1-2

人力资源管理实践与竞争优势联系的例子

1. 人力资源管理实践→以员工为中心的结果
- 一个公司用员工持股的方式来激励他们努力工作。为了让自己的股票升值,员工们都积极地做好自己的工作来提升公司业绩。
- 某公司在挑选销售人员的时候,对每个参加面试的人进行一次情景模拟,公司只聘用具有乐观的、友善品质的求职者。由于使用了这个挑选程序,所有被录用的人都表现良好。

2. 以员工为中心的结果→以组织为中心的结果
- 得益于一线员工良好的服务水平,某百货公司的业绩长期领先于竞争者。
- 公司最出色的部门经理拒绝了竞争者的工作邀请,因为其对自己的公司有所承诺。

3. 以组织为中心的结果→成本领先
- 一家汽车经销商业绩一直表现突出,因为他们拥有一个精英销售团队。公司在员工的挑选和培训上投入了大量的资金,以培养出色的销售人员。要是有优秀的员工离开了公司,那么业绩一定会受到影响;而如果他们对组织有所承诺,公司就不用承担员工流失受到的损失并节省了挑选和培训新员工所需要的费用。

4. 以组织为中心的结果→产品差异化
- 一个家电企业通过提高产品质量和改进产品功能来增加销量。企业鼓励研发人员大胆创新、勇于尝试来创造新的产品,最后取得了良好的经营成绩。

1. 人力资源管理实践→以员工为中心的产出

以员工为中心的产出指与员工的工作胜任、动机及与工作相关的态度。具体包括以下内容。

① 工作胜任:员工是否具备工作所需要的知识和技能。
② 动机:员工是否愿意努力工作。
③ 与工作相关的态度:员工是否对工作满意且行为是否有利于组织。

工作满意度(job satisfaction)是指员工对工作所持态度的良好程度。员工的工作满意度较高意味着他们喜欢自己的工作内容、组织环境、薪酬水平等。

组织承诺(organizational commitment)是员工对组织的认同感和由此产生的归属感,核心是指员工对组织文化的认同感。具有较高组织承诺的员工能够在组织遇到困难时忠诚于组织,决不轻易离开组织。

组织公民行为(organizational citizenship)是指员工在岗位职责之外的、自发的行为,包括员工愿意帮助组织实现目标的行为,包括以下内容。

① 责任心:能高质量、高效率地完成任务。
② 利他主义:员工之间互相帮助。
③ 公民道德:反对不利于组织的行为。
④ 运动员精神:对工作具有乐观、积极的态度。

⑤ 谦恭：员工之间互相尊重。

优秀的组织公民能在与工作相关的事务上积极帮助同事，担负暂时出现的额外的工作任务，不抱怨组织的指挥，并愿意为组织的利益放弃个人的利益。比如，遇到突发情况自发地加班。这一方面说明了员工对组织的认同而愿意去这么做，另一方面也说明组织的人力资源管理实践是有效的。

低效的人力资源管理实践会导致员工的消极态度，并产生不利于组织的行为，比如，低质量的组织承诺、对组织不信任、对工作不满意及故意滋事、破坏设备、恶意跳槽等，破坏了以员工为中心的产出。相反，有效的人力资源管理实践能产生良好的结果。比如，高水平的挑选方案能选拔出能力强且态度好的求职者；良好的培训方案能帮助员工胜任自己的工作；有效的工作效率的改进方案能使员工更愿意付出努力，以实现组织目标。

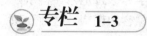

人力资源管理实践与竞争优势

美国轿车产业的发展表明，当管理者仅仅关注如何降低成本而忽略了客户满意度和员工的管理与开发，会造成可怕的后果。20世纪70年代晚期，通用汽车、福特和克莱斯勒公司制造的轿车被越来越多的消费者抛弃，其原因之一就是很多消费者在购买汽车后发现轿车油箱漏油。经过检查，是轿车的油箱有一个缝隙。这种错误有可能就是在单纯降低员工工资、忽略员工培训、缺乏对员工工作激励的"狭隘的低成本"人力资源管理理念的引导下，员工满意度下降而导致的员工不负责任的工作态度所致。当企业废品的成本、修理工作的成本、产品召回及花费在识别质量问题和控制上的成本增加时，美国汽车制造商的生产效率低于其外国竞争对手，比如日本。而日本汽车制造商的经验再次表明，高质量的制造商完全可能是低成本的制造商，成为真正的行业成本领先者，从而获得竞争优势。因此，关注客户、员工，提高人力资源管理实践，是组织获得高质量、低成本领先优势的有效途径。

2. 以员工为中心的产出→以组织为中心的产出

以组织为中心的产出包含产出、员工留职率、公司声誉等。其中，产出指的是组织提供产品和服务的数量、质量和创新性，员工留职率影响员工的数量，公司声誉关注潜在的求职者和消费者怎样看待该组织。

那么，以员工为中心的产出如何影响以组织为中心的产出呢？

在当今竞争的环境中，持续高效的服务对于组织的生存和成功至关重要，而员工就是其中重要的一部分。如果组织的员工友好礼貌，容易相处，知识渊博，能够快速对组织的客户需求做出反应并乐意为顾客效劳，那么组织的发展将是乐观的。减少员工流失也是以员工为中心的产出之一，这一措施将有助于实现成本领先优势。因为在员工流失时，组织为了保障正常运作必须寻找新的替代者，同时将会产生招聘、挑选、培训等费用。

组织的员工留职率主要取决于员工的组织承诺和工作满意度。一项调查了35个行业8 000个员工的研究发现，影响员工留职率的最重要因素是：

● 职业发展和学习的机会；

- 薪酬水平；
- 组织承诺；
- 员工权利。

其他相关研究发现，组织中员工可以高度参与管理的人力资源管理实践，可以提高组织的员工留职率，这样的组织可以让员工自主、合理地发挥他们的个人技能，组织同时会提供相应的物质激励来进一步提升员工的组织承诺，以此来提升员工的组织公民行为。组织公民行为可以促进和提高组织绩效。研究表明，组织公民行为中，如熟练员工主动帮助组织的新员工解决问题，并把他们的工作经验传授给新员工，由此可以提高组织新员工的工作数量和质量。在这样的相互合作过程中，融洽了组织内部的员工关系，提高了组织凝聚力，增加了新员工对组织的认同，降低了员工离职率。

与此同时，组织公民行为对提升顾客满意度有直接的作用。管理学专家丹尼尔·科尔斯认为，具有积极组织公民行为的员工，在日常工作中会更倾向于满足顾客的期望，这种意识和行为有助于在组织中营造积极的氛围，从而提升客户满意度。

以顾客为中心的产出影响着一个组织的声誉。对工作满意且有组织承诺的员工会认为组织是一个工作的好地方，因此也会以积极的态度面对顾客，从而增加顾客的认同感。

3. 以组织为中心的产出→竞争优势

随着经济全球化的发展，世界范围的竞争已经不再限于对组织生产成本的控制。组织获取竞争优势，还取决于对产品和服务的不断创新，而创新是依靠组织有效的人力资源管理实现的。即：通过创新的人力资源管理实践，保持对组织员工的持续有效激励，使得组织的每一个员工具有创新的意愿和动力，在日常工作中富有创造性，创造出不同于其他组织的产品和服务，完成对于组织的价值增值活动，帮助组织获取竞争优势。

成本领先和产品差异化是组织获取竞争优势的主要方法，有效的人力资源管理实践同样能够达到成本领先和产品差异化的目的。比如，组织可以通过有效的人力资源管理实践来提高产量，具体包括设计出有效的激励方案来提高员工的工作效率，以此降低产品的单位成本，获取成本领先优势。此外，降低人力资源管理成本也是组织获取竞争优势一个重要的途径。通常可以通过新技术的采用来减少一部分由人力资源专业人员提供的费用昂贵的服务来实现。比如：公司可以使用多媒体设备和网络来进行培训，从而减少人员费用和材料印刷费用。

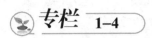

人力资源管理实践与组织运营成本

获得客户的认可是所有组织努力的目标，任何组织都会对顾客的要求尽可能地做出迅速的回应，以此获取高的客户满意度。在这一过程中，组织都会竭尽全力维护和保留老顾客，因为获得一名新客户的成本大概相当于维护一名老顾客成本的 5 倍，组织每增加一个满意的客户就相当于增加了一份无形资产。从组织角度看，首先，不同客户的潜力是不同的；其次，组织通过保留较高比例的最有价值的老客户，将有助于提高组织的盈利能力；最后，导致组织成功的最重要的因素是，组织具有超越竞争对手的、能够向客户有效传递价值的能力。

Frederick 等人的相关研究显示：组织如果能够将顾客保持率提高 5%，那么，每位顾客对组织的价值贡献将增长 25%~100%。因此，员工流失将会直接导致组织运营成本的上升；有效地激励员工，留住员工，是组织人力资源管理的重要实践。

以组织为中心的产出也可以通过产品差异化来获取竞争优势。实现产品差异化有两种方法：一是提供优于竞争者的产品和服务；二是提供竞争者没有的产品和服务。

从顾客的视角来看，企业是通过为顾客创造感知价值从而获得盈利的。高水平的顾客满意度意味着良好的公司形象，而良好的公司形象能建立消费者对公司产品和服务的信赖，增加他们的购买意愿，从而提高企业的竞争优势。员工做好自己的工作是企业能够提供优质产品和服务的重要保证。例如，在产品的营销过程中，大部分顾客最先接触到的是企业的一线员工，因此，这些员工的服务质量是影响顾客满意度的重要因素。优秀的员工能给顾客带来愉快的购物体验，为企业建立良好的声誉。

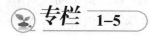

人力资源管理与顾客忠诚度

近十年来国外风行的许多主题餐厅，如 Hard Rock Cafe 等，无不致力于创造独特的顾客体验。这方面表现尤其突出的应当是星巴克咖啡厅。星巴克强调的是，"在每一天的工作、生活及休闲娱乐中，用心经营这一次的生活体验——煮一次好咖啡，服务好每一位客人，创造一次美好的星巴克片段。"在星巴克看来，他们为顾客提供的不仅仅是可口的咖啡，更是致力于消费体验的建立。重要的是，星巴克使顾客在购买和享用咖啡的过程中十分美好，于是消费者用高度的忠诚来回报星巴克为他们创造的这份体验。

这种体验经营在国内互联网行业内也能看到比较优秀的企业。如豆瓣，它做的是一种慢体验。有一款阅读器非常好地把握了一些真正愿意读书的人：他到底想怎样读书，读什么样的书，非常好地抓住了用户的需求。

1.3 经理人指南

1.3.1 直线经理和人力资源专业人员共同开发与实施人力资源管理实践

人力资源管理的工作主要包括以下三个方面：① 保证组织对人力资源的需求得到最大限度的满足；② 最大限度地开发与管理组织内外的人力资源，促进组织的持续发展；③ 维护与激励组织内部人力资源，使其潜能得到最大限度的发挥，使其人力资本得到应有的提升与扩充。

任何组织的人力资源管理实践的责任，都不仅仅是由人力资源部门的员工单独承担的，反而应该是由公司人力资源部门的专业人员和公司各个部门的直线经理共同负责的。尤其对于那些规模较小的甚至缺乏人力资源管理部门的公司，直线经理是其所在部门的人力资源管理的实施者,在组织的人力资源管理实践中扮演着重要角色。比如,所有人都认为较高的员工流失会带来高昂的管理成本,并影响组织的工作效率,进而影响组织形象,降低竞争优势。那么,该如何解决这个问题呢?

高效的部门经理使用以下方法来解决员工流动率高的问题:
- 加入员工招聘中,以挑选更符合公司文化和部门业务发展的员工;
- 为员工提供明确的培训和指导,以提高员工的个人绩效和工作获得感;
- 为员工创造晋升机会并帮助员工做好职业生涯规划;
- 通过集体活动,创建"团队文化",增强员工归属感;
- 为兼职员工提供弹性工作时间。

不难看出,直线经理在组织的人力资源管理实践中具有不可替代的重要作用。比如,直线经理必须通过公司人力资源管理部门所开发的绩效评估系统,来具体实施对该部门每一位员工的绩效评价。如果组织人力资源专业人员和各部门直线经理能够有效配合,并能正确地履行各自的职责,那么,组织的绩效评价工作才能够真正起到激励员工、维护员工高绩效工作行为的目的。总之,任何组织的人力资源管理部门的专业人员和各直线经理所承担的人力资源管理职责之间的区别已经不明显了,这是一个问题的两个方面。

1.3.2 人力资源专业人员的职责

1. 建立人力资源管理程序和方法

为了有条不紊地进行人力资源管理实践,人力资源专业人员必须建立相应的程序。如:人力资源专业人员在挑选实践时可能对求职者进行"填写申请表—笔试—面试"的程序;同时,人力资源专业人员还需开发每一个步骤所使用的方法,如设计申请表、编写试题、构思面试内容等。

2. 监督和评估人力资源管理实践

人力资源专业人员必须评估和监督组织的人力资源管理实践,以保证其顺利实施。包括评估挑选程序的效率、评估绩效考核内容的有效性等;同时监督各实践过程,确保其客观公正。

3. 在涉及人力资源管理的事务上为经理们提供建议和协助

在有关人力资源管理的事务上,为组织的各个经理们提供帮助是人力资源管理部门最重要的责任。人力资源专业人员可以在一些人力资源管理实践环节上作出计划和提供咨询,如怎样招聘员工、如何培训、如何考核员工绩效等。此外,人力资源专业人员也会在特定的问题上为经理们提供建议和协助。

1.3.3 直线经理的职责

1. 执行人力资源管理工作

直线经理是组织实施人力资源管理实践的主要人员,他们是组织人力资源部门所开发的各种人力资源管理制度、政策和相关程序的真正的执行者。需要直线经理完成的组织人力资源管理实践包括:
- 面试求职者;
- 为员工提供目标、在职指导和培训;

- 提供并反馈员工或者部门的工作绩效；
- 奖励员工；
- 执行惩戒程序；
- 调查工作过程中的事故原因；
- 处理员工的各种申诉。

2. 为人力资源专业人员提供必要的信息

人力资源管理方法的进步离不开对实践过程的评估，这就需要实际的执行人——直线经理提供准确的信息。比如，某公司的财务部的李总，作为部门经理，他是在财务部执行公司人力资源政策的实际负责人，也就是说，李总是公司人力资源战略的实际执行者。在日常工作中，他的主要职责之一就是按照公司人力资源部开发的人力资源管理方法和程序，来完成财务员工的管理，包括新员工面试、筛选、培训、绩效考核与评价、薪酬评定、员工职业发展规划、员工关系管理等具体事务的处理，并将相关信息与人力资源部进行沟通。

某公司直线经理使用人力资源部门开发的程序和方案进行的管理活动，如图1-3所示。

面试。为招聘一名会计，他面试了6位求职者，并选择了小王。

培训和指导。他为小王介绍了公司的业务内容及规章制度。

绩效考核。小王入职半年后，他对其工作绩效进行了考核。

激励员工。鉴于小王在工作中的良好表现，他向公司人事部建议奖励小王。

确定薪酬等级。根据小王对具体业务的贡献，确定他的薪酬。

调查员工的工作胜任程度。在实际工作中调查小王的工作胜任程度。

制定员工职业发展规划。经过一定时间的观察和了解，结合公司业务发展目标和小王自身个性特征，协助小王制定其职业发展规划。

员工关系管理。处理小王与员工老张因为工作安排不当而导致的冲突，并再次审核财务部业务的分配计划是否科学合理。

图1-3 直线经理的管理活动

- 如何理解人力资源管理与组织竞争优势的关系、怎样将组织的人力资源管理实践与组织发展战略有效融合，构建战略人力资源管理体系，从而为组织竞争优势的形成奠定基础，这是每一个直线经理在其组织管理实践中必须重视的问题。
- 直线经理是组织人力资源管理的具体实施者，因此必须具备全面的人力资源管理理念，明确组织的竞争优势来自组织卓越的人力资源管理实践。
- 直线经理在进行具体人力资源管理实践的过程中，应当与组织人力资源管理部门的专业人员密切合作，认真贯彻组织人力资源管理政策，避免脱离组织人力资源管理原则和政策的管理行为。

讨 论 题

1. 环境是不断变化的，组织的持续发展必须建立在其可持续的竞争优势上，请回答什么是可持续竞争优势，并描述组织如何获取竞争优势。
2. 人力资源管理的挑选后实践都涉及哪些内容？
3. 描述负责实施人力资源管理实践的人员类别和各自的主要职责。
4. 有效的人力资源管理实践如何确保员工在日常工作中产生适当的工作行为？
5. 根据图1-2，阐述在人力资源管理实践中，以组织为中心的产出和以员工为中心的产出是如何影响组织的成本优势和差异化优势的。
6. 描述人力资源管理实践对组织可持续竞争优势的影响。

案例研究

人力资源管理与华为竞争优势

华为技术有限公司（以下简称华为）成立于1987年。经过30多年的发展，华为已成为全球通信领域的佼佼者。在华为发展的每个阶段，人力资源管理贯穿始终。人力资源体系的建设，使之建立了华为独特的企业文化，丰富了华为卓越的人力资源管理实践，推动华为不断发展。

1. 以企业领导人为先锋的团队创业阶段

在初创时期，华为各方面资源严重缺乏，生存成了第一要义，所以任正非主张通过"仁、义、信"来凝聚人心，通过"传、帮、带"来辅导团队成员，同心、共利共同前进，这是华为快速崛起的根本原因。

2. 以借用外脑为主的规范化、体系化作为管理系统的建立阶段

1995年华为销售额达到15亿元，进入了高速发展阶段。然而，随着公司的转型，创业时期涌现的一大批管理者，其低下的管理水平成为公司发展的瓶颈。选择什么样的变革模式，可以尽量减少对员工心理造成的冲击，是华为人力资源管理的关键。1996年华为开始对企业文化进行全面的大整合、大讨论，出现了市场部的"集体大辞职"事件。市场部所有正职干部，从市场部总裁到各办事处主任，都必须提交两份报告，一份是述职报告，另一份是辞职报告，采取竞聘方式进行答辩。公司根据其表现、发展潜力和企业发展需要，批准其中的一份报告。"集体大辞职"，就是让大家全部"归零"，体现了起跑位置的均等；而竞聘上岗，则体现了竞争机会的均等。这次变革，意味着华为人力资源体系建设的正式开始。与此同时，华为聘请了以中国人民大学教授为核心的多位人力资源管理教授，在1996—2001年对华为的企业文化、人力资源管理体系建设进行了长达5年以上的管理咨询。最终建立起华为企业"基本法"，突出了人力资本的价值，从企业的文化层面解决了员工价值认同的问题。它强调具有共同价值观和各具专长的自律员工是公司的人力资本，强调人力资本不断增值的目标要优先于企业财务资本增值的目标。因此，人力资源管理变革成为华为突破发展瓶颈不断增值的基础。

3. 以国际化布局全面进军全球通信市场的战略阶段

1999年，华为开始布局全球化战略，大刀阔斧地实施了一系列人力资源管理变革措施，包括将一大批员工派往海外，推进产品研发国际化，在海外设立研究所等。通过人力资源管理的变革，华为高效地引入了国际先进的人才和技术，为其产品开发提供了最优的支持与服务，从而拓展了华为进行海外市场延伸的触角。在进军海外市场后，华为更是不断地在人力资源管理方面加大投入，以培育新的核心价值观为基础，建立干部标准，完善人力资源评价体系，构建科学的激励政策，吸引了全球最优秀的人才，为其全球化战略的实施提供了坚实的人力资源保障。

当其他企业还在研究"人力资源管理"是否科学的时候，华为已经构建了以"基本法"为核心的人力资源管理体系，正是因为其卓越的战略人力资源管理理念和实践，铸就了华为成为全球最卓越的通信公司之一。

思考和讨论题：

（1）如何更好地理解华为公司在其人力资源管理中秉承的"仁、义、信"与"传、帮、带"？请与同时代其他成功企业进行对比。

（2）华为人力资源管理体系的演变是怎样的？对你有哪些启示？

（3）华为是如何通过人力资源管理获取竞争优势的？结合案例资料，并通过相关资料的检索完成题目。

第 2 章

人力资源规划

学习目标

◎ 理解人力资源规划与组织获取竞争优势的关系；
◎ 理解组织为什么需要人力资源规划以及怎样做好人力资源规划；
◎ 描述如何根据人力资源规划开展有效的人力资源管理实践。

开章案例

共享交付中心（SDC）与腾讯竞争优势的获取[①]

问题：如何避免浪费而把时间用在为公司业务发展提供更高附加值的活动和服务上

作为中国最大的互联网综合服务提供商之一，也是中国服务用户最多的互联网企业之一的腾讯，在2018年《财富》世界500强的排行位列331位，其卓越的战略规划和有效的人力资源管理体系功不可没。面对5万多的员工，腾讯发现，如果把所有员工耗费在这些事务上的时间进行加总，这将会是一个非常庞大的数字；与此同时，公司人力资源部门的职员也需要花费大量的时间去提供相关信息和表格给每个员工，显然，这是公司人力资源的浪费。为什么不能把这些时间用在可以为公司业务发展提供更高附加值的活动和服务上呢？

解决办法：构建共享交付中心

对此，腾讯提出的解决方法是：构建共享交付中心（shared deliver center，SDC）。2010年3月，腾讯正式提出了建立HR专家中心、共享服务中心、业务伙伴的HR三支柱组织架构概念，形成了客户价值导向的人力资源管理组织结构。2014年，腾讯进一步将HR的服务产品化，将共享服务中心升级为共享交付中心，包括区域HR管理的共享平台、HR信息化建设的IT支撑平台和HR运营管理的共享服务平台，为客户、用户提供端到端的人力资源服务。由于把与人力资源相关的事务都放到共享交付中心的网页上，员工可以通过登录交付中心的网页，来阅读员工手册、修改住址信息、查看薪资奖励、办理请假手续、浏览职位空缺、填写各种人力资源相关表格、申请相关培训、建立个人发展规划等。总之，通过交付中心提供的这些人力资源服务平台，所有员工都可以方便快速地完成相关的人事事务。

效果：共享交付中心与腾讯的竞争优势

共享交付中心的运用使得腾讯在管理中减少了员工对完成相关人事事务和获得相应培

[①] 马海刚，彭剑峰，西楠. HR+三支柱：人力资源管理转型升级与实践创新. 中国人民大学出版社，2017.

训及其人事咨询等的时间，以往员工有任何人事方面的咨询或者想要获得相关人事服务，如请假、获取薪酬奖励、咨询公司的晋升与培训政策，都需要员工亲自面见人力资源部门的职员来完成，而同样的事务如果在共享交付中心的网上进行处理的话，员工可以节省来回奔波的时间，让他们可以有更多的时间集中精力来提升自身工作的速度和质量，这种员工自助式人力资源服务也同步提高了公司人力资源部门的工作效率，让他们在获取相关员工信息、完成相关员工工作记录的填制与保存上花费更少时间，把更多时间用于帮助公司业务部门制定其人力资源规划，设计出新的人力资源管理政策、体系和方案，使得公司各部门的人力资源管理实践能够与其业务需求真正连接起来，以确保各部门的人力资源管理实践能够在面临不断变化的内外环境下持续有效。

2.1 人力资源规划与获取组织竞争优势

组织在当今充满高度不确定性的商业环境中运作，环境的变化对任何一个组织的人力资源管理来说，都具有重要的意义。为了保证各项管理实践对组织业务需要的支持，必须监控组织运行环境，并设计相应的人力资源管理策略来应对环境的变化，从而提高组织运行效率。

研究表明，有效的人力资源规划能增强组织的竞争优势。进行人力资源规划的组织一直比没有人做人力资源规划的组织表现得更好。那么，人力资源规划活动究竟是如何增强组织竞争优势的呢？

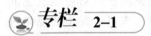

戴维·尤里奇与 HR 三支柱理论

戴维·尤里奇（Dave Ulrich），美国密歇根大学罗斯商学院教授，被誉为人力资源管理的开创者，最早提出"人力资源"（human resource，HR）概念。在此之前，人力资源管理被叫作"人事管理"（human management）。1987 年，戴维·尤里奇通过对 8 000 多位人力资源专业人员胜任素质的调研分析，指出人力资源专业人士要成为组织的业务伙伴。1995 年，戴维·尤里奇发表文章 *Shared Services: From Vogue to Value* 中，首次提出了人力资源共享服务中心理论。这是对企业 HR 三支柱的最早探索。1997 年，戴维·尤里奇出版 *Human Resource Champions: The Next Agenda for Adding Value and Delivering Results* 一书，在这部里程碑式的著作中，HR 三支柱的理论框架雏形清晰可见。他提出了对人力资源管理进行组织、流程再造，通过建立专家中心（center of expertise，COE）、共享服务中心（shared service center，SSC）和人力资源业务伙伴（human resource business，HRBP），来获取竞争优势。自 20 世纪 90 年代初开始，IBM 一直在探索、实践戴维·尤里奇的理论，经过近 17 年的探索，从组织层面实现了对人力资源部的重构，将人力资源部分为三个部分：专家中心、共享服务中心和人力资源业务伙伴，并于 2007 年提出 HR 三支柱模式。之后，HR 三支柱概念得到了世界范围内众多公司的应用。

2.1.1 整合人力资源管理实践和组织目标

人力资源规划是把组织人力资源问题与组织业务发展需要联系起来的过程,其目标体现在两个方面:一方面,通过人力资源规划可以预见组织未来人力资源管理需求;另一方面,通过人力资源规划可以帮助组织来识别,在实现组织战略目标的过程中,需要哪些有效的人力资源管理实践来满足其战略发展的需要。因此,人力资源规划把组织的战略目标整合到了组织所有的人力资源管理活动中,让人力资源管理实践真正服务于组织的战略目标,从而提升组织竞争优势。

2.1.2 构建组织未来人力资源管理实践的基础

人力资源规划是人力资源管理的重要基础。换句话说,许多人力资源管理实践的成功执行依赖于细致的人力资源规划。人力资源规划过程能够帮助组织确定未来战略发展所需员工的不同技能组合;同时,组织还可以利用人力资源规划为其员工的招募、挑选以及培训和开发实践制订相应的计划。显然,组织通过制定有效的战略规划并建立与之密切关联的人力资源规划,是组织进行人力资源管理实践的基础,是发挥组织人力资源最大潜力,构建组织竞争优势从而保障组织战略目标实现的关键。

2.1.3 人力资源规划支持组织战略目标实现

从环境构成要素的复杂性和变动性上看,任何组织的发展环境都具有不确定性,环境的变化以及由此引起的对组织发展的影响,如引起的对具有某种技能的员工的需求和供给的变化,都会影响组织的发展和竞争优势的获取。人力资源规划的价值就体现在针对可能发生的事件制作预备方案,从而规避偏离组织目标的风险,帮助组织通过对未来可能发生的变化进行准备,包括对变化的预见和设计适当的行动方案来获取资源,实现对组织未来发展的有效控制,增强组织对未来的应对能力,提升组织的竞争优势。表2-1列出了人力资源规划在支持组织战略目标实现过程中的价值。

表2-1　人力资源规划在支持组织战略目标实现过程中的价值

价　值	价值解读
组织任务分配	完成组织的工作分配
岗位配置	掌握组织职位配置需求的变化
组织招聘	了解组织员工需求的变化
组织未来人力资源	明确对未来员工数量、质量的要求和空缺或过剩
组织目标的影响	确认战略目标将对员工的雇用、培训产生怎样的影响
员工潜力	构建基于组织战略需求的人力资源开发活动

缺乏人力资源规划,也就是说,组织缺乏基于其战略的人力资源需求的预见性,这会导致的最常见的困境是:面临最多的人员招聘,却难以找到最佳的求职者;或者面临严重的员工短缺问题;产品的数量和质量都将无法保证,更进一步,会导致退货增多的情况,从而影响公司商誉,甚至是竞争的加剧和公司产品市场份额的减少,降低公司的竞争优势。

2.2 人力资源规划的问题及实践

2.2.1 战略规划与人力资源管理

1. 制定战略规划的步骤

战略规划（strategic plan）是旨在使组织内部的优势和劣势与外部的机会和威胁相匹配，从而帮助组织维持竞争优势的一种公司规划。有了具体的战略规划，组织就会在其基础上制定战略，即制订为了实现战略目标的行动方案，并通过有效的战略执行过程，来实现组织的战略目标。

战略管理（strategic management）是指通过将组织的能力与外部环境要求进行匹配，从而确定和执行组织战略规划的过程。

制定战略规划，需要明确组织的总体意图和具体的目标；同时，需要说明实现目标的路径。一般而言，可以通过以下步骤来完成组织战略规划的制定。

1）对组织当前的业务和使命进行界定

界定组织当前所从事的业务和使命是进行战略规划的逻辑起点，具体包括公司现在向市场提供的产品和服务是什么，其市场在哪里，这些产品和服务与竞争对手的产品和服务有什么区别。

2）扫描组织环境，即分析组织所面临的内外部环境

所有组织都是在一定的环境中生存的。为了识别由外部的政治、法律、经济、社会和技术问题等带来的挑战，管理者必须思考这样一个问题，即：我们目前前行的方向是正确的吗？因此，管理者必须对其内外部环境进行扫描，以便即时关注环境的变化并定期对其进行评估，包括鉴别竞争对手的动向，现在或者未来会有哪些新竞争者的加入，以及可能出现的替代性产品与服务，等等。同时，组织的文化、组织结构和当前使命、组织的历史、管理幅度和管理层数、人力资源技能、领导与权力、职能领域的数目等，都是在内部环境扫描过程中需要考虑的关键内部因素。通过环境扫描可以审核组织的优势，了解组织的劣势，以便尽可能地利用环境提供的机会，避开环境中的威胁。

专栏 2-2

环境扫描涉及的内容见表 2-2。

表 2-2 环境扫描涉及的内容

内　　容	举　　例
经济发展的趋势	经济发展的衰退、通货膨胀情况、就业趋势等
竞争发展趋势	市场发展趋势、新产品发展趋势
政治发展趋势	法律、法规或其他制度的变化
技术创新	新技术的引进、产品生命周期演变
社会发展	人口变化趋势、劳动力市场的变化、群体价值观的变化
区发展	未来新市场、区域发展政策等各种因素

专栏 2-3

环境扫描工具举例（SWOT 矩阵）见表 2-3。

表 2-3 环境扫描工具举例（SWOT 矩阵）

潜在优势（strength）	潜在劣势(weakness)
• 市场占有率	• 产品库存积压
• 高的研发能力	• 过剩的营销能力
• 高质量的产品和服务	• 管理人员较高的流动率
• 成本比较优势	• 企业形象差
• 专利数量与质量	• 管理低效
潜在机会(opportunity)	潜在挑战(threat)
• 拓展海外市场的机会	• 现有市场趋于饱和
• 相关贸易壁垒的消除	• 兼并和收购的巨大风险
• 竞争对手的失误	• 海外企业的低成本竞争
• 多元化发展的机会	• 现有市场增长缓慢
• 经济景气度的提升	• 政府相关管制政策的出台

3）对组织新的业务发展方向和使命的再次确定

完成了对组织发展环境的扫描后，需要确定新的业务领域，也就是要回答以下三个问题：
- 组织将要向市场提供的新产品和服务是什么？
- 这些新产品和服务的市场在哪里？
- 这些新产品和服务与竞争对手有什么区别？

组织的管理者在选择组织即将进入的新业务领域时，都会以人力资源的可持续性作为决策的依据。由此可见，组织人力资源管理在组织战略制定和实施过程中起到尤其重要的作用，可持续的人力资源是组织核心竞争优势的来源。

 专栏 2-4

战略规划与组织的使命陈述

界定组织的业务和使命是战略规划过程的第一步，而完成使命陈述（mission statement）就是必须要完成的工作。使命陈述体现的是组织的总体意图，它通过定义组织的基本商业活动范围和运作模式，从而将组织和其他类似性质的公司进行区别。一般而言，使命陈述要回答这样的问题：我们的公司为什么存在？它能做出怎样的独特贡献？

4）确定组织新的战略目标

组织新的使命要转化为组织的战略目标（strategic goal）。战略目标应当立足于充分利用优势而把劣势降到最低；而且，战略目标应该是具体的、有挑战性的和可测量的。

组织的战略目标应该涉及如下的问题。
- 目标市场：我们将在哪里获得利润？
- 实现目标的方法：我们怎样到达那里？
- 具体方案：我们应该怎样做才能赢得市场？
- 具体途径：我们行动的速度和顺序是怎样的？
- 经济学逻辑：我们怎样获得回报？

5）具体战略计划的制订

通过对内外部环境的扫描并确定了组织目标，就应该进行具体的战略计划（strategic plan）的制订。战略计划详细说明了组织为了达到其战略目标而必须采取的行动。一般是把公司目标转化成为更具体的职能或部门的目标，再制定出实现这些目标的具体策略。战略计划一般针对组织的财务、营销、管理、生产与运营、会计、信息系统及人力资源等方面而设定。

比如，如果北汽新能源汽车公司为了实现"每万台车辆中存在的初始缺陷不超过一处"这一战略目标，那么，它应该实施什么样的战略呢？或许可以新建两家采用高科技汽车生产厂，减少汽车生产线的数量，转而集中于少数几条生产线，同时与以生产高质量闻名的其他汽车生产企业如丰田汽车公司建立合作伙伴关系。

那么，如何将组织的战略规划融入组织的人力资源领域并加以贯彻呢？

2. 人力资源规划与战略规划

每个组织战略目标的实现都需要其人力资源管理的政策和活动能够与组织的总体战略目标相吻合。人力资源管理意味着制定、实施有助于组织获得为实现其战略目标所需的员工胜任素质与行为的一系列人力资源政策、措施。

人力资源管理就是在制定组织的人力资源管理政策和措施的过程中，管理者的出发点必须是帮助组织获得为实现其战略目标所需要的员工技能和行为。图2-1形象地表达了这样的观点，即组织战略规划的目标隐含着对其不同技能和态度的员工队伍的要求。

人力资源管理就是从人力资源的价值出发，对组织的人力资源管理实践进行重新定位，以确保人力资源部门成为公司战略实施过程中值得信赖的合作伙伴，从而有效地推动组织的人力资源体系能够发挥其前瞻性的牵引作用、体系的支撑作用和紧贴业务的增值作用，以提升组织竞争优势。

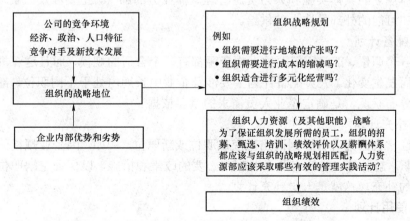

图2-1　组织的人力资源规划与组织战略规划的联系

图 2-2 阐述了在任何组织中，为了获取竞争优势，实现组织战略目标，组织的人力资源战略和它的实施必须与组织战略保持一致。例如，为了实现战略目标，组织需要一定数量的、能够操作新设备的员工。面对未来的员工需求，人力资源管理者需要制定相应的人力资源战略，通过有效的人力资源管理政策和实践，以保障实现组织目标所需获取的员工技能、胜任素质和行为。此外，需要对所实施的新的人力资源管理实践进行评估，因此组织的人力资源管理者需要确定所采用的衡量指标，以便确定这些新的人力资源管理实践到底在多大程度上产生了组织需要的员工技能和行为。这些衡量指标可能包括"每位员工接受新设备培训的小时数""部门员工的人均绩效""顾客满意度""员工离职率"等。

为了实现组织的战略目标，需要进行与之匹配的人力资源规划的制定并实施有效的战略人力资源管理实践，从而帮助组织获得为实现其战略目标所需要的不同技能和态度的员工队伍，那么，组织应该如何做好人力资源规划呢？

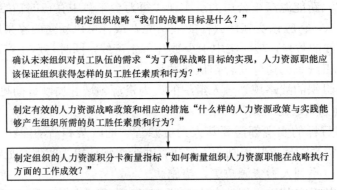

图 2-2　使人力资源战略和行为与组织战略保持一致的基本模型

2.2.2　人力资源规划的具体内容

人力资源规划涉及战略性的长期规划、策略性的中期规划和具体作业性的短期计划。这些规划与组织的战略规划紧密相关，其他规划相互协调联系。作为人力资源管理中的重要组成部分，人力资源规划又分为人力资源总体规划与人力资源业务规划两大类。人力资源业务规划是指总体规划的具体实施和人力资源管理具体业务的部署，主要涉及人员需求、内部候选人的供给和可能的外部候选人的供给。

1. 人员配备计划

企业中各个职位、部门所需要的人力资源都有一个合适的规模，而且这一规模又会随着环境的变化而发生变化。人员配备计划主要涉及企业中长期内处于不同职位、部门或工作类型的人员的分布状况，是确定企业人员需求的重要依据。

2. 人员补充计划

企业中经常会因为各种原因而出现空缺职位或新职位。例如，因企业规模的扩大及人员的退休、辞职、解聘等。这就需要企业制定必要的政策和措施，以保证空缺职位和新职位能够得到及时的补充，这就是人员补充计划。

3. 人员使用计划

人员使用计划包括人员晋升计划和人员轮换计划。晋升计划是根据企业的人员分布状况、层级结构、未来发展制定人员的晋升政策；轮换计划是为了培养员工的多方面技能、丰富工作经历而制订的工作岗位定期流动的计划。晋升表现为员工岗位的垂直上升，轮换则是员工岗位的水平变动。

4. 人员培训开发计划

人员培训开发计划是企业在对员工所需知识和技术进行评估的基础上，为保证组织的中长期发展所需补充的空缺职位而事先制订的人才储备计划。

5. 绩效考核计划

绩效考核就是收集、分析、评价和传递员工在其工作岗位上的工作行为表现和工作结果等方面信息的过程。根据绩效考核可以决定人员任用、决定人员调配、进行人员培训、确定劳动报酬等。

6. 薪酬激励计划

薪酬激励计划包括薪酬结构、工资总额、福利项目、激励政策、激励重点等。

7. 劳动关系计划

劳动关系计划是关于如何减少和预防劳动争议、改进劳动关系的计划。

8. 退休解聘计划

退休解聘计划是做好员工的退休工作和解聘工作，使员工离岗过程正常化、规范化的计划。

2.2.3 人力资源规划的步骤

在互联网时代，企业面临海量的信息资源的传送、呈现、挖掘和共享，如何通过对组织内部和外部的人力资源大数据分析，实现对未来人力资源需求和供给的预测，使得组织的人力资源管理实践与组织每个业务单元紧贴，确保每个岗位所需员工的有效配置，是组织在进行人力资源规划中要考虑的关键问题。

1. 需求预测

人力资源需求预测是指根据组织的战略规划和组织发展的内外条件，选择适当的预测技术，对组织人力资源需求的数量、质量和结构进行预测。具体包括对现实人力资源需求、未来人力资源需求和未来流失人力资源需求三个方面的预测，从而得出在一定的战略规划期内组织整体的人力资源需求预测。

（1）现实人力资源需求：是根据职务分析的结果，确定职务编制和人员配置并进行人力资源盘点，统计出人员的缺编、超编及是否符合职务资格要求。该统计结论就是组织的现实人力资源需求。

（2）未来人力资源需求：是根据组织的战略规划，确定各部门未来需要增加的职务及人数，并进行汇总统计。

（3）未来流失人力资源需求：是根据组织发展的历史数据，对未来可能发生的离职情况进行预测，并基于对预测期内组织退休人员的数量进行汇总。

影响组织人力资源需求预测的因素包括外部环境因素和内部因素。外部环境因素，如劳动力市场的变化、政府相关政策的变化、行业发展状况的变化；内部因素，如企业目标的变化、员工素质的变化、组织形式的变化、企业最高领导层管理理念的转变。

人力资源需求预测有两种方法：统计学方法和判断方法。一般地，组织发展的内外环境较为稳定,则组织的某个业务要素是可以用某种程度的确定性来预测的。也就是说,在这种情形下可以用统计学方法来进行人员的需求预测。但是,当组织发展的内外环境不稳定,更可能运用判断方法来完成组织的人力资源需求预测。

1) 需求预测的统计学方法

根据组织在某些业务要素(business factors)基础上所需员工队伍的大小来预测其人力资源需求。业务要素指组织业务的属性,包括销售量或市场份额,它们与组织所需员工的质量和数量有紧密的联系。

(1) 比率预测法。这是基于对员工个人生产效率的分析来进行的一种预测方法。预测时,首先要计算出人均的生产效率,然后再根据组织未来的业务增量,预测出未来的人力资源需求,即:

$$所需的人力资源 = 未来的业务量 / 人均的生产效率$$

例如,对于一个养老院来说,现有 100 名护士,一名护士能够承担 12 名具有生活自理能力的老人的照看工作,如果在未来的一年内该养老院准备使在院的具有生活自理能力的老人数量增加到 2 400 人,那么就需要再招聘 100 名护士。

(2) 趋势预测法。使用这种方法进行预测时,需要对未来的业务量、人均生产效率及其变化作出准确的估计,这样对人力资源需求的预测才会比较符合实际,而这往往是比较难做到的。

趋势预测法是利用组织的历史资料,根据某些因素的变化趋势,预测相应的某段时期人力资源的需求。趋势预测法在使用时一般都要假设其他的一切因素都保持不变或者变化的幅度保持一致,往往忽略了循环波动、季节波动和随机波动等因素。一般常用散点图分析法和幂函数预测模型。

① 散点图分析法。该方法首先收集企业在过去几年内人员数量的数据,并根据这些数据作出散点图,把企业经济活动中某种变量与人数间的关系和变化趋势表示出来。如果两者之间存在相关关系,则可以根据企业未来业务活动量的估计值来预测相关的人员需求量;同时,可以用数学方法对其进行修正,使其成为一条平滑的曲线,从该曲线可以估计出未来的变化趋势。

② 幂函数预测模型。该模型主要考虑人员变动与时间之间的关系,其具体公式为:

$$R(t) = at^b$$

式中:$R(t)$ 为 t 年的员工人数;a,b 为模型参数,a,b 的值由员工人数历史数据确定,用非线性最小二乘法拟合幂函数曲线模型算出。

(3) 回归预测法。这种方法需要运用多元线性回归预测法。如果其中的某一影响因素与人力资源需求量之间的关系不是直线相关的线性关系,那么,就需要采用非线性回归法来作预测。

(4) 经济计量模型预测法。这种方法首先用数学模型的形式表示出企业的职工需求量与影响企业员工需求量的主要因素之间的关系,然后依据该模型和主要的影响因素变量来预测企业的员工需求量。这种方法比较烦琐、复杂,一般只在管理基础比较好的大型企业里才会采用。

需求预测的统计方法假定劳动力规模和业务要素间的关系是不随时间而变化的常量。如果这种关系发生了出人意料的变化,预测就会变得不准确。

2) 需求预测的判断方法

在对组织员工需求进行预测的过程中也可以采用判断的方法。这种预测方法主要是运用管理者的判断力来确定组织未来的员工需求,并不需要进行数字化处理。最普遍使用的两种判断技术是小组头脑风暴和销售人员估计。

(1) 小组头脑风暴(group brainstorming)。这是选择一些了解市场、行业和与人力资源管理需求有关的专家,通过面对面的头脑风暴式讨论,来预测组织未来的员工需求的方法。参与小组头脑风暴的专家必须在考察公司有关新产品或服务的开发以及扩大新市场等方面的战略计划的基础上,作出关于组织未来发展的某些假设,主要包括:

- 组织新产品和服务的未来市场需求如何;
- 组织将可能占据的市场份额是怎样的;
- 对组织新产品或服务的数量及种类产生影响的新技术的可用性及其性质如何。

以上这些假设的正确性将会直接影响最终的人力资源需求预测的准确性。因此,任何组织都必须持续地根据环境的变化对其人力资源的需求预测进行监控。

(2) 销售人员估计(sales force estimates)。组织的销售人员是最贴近顾客的员工,最了解客户的需求和兴趣,掌握着最翔实、最直接的信息,因此,当企业的新产品上市后,销售人员可以用他们所掌握的顾客信息来估计新产品预期的销售量;基于这个数据,组织就可以估计为了满足这个销售量将需要多少的员工。特别当组织引进新产品而导致员工需求增加的情况下,使用销售人员估计的方法来预测人力资源需求是很好的一个方法。但这个方法可能存在偏差,因为销售人员对新产品的预期销售量会存在低估或者高估的情形。

组织人力资源规划的内容与特点见表2–4。

表2–4 组织人力资源规划的内容与特点

规划参与人	组织人力资源专业人员、直线经理	
规划的实质	将组织人力资源管理实践与组织战略发展相结合,确定员工需求	
规划目标	确保组织在未来可以获得其新业务发展所需的员工。	
涉及的时间	长期规划(3年以上)和短期规划(3年以内)	
信息支持	需要组织的战略规划信息和组织直线经理提供的相关信息	
需求预测的方法	统计的方法:趋势预测法、比率预测法、回归预测法、经济计量模型预测法等	判断的方法:小组头脑风暴、销售人员估计等
预测的结果	① 形成人员需求清单。包括未来职位空缺和员工空缺。 ② 形成人员供给计划。包括确定内部候选人和外部候选人的供给计划。 ③ 形成人员配置计划。包括具体职位的人员空缺填补计划和人员过剩的精减计划。	
涉及的重要环节	对组织战略规划的深刻理解;对直线经理进行调研;编制具体规划。	

2. 人力资源供给预测

组织所需要的人力资源的供给来源分为外部供给和内部供给两个方面。作为人力资源规划中的核心内容,人力资源供给预测(supply forecasting of human resources)是预测在某一未来时期,组织内部所能供应的及外部劳动力市场所能提供的一定数量、质量和结构的员工,以满足组织为达成其战略目标而产生的人员需求。

1)人员供给预测的核心工作

- 分析公司的职工状况,如部门分布、技术知识水平、工种、年龄构成等;
- 分析公司职工流动的情况及其原因,预测将来流动的态势;

- 掌握公司职工提拔和内部调动的情况，保证工作和职务的连续性；
- 分析工作条件，如休息制度、轮班制度的改变和出勤率的变动对职工供给的影响；
- 掌握公司职工的供给来源和渠道。

2）人员供给预测的步骤

可以通过两个步骤来高效率地完成人力资源的供给预测工作。首先，需要针对可以反映出员工期望升迁的职位级别，把组织的职位按照头衔、职能和责任等级进行分类。例如，人力资源管理类工作头衔有人力资源助理、人力资源经理和人力资源总监等；而秘书类则会包括文秘、主管秘书、高级秘书和行政助理。其次，在每个职位类别中，估计其在战略规划期间有多少员工将留在原来的职位，有多少员工将会被调动到其他的职位（如通过调任、晋升或降职），以及有多少人将离开组织。

这些预测应该建立在组织以往流动趋势（如流动与提升的比率）的基础上；同时还应该考虑各个部门的员工削减、解雇、裁员和组织规模的缩小以及组织的合并、收购等情形下的供给预测。

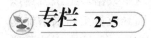

人力资源供给预测所需要的信息

在预测组织未来的人力资源供给时，首先要明确的是组织内部所需人员的特征，包括年龄、级别、素质、资历、经历和技能，同时需要收集类似员工发展潜力、可晋升性、职业目标及采用的培训项目等方面的信息。

技能档案也是组织预测人员供给的有效工具，它含有对每个员工的技能、能力、知识和经验方面的信息。这些信息来自组织的工作分析、绩效评估、教育背景、培训记录等。技能档案不仅可以用于人力资源规划，而且也可以用来确定组织未来的人员调动、晋升和辞退的工具。

人员供给预测包括内部预测和外部预测两种。

（1）人员供给预测的内部预测。当组织出现人力资源短缺时，优先考虑的应该是从内部进行补充，因为内部劳动力市场不但可以预测，而且可调控，以有效地满足组织对人力资源的需求。影响内部供给的因素主要有：
- 组织现有人力资源的存量；
- 组织员工的自然损耗，包括辞退、退休、伤残、死亡等；
- 组织内部人员流动，包括晋升、降职、平职调动等；
- 内部员工的主动流出即跳槽等；
- 由于组织战略的调整所导致的人力资源政策的变化。

（2）人员供给预测的外部预测。外部预测是指组织以外能够提供给组织所需要的人力资源的质量和数量的预测，主要渠道是外部劳动力市场。外部供给是解决组织人员新陈代谢和改变人员结构的根本出路，是任何组织都必须面对和采用的人力资源补充渠道。因此，合理的人员供给外部预测是保证组织正常发展、节省人力购置成本的重要手段。

3. 确定未来的人力资源需求和供给

在完成了对某一未来时期中组织的人力资源需求预测和供给预测后，需要结合组织未来具体的岗位配备需求，把供给和需求预测与组织中的每一个职位类别相结合，从而确定组织未来的人力资源需求清单，并结合组织内部和外部可能的人力资源供给，制订出有效的人力资源供给计划。

比如，假设一个规模较大的物业公司目前雇用了 15 个客户经理。供给预测结果表明，在未来两年内将有 8 个客户经理的职位空缺（因为退休、提升等原因）；其需求预测显示，在即将到来的两年里将需要 2 个新的客户经理职位（因为公司物业管理的需求有所增长）。那么，把这两项预测估计结合起来，就可以得出，在即将到来的两年里，公司需要招聘 10 名新的客户经理（8 名替换那些预期的空出的职位，2 名填补新增的职位）。

参与并完成了组织的人力资源规划后，各个直线经理需要对其进行贯彻执行，以保障实现组织目标所需的人力资源[①]。

专栏 2-6

组织面临的人力资源管理问题

（1）组织结构无法实现战略规划的落地，存在职责不清、协调不利等问题。
（2）组织岗位设置不合理、人岗不匹配、人员编制随意等问题。
（3）现有人力资源相关策略难以有效支撑组织战略规划的实施。
（4）缺乏科学的薪酬福利管理制度，难以提升员工积极性。
（5）组织绩效管理与绩效考核的关联度低，难以有效推进和落实战略目标的实现。
（6）缺乏对公开的招聘平台的有效利用，不能提升人才甄选的效率与效果。
（7）无法有效整合组织内外资源，难以建立效果良好的员工培训体系。
（8）缺乏岗位胜任力模型的构建，没有建立组织人才分级分类培养体系。
（9）缺乏对员工职业生涯发展体系的设计。

2.3 经理人指南

2.3.1 人力资源部门在组织战略规划过程中的作用

组织的各个部门在组织的战略规划过程中都扮演非常重要的角色。具体地说，它们都可以帮助组织的高层管理者完成组织战略规划的设计，帮助制定能够支持组织整体战略规划的部门职能战略和相应的人力资源规划，同时切实地执行和评估组织的人力资源规划。

---

① 实际上，直线经理的人力资源管理实践是贯穿本书的宗旨，本书所有章节的内容都紧紧围绕直线经理如何在其管理过程中有效处理组织人力资源需求和供给的相关问题，从而高效解决组织人员供给过剩或供给不足的人力资源管理问题，包括各个岗位的人员配备与培训、员工的激励与留用、新业务所需员工的保障等问题，以获取竞争优势。

1. 参与组织的战略规划

战略规划是建立在信息基础上的，其重要的前提就是收集有关组织发展的关键信息，包括自身的优势、劣势以及将要面临的机遇和挑战。组织中的许多业务目标会涉及人力资源，比如，组织战略规划中新业务所涉及的新职位，需要具有某些特定技能的员工来填补，而其供给情况、员工满意度、当前员工的优势和劣势等，都需要考虑。因此，在制定和贯彻组织战略规划的过程中，需要人力资源部门在提供相应信息的基础上，参与组织战略规划的制定。因此，人力资源部门与组织的财务部门和营销部门一样，在组织战略规划过程中扮演着非常重要的角色。

2. 开发和执行（实施）人力资源计划

开发和执行（实施）公司的人力资源计划是人力资源管理部门的一个主要职责。人力资源管理部门负责完成对组织人力资源规划的开发并通过有效的执行来保障人力资源规划的贯彻执行，以实现组织战略目标。组织的人力资源规划主要涉及以下重要内容：

- 让组织各个岗位的工作更富有弹性；
- 提出更为严格的员工培训体系；
- 增加对管理人员的职责要求；
- 鼓励组员参与组织的管理实践中来；
- 设计更有效的激励体系来保障员工的高绩效。

为了保证人力资源规划的有效实施，必须考虑到组织文化（corporate culture）这一要素。通过对组织共同的价值观、道德观和行为模式的培训，以此使得该组织与同行业中的其他组织区别开来，增强与员工的交流互动，增加员工对组织的亲近感，提升每个员工对组织的认同感，从而增强员工对组织的凝聚力，并为组织贡献更高的个人绩效。

3. 人力资源计划的评估

人力资源部门需要对组织的人力资源管理进行评价，以衡量组织人力资源规划的有效性，并以此来判定人力资源部门对组织战略目标的贡献度。其中，对人力资源管理部门工作的分析和测评是评估的重点，包括人力资源规划与组织目标设定、测量和员工绩效监控相关的活动。

组织人力资源规划评估的关键问题

- 需要重新制定组织的战略规划吗？
- 组织的人力资源部门是否要参与组织的战略规划制定？
- 组织的发展目标是否可以测量？
- 每一位员工都理解组织的战略目标吗？
- 组织部门职能的确定是建立在组织的战略规划的基础上吗？
- 组织的战略规划和职能规划会邀请不同层级的管理者参与吗？
- 组织战略规划的实施得到了组织结构的有效支撑了吗？
- 员工的道德和行为是可以接受的吗？
- 组织中的岗位设置存在不合理现象吗？
- 每个岗位的职责描述清晰吗？

- 人岗不匹配的问题存在吗?
- 员工流失率和缺勤率是在可控的范围内吗?
- 组织的激励机制与战略目标的关联度大吗?
- 每一位员工都能按照组织所需的要求而努力吗?

比如,在人力资源招聘过程中的筛选工作真的帮助组织发现了最佳雇员吗?所实施的培训真的提升了员工的个人绩效和工作态度吗?采用的绩效考核体系可以公平地反映员工的贡献吗?实行的薪酬系统达到了员工激励的预期效果吗?等等,通过对这些问题的回答,来对组织的人力资源管理实践进行评估。①

2.3.2 直线经理在人力资源规划管理中的主要职责

现代管理认为,在任何组织中,所有的直线经理都应该承担人力资源规划的职责。也就是说,对组织内部的直线经理而言,人力资源规划是其承担的一项必不可少的职能。直线经理在管理部门业务的过程中应该保证其所做的工作与组织的战略目标完全一致。因此,直线经理在基于组织的战略目标提出各自的部门目标后,必然要完成与部门目标的达成相关的人力资源管理活动,比如,部门员工的招聘、培训、绩效评价、报酬支付及开发员工等;实现与部门每一位员工的有效合作,从而通过提高部门员工的个人绩效来增强部门绩效和竞争力。其中,直线经理承担最核心的人力资源管理职责包括人员配置和员工留任。

1. 人员配置

组织人员的配置是个体与组织进行匹配以形成雇用关系的过程。成功地设计和管理好部门的人员配置是对组织的挑战,也是组织中所有直线经理面临的一项重要职责,是获取、运用与留任组织员工的一项关键管理职能。直线经理必须明确组织人员配置的特征、人员配置活动的各个环节,以确保其所在的部门在所有的时间段里都配备了适当的员工。因此,直线经理必须能够准确预测未来需要完成的工作量,并制定工作日程表以确保该工作能够按照日程表来完成。为此,直线经理必须结合工作任务的轻重缓急和员工的加班休假等情形,设计工作日程表;当发现未来的工作量超过了目前员工的承受力,那么直线经理就必须请求组织批准设立新的岗位。

2. 员工留任

面对员工的离职,直线经理是有直接责任的。当然,在决定企业对员工是否有吸引力的因素中,薪资、福利与职位固然重要,但却不是唯一因素。一家权威机构对员工离职和影响员工留任组织的原因调查后发现,员工离职的原因涉及以下三个方面:

- 招聘流程,即这员工招聘环节出了问题,员工对公司的期望过高,入职后反差太大,产生失望情绪。
- 主管管理风格造成员工不满,双方合作不愉快。
- 员工能力无法得到发挥,产生了离职的想法。

---

① 在本书的其他章节将会逐级涉及对这些人力资源管理实践的评价问题。

人力资源管理——有效提升直线经理管理能力

而影响员工留在组织中的原因依次为：
- 与主管积极良好的关系；
- 有提高自身能力的机会；
- 共享财务成果。

更有调研公司总结指出，"在员工离职的原因中，75%的员工辞职，是辞掉了他们的主管，而不是公司；而85%的原因是由其直接主管控制的。"

因此，对于直线经理而言，与员工建立良好的工作关系，做好员工的教练和激励者，公平地对待每一位员工，从而使得员工对部门和工作产生认同感、成就感、新奇感、知遇感、归属感，都是直线经理不可或缺的人力资源管理技能，以此来提升组织内在的持久凝聚力，从而留住员工，提高组织竞争优势。

2.3.3 直线经理在人力资源规划中需要修炼的管理技能

1. 人员需求的预测能力

在组织人力资源规划的制定过程中，直线经理需要具备的首要技能是，结合组织的战略目标，能够对本部门未来的人力资源需求和供给进行科学的预测，从而确定各自部门为了成功实现其部门目标所需员工的数量和类型。这就要求直线经理具备一定的战略规划与管理、统计分析等技能，更好地帮助组织的各个部门去发现、辨识、挑选符合组织各个岗位的新员工，并培训目前和未来的员工，保障组织各项业务的有效进行。

2. 良好的沟通能力

直线经理应该具有良好的人际沟通能力，包括与人力资源专业人员的沟通和与部门内员工的沟通，从而在制定部门战略、明确部门目标和员工绩效目标的过程中，能够与人力资源专业人员有效沟通；同时能够让部门员工充分理解组织目标，实现与每位员工的有效合作，提升部门绩效。

3. 掌握获取未来人员需求信息的方法

最直接的方法是进行相应的访谈和调研。访谈和调研的对象应该包括组织的人力资源专业人员、高层经理及其他直线经理。通过与他们的沟通，确定部门未来的战略目标和员工需求，从而做好部门的人力资源管理实践，包括未来部门工作量的确定、新岗位的设置、员工关系管理、员工培训、员工激励等，以减少员工流失，提高员工对部门目标的贡献度。

人力资源管理部门通过对来自各个部门相关信息的分析，结合组织战略来制定组织的人力资源规划，设计出相关的人力资源政策、制度，以指导各直线经理和职能经理的人力资源管理实践，从而提高其部门绩效。同时，直线经理和职能经理在实际的人力资源管理过程中，可以发现组织的人力资源管理规划中的不足和部门发展对人力资源的需求点。因此，他们可以向组织的人力资源管理部门提供包括对不同类型员工的数量和质量等的需求信息，以帮助人力资源部门制定更科学的人力资源规划和相关的政策、制度。

重点提示

● 人力资源规划是人力资源管理中重要的挑选前的内容,需要直线经理能够为组织的人力资源规划提供详细的信息,并积极参与具体的规划活动,以提高组织人力资源规划与组织战略目标的匹配度。

● 人力资源规划涉及组织战略性的长期规划、策略性的中期规划和具体作业性的短期计划,这些规划与组织的战略规划紧密相关。直线经理在所有人力资源规划中都具有重要的作用,既要理解组织战略性的长期规划,又要帮助组织做好策略性的中期规划和具体作业性的短期规划,从而为组织战略目标的实现提供有效的人力资源保障。

● 直线经理应该具备对组织人员的不足或剩余情形进行判断和预测的能力。

讨论题

1. 面对大数据时代,组织的人力资源规划应该如何更有效地为组织的竞争优势服务?
2. 你认为一个缺乏人力资源规划的组织在未来的发展中将会遇到哪些困境?
3. 结合"互联网+"的社会背景,阐述在进行组织战略规划的过程中进行环境扫描的必要性?
4. 面对人工智能飞速发展的今天,你认为组织人员需求预测的内涵应该有什么变化?
5. 组织人力资源供给预测主要建立在哪些信息的基础上?这些信息的主要来源是什么?
6. 面对组织未来的人员空缺,你认为可以采取的解决方法是什么?
7. 在信息技术日益发展的今天,你认为组织的直线经理和职能经理在组织人力资源规划中的作用该如何体现?

案例研究

嘉辉公司的人力资源规划

嘉辉公司是一家中型化工生产企业,现有生产与维修工人825人,行政和文秘白领职员143人,基层与中层管理干部79人,工程技术人员38人,销售员23人。随着生产规模的不断扩大,企业对员工的需求增加。按照未来五年的生产计划,公司需制定新的人力资源规划。

人力资源部李经理决定将人力资源规划的编制交由小张完成。小张毕业于国内某名牌大学,专业为人力资源管理,在公司人力资源部工作刚满一年。小张觉得要编制好这个规划,关键是先要对公司未来五年的人力资源需求作出预测。在此过程中,除了要选择正确的预测方法外,还必须认真分析影响人力资源需求的各项因素。小张不分昼夜,重温了上大学期间学过的各种预测技术,并收集了大量的有关企业人力资源需求的信息资料。小张认为,依靠他所掌握的这些信息和技术就可以编制出一份令李经理满意的公司未来五年的人力资源规划了。10天后,小张交出了他所编制的规划。这份规划详细地列出了未来五年公司各类人员的需求变化：白领职员和销售员要新增10%，工程技术人员要增加5%，基层与中层管理干部不增也不减，而生产与维修工人要增加5%，并用定性和定量分析的方法对这些数据进行了论证。小张满以为李经理会对他的规划大加赞赏；但令他不解的是，李经理只是粗略地翻阅了这份规划，就退回并要求他重做。

思考和讨论题：
（1）在预测公司未来人力资源需求时，小张首先需要做什么？
（2）在进行人力资源需求分析时，小张需要考虑哪些因素？
（3）小张提交的这份人力资源规划存在哪些问题？

第 3 章

工 作 分 析

学习目标

- 理解工作分析在提高企业竞争优势中的作用;
- 掌握工作分析的基本程序;
- 掌握工作分析的各种方法;
- 学会编写岗位的工作说明书。

开章案例

AMCO 钢铁公司的员工工作申请测试计划

问题:如何评估每一位新员工是否适应不同工种

美国的 AMCO 钢铁公司,以往在聘用新的钢铁工人后,通常在从事永久性的工作职务前,会把这些新进人员暂时放在一般的劳工群中。由于新员工可能会被安排从事一般劳工群中的任何一项工作,所以每个求职者在被雇用时必须符合各种工种的要求。这种做法为 AMCO 公司带来了一个难题,因为公司并不晓得一般劳工群中每项工作的特定资格,所以也就无法评估工作申请者是否能符合刚开始进来后第一份暂时性工作的专业要求;万一雇用不合适的人员担任此职务,AMCO 就会面临生产率下降或意外灾害增加的可能。

解决办法:基于工作分析的测验计划

为了解决这个问题,AMCO 制定了一般劳工群中每一项工作需要的必备条件,再依据这些条件对工作申请者进行筛选。只有那些通过每一项考试的申请者,才会被视为完全合格而被录用。

工作分析在这个选取的过程中扮演着关键性的角色。一般劳工群中的每一项工作,都经由公司人力资源专业人员的分析,目的在于分析与每项工作有关的活动和任务,以便决定能够胜任该项工作的人员所需具备的条件(如力气、平衡感、灵活度等)。人力资源专业人员首先是借由观察工人的执行工作,然后征询其督导者来获得这些所需要的资讯,最后经筛选确定需要实行哪些测验以便测量这些工作技能。

效果:工作分析与组织竞争优势的获取

为了确定这些测验的价值或结果,AMCO 把这些测验项目先在现有员工中施行,然后再将测验高分者、低分者与其工作绩效进行比较。AMCO 发现测试成绩好的员工其实际的工作绩效要比测验成绩差的员工好很多,测验成绩高者完成的工作几乎是成绩低者的两倍。这个发现让 AMCO 公司能够在测验的过程中评估工作申请者未来能够提供的生产力。该公司的实践表明,通过测验的每位员工每年可以为公司增加约 4 900 美元的价值。也就是说,一个经由测验挑选出来的工人可以预期比没有经过测验的人每年多生产约 4 900 美元的产品。而 AMCO 公司每年大约要雇用 2 000 名新进钢铁工人,或者可以这样说,因为经由这项测验,每年为公司增加了约 1 000 万美元的产品价值。

这项测验计划所带来的成功,要归功于这些测验中测量了一些重要的工作技能,而工作分析为此奠定了根基。

3.1　工作分析与获取组织竞争优势

工作分析（job analysis）是指应用系统的方法,全面地收集、分析、确定组织中职位的目标、工作内容、职责权限、工作关系、业绩标准、人员要求等基本因素的过程。核心是解决"某一职位应该做什么"和"什么样的人来做最合适"的问题。前者是关于工作本身的规定,分析的结果是形成工作描述；后者是对任职者的行为和资格的要求,最后形成工作规范。

工作分析是整个人力资源管理活动的基石。有效的工作分析系统能够通过七种途径培育组织的竞争优势,见图 3–1。

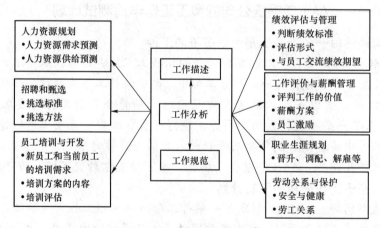

图 3–1　工作分析作用图[①]

3.1.1　工作分析为人力资源规划奠定基础

组织要制定合理的人力资源规划,必须以明确组织各个岗位的工作职责、工作方式及任职资格为条件,对未来一段时间内的人力资源供求情况作出较为准确的判断,这一任务通过工作分析来完成。工作分析就是要根据组织的需要,将工作职责、工作方式及任职资格等工作要素逐一列举分析。首先决定组织中需要设置哪些工作,其次决定每项工作对从事它的人员有何要求。通过对部门内各项工作的分析,得到各部门的人员编制,继而得到组织的人力资源需求计划。另外,通过工作分析可以将相近的工作归类,合理安排,统一平衡供求关系,

---

[①] 克雷曼. 人力资源管理：获取竞争优势的工具. 吴培冠, 译. 北京：机械工业出版社, 2013.

从而提高人力资源规划的质量。

3.1.2 工作分析为招聘和甄选提供依据

招聘和甄选的目的是甄别和雇用最适合的求职者。由于工作分析规定了各岗位工作的要求、职责，并明确了任职人员应具备的心理、生理、技能、知识和品质等，从而为人员的任用确定了标准。因此，工作分析的信息可以通过找出挑选标准来帮助组织达到甄别和雇用最适合求职者的目标。组织的直线经理们和人力资源管理工作者可以利用这一信息去选择或开发合适的人员挑选工具，如面试的问题、测试。当缺乏有效的工作分析导致工作描述和任职要求模糊不清时，就容易出现所招聘人员不适合岗位预期要求的情况，未能做到人尽其才。

3.1.3 工作分析为培训和开发奠定基础

组织可以使用工作分析结果去确定培训需求、开发培训方案和评估培训效果。首先，通过工作分析得到的工作规范的信息在确定培训和开发需求方面常常是很有用的。如果工作规范指出某项工作需要特殊的知识、技能或能力，而在该职位上的人又不具备所要求的条件，那么就有必要开展相关的培训。这种培训可以帮助员工履行现有工作说明中所规定的职责，并且帮助他们为升迁到更高的工作职位做好准备。其次，工作分析结果可以帮助人力资源管理工作者结合培训需求分析结果，去开发相关的培训方案，包括确定培训内容、开发培训资料、选择培训方式、选择内外部培训师等。最后，工作分析结果可以为培训评估提供依据或标准。为了评估培训方案的有效性，组织必须一开始就详细规定培训目标或者规定受训者在培训结束时要达到的预期绩效水平，而预期的绩效水平经常在工作分析中详细阐明。因此，有效的工作分析能为整个培训与开发工作奠定良好的基础。

3.1.4 工作分析为绩效评估和管理奠定基础

首先，工作分析得到的工作描述规定了各项工作任务的绩效标准，因而能为绩效评估提供客观的依据。管理者根据工作分析的要求，判断哪些工作已被完成，哪些工作未达要求。如果缺乏这个客观依据，将影响到绩效评估的公正性与科学性，导致员工工作积极性下降，给企业带来损失。其次，工作分析结果可以用来开发更有效的绩效评估方式。一个以工作分析为基础的绩效评估方式是，以清单列出该工作的各项任务或行为，并具体规定每项任务的期望绩效水平，这用于对应比较和评估员工各项任务的实际完成情况与期望绩效水平的差距。如果没有工作分析的信息，组织一般采用一种单一的、概括性的方式去评估员工的绩效，这种方式是在假定所有工作都需要相同特质（如能力、仪态、合作精神、可靠性等）的前提下来评定每位员工的绩效。具体操作方法如对员工的测评结果简单排序、领导给员工主观的评语等。以工作分析结果为基础的评估方式能更好地传达绩效期望值，并能为绩效评估结果反馈和人力资源管理决策提供更客观的依据。

3.1.5 工作分析为工作评价和薪酬管理奠定基础

工作分析对薪酬管理所起到的基础作用在于为工作价值评定奠定基础。在组织中，每项工作对组织的相对价值是确定其薪酬比例的基础，而工作价值一般从技能水平、努力程度、责任轻重、工作条件等方面来考量。因此，工作分析所提供的信息可用于工作价值的评定。

在确定工作相对价值之后，组织就可以制订薪酬方案。进一步，工作分析还为员工激励提供客观的依据。按绩效付薪的方案可以为那些工作绩效达到或高于期望水平的员工提供奖励，而工作分析则被用来辨别期望的绩效水平。从另一个角度看，由于工作分析划定了责任及职权界限，当员工未能有效地履行其工作职责时，就会受到相应的惩戒。总之，工作分析为薪酬的制定与奖励奠定了非常重要的基础。

3.1.6 工作分析为员工职业生涯规划提供依据

由于工作分析结果对岗位的任职资格与要求作出了明确的说明，组织对员工的晋升、调配、解雇有了客观的标准。另外，工作分析也有助于组织识别出潜在的空缺岗位，包括将要重新设计的岗位，以及人员去留情况。组织可将这些客观的标准与员工的个人能力、素质、绩效进行对比分析，并结合内部人力资源需求与供给情况，作出晋升、调配、解雇等决策。因此，工作分析能为组织员工职业生涯规划提供客观依据和基本保障。

3.1.7 工作分析为劳动关系与保护提供依据

工作分析结果对于劳动关系与保护也是很重要的。通过工作分析，组织可以发现一项工作的潜在危险或危害，从而为制订生产方案、员工安全与健康保障方案、处理劳工关系等工作奠定重要的基础。

3.2 工作分析的问题和实践

3.2.1 工作分析的基本程序

工作分析的整个过程一般经历准备、调查、分析和完成四个阶段，如图3–2所示。

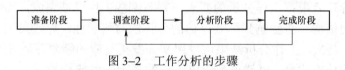

图3–2 工作分析的步骤

1. 准备阶段

（1）确定工作分析的目标和侧重点，主要是以组织的人力资源特性和要求，进行相辅相成的策动功能和提要式的指引。

（2）确定工作分析的范围，包括明确工作分析的目标工作、识别主要问题等。

（3）确定工作分析小组。一般地，工作分析小组人员包括组织的工作分析人员、上级主管、工作任职者、外部专家和顾问。工作分析人员主要由人力资源管理部门人员组成，他们能够比较客观公正地分析所收集的信息。上级主管对工作比较了解，工作分析的速度快，但在工作分析方法上需要对他们进行培训。工作任职者对工作熟悉，工作分析的速度能够得到保证，但他们提供信息的标准化和完整性较差。外部专家和顾问具有工作分析的丰富经验和专门技术，可以防止工作分析研究的过程出现偏差，有利于提升结果的客观性和科学性。

（4）确定调查和分析对象的样本。此时，需要考虑样本的代表性。
（5）确定工作分析的方法、时间安排等其他事项。

2．调查阶段

在调查阶段，主要是选择合适的方法进行收集工作分析所需要的信息。这些方法有编制各种调查问卷和调查提纲；到工作场地进行现场观察，观察工作流程，记录关键事件，调查工作必需的工具与设备，考察工作的物理环境与社会环境；对上级主管、在职人员广泛进行问卷调查，并与上级主管、"典型"员工进行面谈，收集有关工作的特征及其他所需要的各种信息，征求改进意见；通过员工记录日志的方法获取工作相关信息。若有必要，工作分析人员可直接参与要调查的工作，或通过实验的方法分析各因素对工作的影响。

在内容上，需要调查和收集的信息主要有职位的工作信息、职位的背景资料两大部分。职位的工作信息一般包括以下内容。

（1）工作活动。如任务描述，与其他工作和设备的关系，进行工作的程序，承担这项工作所需要的行为、动作与工作要求。

（2）工作中使用的机器、工具和设备等辅助设施。

（3）工作条件。如人身工作条件、组织的各种有关情况、社会背景、工作进度安排、激励。

（4）对员工的要求。如特定的技能、特定的教育和训练背景、有关的工作经验、身体特征、态度等。

职位的背景资料如组织机构图、工作流程图、职位分类标准以及过去的工作分析资料等。

（1）组织机构图指明了某一职位在整个组织中的位置，以及上、下级关系和横向的工作关系。

（2）工作流程图指出了工作过程中信息的流向和相关的权限，这些都有助于更加全面地了解职位的情况。

（3）职位分类标准和过去的工作分析资料也有助于更好地了解职位的情况。

3．分析阶段

在职位相关信息收集完成之后，就要进入到分析阶段。在这一阶段需要进行以下几项工作。

（1）整理信息。将收集到的信息按照工作说明书的各项要求进行归类整理，看是否有遗漏的项目。若有，要返回到上一个步骤，继续进行调查与收集。

（2）审查信息。工作分析小组成员要对归类整理后的信息的准确性进行审查。如有疑问，就需要找相关人员进行核实，或者返回到调查步骤，重新进行收集。

（3）分析信息。在对所收集信息进行审查之后，就要进行深入的分析，从中发现和提炼各个职位有关工作和任职者要求的主要成分和关键因素。在分析信息时，一般遵循以下几项基本原则。

① 对工作活动是分析而不是罗列。调查得到的工作信息是对职位工作情况的反映，但需要经过一定的加工，需要将某些职责分解为几个重要的组成部分，然后再将这些部分进行重新组合，这样才能得到清晰的工作描述。

② 针对职位而不是针对人。工作分析关心的是职位的情况，而不是任职者的情况。例如，某一职位本来需要本科学历的人员从事，但由于各种原因，暂时只能由一名中专生担任

这一职位。那么，在分析这一职位的任职资格时就要规定为本科，而不能根据现在的状况将学历规定为中专。

③ 要以当前的工作为分析依据。工作分析的任务是获取某一特定时间内的职位情况。只有如实地反映该职位目前的工作状况，才能据此进行分析、判断，发现职位设置或职责分配上的问题。因此，应当以目前的工作状态为基础来进行分析，而不能把自己或别人对这一职位的工作设想加到分析中去。

根据实践经验，如果工作分析人员感觉对资料的分析工作比较困难，这说明其对职位情况的了解还不够深入，或者收集资料还不够全面，可能需要返回到调查阶段，以继续了解和收集相关信息。

4. 完成阶段

在分析完成所收集的职位信息之后，就进入了完成阶段。这一阶段任务如下。

（1）编写工作说明书。根据对资料的分析，首先要按照一定的格式编写工作说明书的初稿。然后反馈给相关人员进行核实，意见不一致的地方要重点进行讨论；无法达成一致的，还要返回到第二个阶段，重新进行分析。最后，形成工作说明书的定稿。

（2）对整个分析过程进行总结，找出其中成功的经验和存在的问题，以利于今后更好地进行工作分析。

（3）将工作分析结果运用于人力资源管理及其他企业管理方面，以真正发挥工作分析的效用，避免将投入大量时间和精力而形成的职位说明书束之高阁，从而减少资源浪费。

需要强调的是，人力资源管理是一项活动，工作分析是一个连续不断的动态过程，组织决不能有一劳永逸的思想，不能认为做过一次工作分析以后就可以不用再做了；而应当根据企业的发展变化随时进行这项工作，使工作说明书能及时地反映职位的变化情况。

3.2.2 工作分析的方法

为调查、收集和得到工作描述与工作规范的相关信息，需要采用多种方法。这些方法主要有问卷调查法、访谈法、观察法、工作日志法。其中，问卷调查法为定量方法，其他三种为定性方法。

1. 问卷调查法

问卷调查是工作分析中最常用的一种方法。问卷调查是根据工作分析的目的、内容等事先设计一套调查问卷，由被调查者填写，再将问卷加以汇总，从中找出有代表性的回答，形成对工作分析的描述信息。值得注意的是，最后还要再征求任职者的意见，对形成的工作分析描述信息进行补充和修改。

问卷调查法的关键是问卷设计，主要有开放式和封闭式两种形式。开放式调查表由被调查人自由回答问卷所提问题；封闭式调查表则是调查人事先设计好答案，由被调查人选择确定。为了形成有效的调查问卷，在设计调查问卷时，提问要准确；问卷表格设计要精练；语言通俗易懂，问题不能模棱两可；问卷表前面要有导语；问题排列应有逻辑，能够引起被调查人兴趣的问题放在前面。

问卷调查法的优点是费用低、速度快、调查范围广，尤其适合对大量工作人员进行工作分析；调查结果可以量化，以便计算机处理，可以开展多种形式、多种用途分析。但是，这种方法对问卷设计要求比较高，设计问卷需要花费较多的时间和精力，同时需要被调查人的积极配合。

下面给出开放式的工作分析调查问卷示例。

工作分析调查问卷示例

一、基本信息

您的姓名：　　　　　岗位名称：　　　　　所属部门：
入职时间：　　　　　从事本岗位工作时间：
您的直接上级岗位：
您的直接下属岗位：

二、工作情况

1. 简洁描述一下您目前的主要工作内容和职责。
2. 请列举您有建议权、审核权、决策权的工作项目（人事、业务、财务等方面）。您认为除了这些权限之外，您还需要别的权限来支持您的工作吗？
3. 请简要描述您的上级如何指导和监督您的日常工作。
4. 简述一下您直属下级的人数及其主要工作内容。
5. 除您的上级和下级之外，您和公司内部哪些部门和岗位会有工作联系和沟通？
6. 除了公司内部的联络沟通外，您和外部哪些单位有工作联系和沟通，对方联络人通常会是什么岗位？
7. 请列举您目前的所有绩效考核项目，并请按主次顺序说明哪些是公司重点考核项。另请谈谈您对这些考核项目的看法。
8. 按照公司规定，您正常的工作时间是应该怎样的？您会加班吗？如果加班，通常是在什么时段，因为什么原因？这种情况多不多？您对此有什么看法？

三、岗位要求

1. 你认为需要什么样的专业技能才能胜任这份工作？
2. 您认为本岗位对于性别和年龄有限制吗？如果有，您认为应该是什么？
3. 您认为要胜任本岗位工作有什么样的学历要求？为什么？
4. 您认为本岗位需要有工作经验吗？如果需要，您觉得多长工作经验比较合适？为什么？
5. 您觉得新加入公司的员工如果要较好地胜任工作需要岗前培训吗？如果需要的话，您觉得培训多长时间比较合适？为什么？
6. 您觉得什么样的性格和品质的人能够更好地胜任本岗位工作？

四、其他信息

1. 您觉得公司有提供给您职业发展的通道吗？您对自己在公司的职业发展是怎么规划的？如果晋升的话，您觉得自己会晋升至什么岗位？
2. 您对您所在部门的工作分配及职责划分有何建议？您对您自己这个岗位的工作安排有何建议？
3. 对于本问卷调查未提及的问题，您觉得有必要提及的，请写出来：

2. 访谈法

访谈法是工作分析的另一种常用方法，是访谈人员就某一岗位，按事先拟定好的访谈提纲与访谈对象进行交流和讨论。访谈对象包括该职位的任职者、对工作较为熟悉的直接主管人员、与该职位工作联系比较密切的工作人员。与任职者的面谈主要集中于有关工作内容和工作背景的信息。直接主管的典型作用是评审和证实任职者回答的准确性，并提供有关任务的重要性、所期望的绩效水平、新工人的培训需要和工作的必要条件等信息。访谈的程序可以是标准化的，也可以是非标准化的。一般情况下，应用访谈法时按标准化访谈格式记录，目的是便于控制访谈内容及对同一职务不同任职者的回答相互比较。而且，为了保证访谈效果，一般要事先设计访谈提纲，做访谈前准备。

访谈法通常用于工作分析人员不能实际参与观察的工作。其优点是既可以得到标准化工作信息,又可以获得非标准化工作的信息;既可以获得体力工作的信息,又可以获得脑力工作的信息;同时可以获取其他方法无法获取的信息,比如工作经验、任职资格等,尤其适合对文字理解有困难的人。此外,访谈还为组织提供了一个良好的机会来向大家解释工作分析的必要性及功能;还能够使被访谈者有机会释放因受到挫折而带来的不满,讲出一些通常情况下可能不太会被管理人员重视的看法。其不足之处是被访谈者对访谈的动机往往持怀疑态度,回答问题有所保留,信息有可能会被扭曲。因此,访谈法一般不能单独用于信息收集,需要与其他方法结合使用。

下面给出工作分析访谈提纲示例。

工作分析访谈提纲示例

职位名称: 主管部门:
所属部门: 工作地点:
间接主管: 直接主管:
访谈对象: 日期:

一、岗位设置的目的
此岗位的工作目标是什么?从公司角度看,这个岗位具有什么意义和作用。

二、机构设置
1. 此岗位直接为哪个部门或个人效力?行为或决策受哪个部门或岗位的控制?
2. 哪些岗位与此岗位同属一个部门?
3. 是否有直接的下属、有几个、他们分别是谁?

三、请你详细地描述一下您岗位的各项工作职责和为完成职责所进行的各项工作活动或任务,你所采取的方法、使用的辅助工具或设备等,以及你认为的工作标准。

主要工作职责	为完成职责所进行的工作活动或任务及时间比例	采取的方法、辅助工具或设备	工作标准

四、内外关系
1. 在公司内,此岗位与哪些岗位有最频繁的工作联系?有哪些联系?
2. 在公司外,此岗位与哪些部门或个人有最频繁的工作联系?有哪些联系?
3. 你是否经常会见上司商讨或者汇报工作?
4. 上司对工作任务的完成情况是否起决定性作用?

五、工作中的问题
1. 你认为此工作对你最大的挑战是什么?
2. 你对此工作最满意和最不满意的地方分别是什么?
3. 此工作需要解决的关键问题是什么?
4. 处理问题时有无指导或先例可参照?有哪些处理依据?
5. 你对哪些问题有自主权?哪些问题你需要提交上级处理?(完成岗位工作有哪些权

限，如招聘专员面试工作中拥有组织权，在建立公司招聘制度活动中拥有制定权等）

6. 你是否经常请求上司的帮助，或者上司是否经常检查或指导你的工作？
7. 你的上司如何知道你的工作？
8. 你是否有机会采取新方法解决问题？
9. 与其他部门协调配合方面存在哪些问题？
10. 集团公司对如何留住人才有什么好的建议和对策？你个人呢？（人员流失方面）

六、经验要求

本岗位要求任职者具备哪些经验？需不需要参加培训？培训多久？（如大专毕业几年、大企业相关工作经验）

七、能力与技能

1. 心智要求（智商）
2. 特殊能力（如领导能力、激励能力、计划能力、人际关系、协调能力、公共关系、分析能力、决策能力、书面表达、口头表达、谈判、演讲、与人沟通与交往、判断、接受指令等）
3. 个人素质（非智力因素，细心、耐心、有责任感、忠诚如保密工作）

八、教育和知识要求

请确定下列教育或知识中哪些是必要的，或指出胜任该工作所需要的教育要求。

教育和知识要求	若是必须，标示"√"
任职者能够读写并理解基本的口头或书面的指令	
任职者能够理解并执行工作程序以及理解上下级的隶属关系，并能够进行简单的数学运算和办公室设备的操作	
任职者能够理解并完成交给的任务，具备每分钟至少输入50个字的能力	
具备相近专业领域的一般知识	
具备商业管理与财政等方面的基础知识与技能	
具备商业管理与财政等方面的高级知识与技能	
其他方面的具体要求（法制法规、外语、学历等）：	

九、岗位要求承担者具备哪些身体素质和生理方面的要求？（如无色盲和听力障碍，手指灵敏性、身体协调性、反应速度等）？有无特殊性别要求（有 无）？有无特殊年龄要求（有 无）？

十、附加说明：

对本职位还有哪些需要补充说明？（如晋升与职务轮换的可能性）

3. 观察法

观察法是工作分析人员在不影响被观察者正常工作的条件下，通过观察将有关工作的内容、方法、程序、设备、工作环境等信息记录下来，最后将取得的信息归纳整理为工作描述和工作规范的过程。采用观察法进行岗位分析时，应根据岗位分析的目的和组织现有的条件，事先确定观察内容、观察时间、观察位置、观察所需的记录单,做到省时高效。

观察法的优点是取得的信息比较客观和正确,但它要求观察者有足够的实际操作经验。观察法主要用于标准化的、周期短的以体力活动为主的工作,不适用于工作循环周期长的、以智力活动为主的工作。观察法经常与访谈法结合使用。

下面给出工作分析观察提纲示例。

工作分析观察提纲示例

被观察者姓名:　　　　　　　观察者姓名:　　　　　　　日期:
观察时间:　　　　　　　　　观察地点:
工作类型:销售　　　　　　　工作部门:

观察内容:
1. 什么时候上班?
上午 8:30 左右到达工作地点(规定时间是 8:30)。
2. 什么时候开始工作?
到达工作地点后就在一楼等待客户,9:20 接待了第一批客户。
3. 与上司交流多少次?
一次。在工作结束后,与主管汇报销售情况。
4. 与部门成员交流情况?
工作需要时主动交流 8 次,被交流 4 次,相互询问工作情况 10 次。
5. 一天接待多少客户?卖出多少台电脑?平均多长时间卖出一台电脑?
一天接待 7 位客户,卖出 6 台电脑。平均一小时二十五分钟能卖出一台电脑。
6. 卖出商品利润在何种范围内?
300~850 元之间。
7. 男女同事分别对他的评价。
男:工作很卖力,能力强,交际能力强,待人诚恳。
女:很会跟女生谈生意,而且效率很高。性格较好,有耐心、易与人相处。
8. 客户对其服务的满意度。
大部分顾客都很满意他的销售服务,认为他态度较好,有耐心。但全程服务中,由于装机时间长,对其因拉其他顾客而忽略当前顾客感到不满。
9. 上班时休息多少次?平均时间是多少?
上班一天休息 8 次,平均每次 12 分钟。
10. 工作时是否求助他人?
有求助过两位同事。第一位 3 次,第一次同意,后两次拒绝。第二位 5 次,都同意。
11. 与同事或客户是否有摩擦?有摩擦,几次?什么原因?其态度如何?
与同事和客户有过摩擦,共 3 次。
第一次,与同事。原因:拿不同款商品给客户介绍后,在原位置找不到,询问其他同事时而产生摩擦。
第二次,与同事。原因:找同事帮忙装机时,因顾客较多,同事无暇顾及而产生摩擦。
第三次,与客户。原因:许诺客户帮其找人装机而很久未能完成,时间过长而引起客户不满。
态度:在发生摩擦时,言语适当,态度较好。
12. 下班时精神面貌怎样?
平静,略显疲惫,与同事交流少。

4. 工作日志法

工作日志法又称工作活动记录法,是任职者按照时间顺序详细记录自己的工作内容和工作过程，然后工作分析人员经过归纳、提炼，获取所需工作信息的一种工作分析方法。根据不同的工作分析目的，需要设计不同的"工作日志"格式。这种格式多为特定的表格。

通过让员工填写该表格，可获取有关工作的内容、程序和方法，工作的职责和权限，工作关系以及所需时间等方面的信息。通过这种方式得到的信息具有很高的可靠性，所需要的费用也较低。当然，工作日志法也有一定的弊端。比如，员工需要腾出时间填写工作日志，这可能会干扰员工的正常工作。另外，为了提高员工所填写工作日志上的信息的效度，工作分析人员有时需要对员工工作实时跟踪和追溯，这一般会产生较大的工作量。

下面给出工作日志表示例。

工作日志表示例

部门：		姓名：	职位：	填表日期： 年 月 日
分类 \ 记录		工作项目记录	完成状况	待解决问题	工作时间量/分钟
工作内容	日常例行工作				
	当日工作总结				
	明日工作展望				
建议或说明事项					
备注：		1. 每日工作报表请用当日日期命名，不够填写时请写在反面； 2. 请于每日下班前填写，如遇紧急或外出事务于第二天补回。			
		填表人签字：		批复人：	

5. 四种方法的对比分析

综上分析，问卷调查法、访谈法、观察法和工作日志法的优缺点如表 3-1 所示。

表 3-1 各种工作分析方法的优缺点

方法	优点	缺点
问卷调查法	费用低；速度快，调查面广；可在业余进行；易于量化；可对调查结果进行多方式、多用途的分析	对问卷设计要求高；问题固定，收集的信息有一定限制
访谈法	能控制访谈的内容，深入了解信息，效率较高	面谈对象可能会夸大其词，易失真；对提问要求高
观察法	能较多、较全面地了解工作要求	不适用于包含思维性较多的复杂活动及不确定性、变化较多的工作
工作日志法	经济、方便；对分析复杂工作而言，经济有效	适用于任务周期短、工作状态稳定的工作；但获得的记录和信息比较凌乱，难以组织

3.2.3　工作说明书的编写

采用合适的工作分析方法，从准备、调查、分析到完成阶段，就形成了某一岗位的工作说明书（即职位说明书）。其编写的原则是直接上级为下属制定职位说明书，实际上是传递了上级对下级的期望和要求。并且，职位说明书也要定期根据公司业务和战略的变化而不断更新和修订，所以为下级制定职位说明书也是管理者的一项职责，这也有利于规范管理。职位说明书的构成部分是工作描述和工作规范，因此，其内容包括职位标识、职位概要、工作职责与绩效标准、工作联系、工作条件与物理环境、任职资格、其他信息。

1. 职位标识

职位标识又称工作标识、工作认定，包括职位名称、职位编号、所在部门、职位定员人数、报告关系、基薪类型及等级、工作地点、工作时间。其中，职位编号是指按工作评估与分析的结果对工作进行编码，目的在于快速查找所有的工作。企业中的每一种工作都应当有一个代码，这些代码代表了工作的一些重要特征，如工资等级等。

2. 职位概要

职位概要是指用简练的语言概述工作的总体性质、中心任务及要达到的工作目标。

3. 工作职责与绩效标准

工作职责是工作描述的主体，逐条指明工作的主要责任、任务、权限；绩效标准是对各条工作职责实际执行结果的衡量标准。工作职责应在时间和重要性方面进行优化，指出每项职责的分量或价值。

4. 工作联系

工作联系是指任职者与组织内外其他人之间的关系。其内容包括上级是谁，下属是谁，此工作可晋升的职位、可转换的职位及可升迁至此的职位，与哪些部门的职位发生联系等。需要注意的是，偶尔发生联系的部门和职位一般不列入工作关系的范围之内。

5. 工作条件与物理环境

工作条件主要包括任职者在工作过程中主要应用的仪器、工具和设备，以及运用信息资料的形式；物理环境包括工作场所、工作环境的危险性、职业病、工作的时间、工作的均衡性（一年中是否有集中的时间，如特别繁忙或特别闲暇）、工作环境的舒适度等。

6. 任职资格

任职资格属于工作规范的内容，是一个人为了完成某种特定工作所必须具备的知识、技能、能力及其他特征的一份目录清单。知识指的是为了成功地完成某项工作任务而必须掌握的事实性或程序性信息。技能指的是一个人在完成某项特定的工作任务方面所具有的熟练水平。能力指的是一个人所拥有的比较通用的且具有持久性的才能。其他特征主要是指一些性格特征，如一个人达到目标的动力或持久性等。这些特征都是不能被直接观察到的与人有关的特点，只有当一个人实际承担起工作的任务、职责和责任时，才有可能对这些特点进行观察。此外，任职资格还包括年龄、专业、学历等要求。

需要注意的是，这里所说的知识、技能、能力、专业、学历及其他特征是对该项工作的任职者的最低要求，而不是最理想的任职者的形象。

7. 其他信息

其他信息属于备注的性质。如果还有其他需要说明，但又不属于工作描述和工作规范的内容，可以在其他信息中加以说明。

第 3 章　工作分析

下面给出营销部经理的工作说明书示例。

营销部经理的工作说明书示例

职位名称：营销部经理	职位编号：SH-YX-0008
所属部门：营销部	职位定员：1 人
直接上级：总经理	工资等级：3～5
直接下级：销售主管、市场主管、大客户主管	薪酬类型：
审核人：	编制日期：

一、工作概述	
在销售副总经理的领导下，全面负责销售部门的计划、组织、指导和控制工作。	
二、工作职责	**绩效标准**
1. 协助总经理制订营销计划，为重大营销决策提供建议和信息支持。 2. 及时反馈产品改进和新产品开发的信息，并提出建议。 3. 制订本部门工作计划和预算，并组织执行。 4. 组织市场推广和产品宣传，实现公司销售目标。 5. 负责接待重要客户，与客户维持良好关系。 6. 负责组织对外报价、投标、合同谈判、合同签订等销售工作。 7. 负责客户需求预测，及时满足市场需求。 8. 组织协调各主管完成交货、验收测试、客户培训和售后服务工作。 9. 负责组织客户管理，建立产品维护档案和客户档案。 10. 组织制定和落实各项营销管理制度和程序。 11. 负责指导下属制订工作计划，并督促其执行。 12. 负责本部门内工作任务分工，合理安排人员。	

三、工作权限
1. 具有公关活动和广告宣传的指挥权。
2. 总经理授权范围内的合同签订权及产品定价权。
3. 具有对直接下属的调配、奖惩的建议权和任免的提名权。
4. 具有对下属工作争议的裁决权。
5. 具有对下属管理水平、业务水平和工作绩效的考核评价权。

四、工作条件与物理环境
1. 使用计算机、一般办公设备、通信设备。
2. 75%以上的时间在室内工作，一般不受气候影响，但可能受气温影响。
3. 湿度适中，无严重噪声，无个人生命或严重受伤危险，无有毒气体。
4. 有外出要求，一年有 10%～20%的工作日出差在外。
5. 工作地点在本市。

五、社会关系
1. 有一名副手，营销部工作人员 25～30 人。
2. 内部协调关系：总经理、研发部、生产部、财务部、人力资源部、总经理办公室。
3. 外部协调关系：政府有关部门、重要客户、物流单位、广告单位、高校管理学院。

六、聘用条件
1. 每周工作 40 小时，无明显节假日。
2. 基本工资 15 000 元，超额完成部分按照千分之一的比例提取奖金。
3. 本职务是企业的中层岗位，可晋升销售副总经理或者子公司总经理。

七、任职资格要求
1. 年龄：30～40 岁；性别：男女不限。
2. 学历：大学本科或以上；专业：通信工程、管理或相关专业。
3. 工作经验：5 年以上工作经历，2 年以上本行业或相近行业营销管理经验。
4. 知识：精通市场营销管理知识，熟悉财务管理、法律和专业领域知识。
5. 技能：熟练使用常用计算机办公软件，具备电子商务知识，具备英语应用能力。
6. 能力：具有很强的记忆能力、理解能力、学习能力、解决问题能力、创造能力、计算能力、语言表达能力、决策能力、沟通交际能力。
7. 性格外向；气质多血质或胆汁质；喜欢与人交往，爱好广泛，态度积极、乐观；事业心十分强烈；良好的团队合作精神；领导能力卓越。

八、其他信息

3.2.4 工作岗位胜任素质的开发

岗位胜任特征模型的建立为三个步骤。

1. 明确绩效标准并选择调查对象

简单地说,绩效标准就是能够鉴别工作表现优秀的员工的指标或者规定。一般采用工作分析方法和专家小组讨论法来确定,即采用工作分析方法的各种专用工具、方法,明确工作岗位的具体要求,提炼出鉴别绩效优秀的员工与绩效一般的员工的标准。专家小组讨论法则是由优秀的领导者、人力资源管理层和研究人员组成的专家小组,就此岗位的任务、责任和绩效标准以及期望优秀员工表现的胜任特征行为和特点进行讨论,得出最终绩效标准的结论;再根据工作岗位要求,分别从从事该岗位工作的绩效优秀的员工和绩效普通的员工中随机抽取一定数量的员工进行调查。

2. 收集胜任特征数据

一方面,结合企业文化、工作岗位、行业性质等,获取特定环境下岗位所需要的胜任特征,另一方面,还需从所抽取的员工获取有关的胜任特征数据,可采用行为事件访谈法、专家小组法、问卷调查法、360度评价法、专家系统数据库和观察法等方法,但一般以行为事件访谈法为主,通过访谈报告提炼出岗位各种胜任特征。

3. 分析数据并建立胜任素质模型

首先,对行为事件访谈报告的文字记录进行内容分析,记录各种胜任特征在报告中出现的频次,依据频次的数据淘汰频次过低的指标;并将两方面搜集的数据进行对比筛选并进行编码。然后,对普通组和优秀组进行胜任特征差异的显著性检验,找出两组样本在哪些胜任特征上存在区别,根据存在区别的胜任特征确定所要分析岗位的关键工作胜任特征,并建立岗位胜任特征模型。

举例:某公司营销人员的岗位胜任素质特征模型,其开发的数据处理流程如图3-3所示。

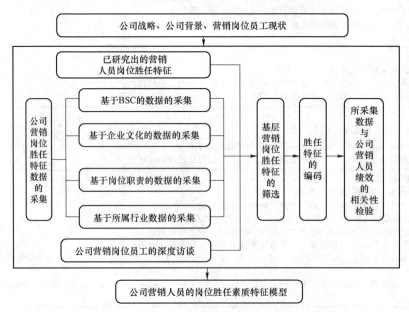

图3-3 岗位胜任素质特征模型开发的数据处理流程

3.3 经理人指南

3.3.1 直线经理配合人力资源部门做好工作分析工作

在工作分析中,虽然人力资源管理部门承担主要工作,但是直线经理在工作分析中也要起到三个主要作用:积极支持人力资源部的工作并获取上级管理层的支持;协助完成工作分析方案;贯彻工作分析结果。

1. 积极支持人力资源部的工作并获取上级管理层的支持

在实践中,往往存在一些中高层管理者不认可或不赞同工作分析的问题。有些组织的中高层管理者并不理解工作分析对于获取组织竞争优势的战略重要性;有些中高层管理者认为,工作分析很简单,不值得投入时间和精力;也有一些中高层管理者认为,做工作分析的结果是将工作信息以书面形式表达出来,这在一定程度上会限制他们的工作活动范围甚至管理权限,因而对工作分析持明显的反对态度。当一个组织的中高层管理者对工作分析持以上态度时,工作分析往往以一种草率的方式去进行,难以得到真正有用的工作描述和工作规范的信息,最后得到的工作分析结果也难以得到有效的应用。

因此,人力资源专业人员必须在开展工作分析之前,努力争取组织中高层管理者的支持。人力资源专业人员可有理有据地向中高层管理者说明和强调工作分析的战略重要性,强调定期更新工作信息也需要进行工作分析。

2. 协助完成工作分析方案

在大多数组织,主要由人力资源专业人员负责工作分析的规划与实施工作,主要任务如下:

- 确定工作分析的目标岗位和目的;
- 选择记录工作分析信息的方法;
- 挑选有关专家并组建工作分析小组;
- 收集工作分析的相关资料;
- 确定工作分析的日程表;
- 把资料汇编成文件;
- 宣传工作分析的信息;
- 管理整个工作分析过程。

此时,直线经理要为人力资源管理部门的专业人员提供补充性的信息。比如,直线经理可能会被要求具体说明某项工作所需要的绩效标准或者任职者的必要条件,或被要求提供某一职位的关键事件。反过来,直线经理也要评审工作分析结果,以确保工作描述和工作规范的准确性。甚至,当一项工作的内容、背景或任职者的必要条件发生较大变化时,直线经理必须通知人力资源管理部门并要求其对该工作重新进行分析,以及时更新职位信息。当然,在不同组织,直线经理在工作分析中所承担的工作范围有所不同。现实中存在有的直线经理负责整个工作分析,需要为他们监督的每项工作都写工作描述与工作规范的极端情况。

3. 贯彻工作分析结果

工作分析结果需要直线经理在实践中贯彻和应用。其中,两个主要的应用是直线经理利用工作分析结果确定员工招聘和挑选标准，以及用来进行绩效评估与管理。

首先，在招聘、面试求职者时，直线经理应当仔细地、反复地审查工作内容、背景、任职者的必要条件等信息，以形成该项工作的任职要求与标准。正因为如此，工作分析结果中有关工作描述与工作规范的信息可为直线经理设计恰当的面试问题以及要提问的关于证明材料的问题提供基础。

其次，在绩效评估与管理环节，直线经理应当在绩效周期初，与员工一起审阅工作描述的内容，根据其中确定的绩效标准，向员工传达预期的绩效目标和标准；同时，在绩效周期末，直线经理应当利用这一标准对员工进行绩效考核，这有助于提高绩效考核的客观性。

3.3.2 直线经理在工作分析中需要修炼的管理技能

1. 概念技能

工作岗位的分析即使不用凭借人力资源管理部门的专门分析，直线经理也应该对直接管理的下属岗位有一个清晰的认识。例如，这个岗位需要完成哪些工作职责？做好这个岗位的工作需要什么样的基本素质和能力？什么样的人比较适合这个岗位？业绩好的员工是怎么做好这个岗位工作的？业绩不好的员工又是怎么把工作做砸的？这些都需要直线经理有一个概念的分析能力。

2. 沟通技能

直线经理要明白，只有自己把岗位要求很好地传递给人力资源管理专员时，才能做好工作分析的基础工作。这个时候，直线经理不仅仅需要与人力资源管理部门协作和配合，同时直线经理也要同自己的员工进行沟通，说明工作分析的意义，配合工作分析。

3. 应用技能

工作分析的结果是要应用于人力资源管理其他环节的，如招聘和绩效管理中。所以，直线经理还要学会从工作分析中获得支撑招聘的胜任能力模型，以及获得绩效管理的基本分析思路。

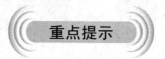

- 提高对工作分析重要性的认识。工作分析从来都是人力资源管理中最为基础性的工作。许多组织没有做过工作分析，也不知道工作分析是什么；有些即使知道工作分析是什么，但是不知道为何要进行工作分析，以及如何做工作分析。必须扭转这种局面。
- 工作分析是一项持续的、动态的长期性工作。当组织内部发生调整和变化时，如企业战略发生调整、业务发生调整、工作流程重组、新技术与新工艺引入、新的管理模式导入、新的组织结构建立等时，就需要重新进行工作分析。
- 工作分析不单单是人力资源管理部门的事情，也不单单是直线经理配合的事情。工作分析重在员工的过程参与。员工的积极参与有助于加深对工作目标和职业的理解，同时工作分析也是对业务流程、职责划分、权责匹配优化的过程。

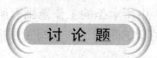

1. 为什么说工作分析是人力资源管理的基础性工作？工作分析是如何提高组织竞争优

势的?

2. 企业若要进行工作分析,在什么情况下才显得合理和必要?
3. 工作分析的各种方法的优势和劣势分别是什么?如何选择适合本企业的工作分析方法?
4. 如何把工作分析的结果应用到企业的招聘、培训、绩效管理、薪酬和职业生涯管理中去?
5. 岗位胜任素质模型开发的要点是什么?

工作分析在A事业部中的一次成功实践[①]

A事业部是隶属于时代新材的一家专门从事降噪产品研发与生产的业务单元。该事业部自成立以来一直保持着20%以上的增长速度,销售规模持续增长;其人员规模也同步增长,从成立之初的200余人至目前的历史高点1 360余人。为应对国内外经济形势的严峻挑战,A事业部外拓市场的同时,事业部内部深入推进全流程、全方位的降本增效工作。

对于HR部门,优员增效成为当务之急、重中之重的专项工作,HR部门要推出简化流程、精简部门、优化人员、工序外包等系列改革措施。但事业部的品质管理部的突出问题体现在:部门长期人手不足,员工加班时间较长,质量问题频频出现,质量控制疲于救火。鉴于此情况,HR部门提出,以品质管理部为试点开展工作分析,旨在通过该项目实现组织管理目标:摸清员工当前工作状态,为人员管理提供基础数据;对人员结构进行适应性调整,使之更加合理;合理压缩编制,优化人力资本,提升组织整体效能。

实施过程如下。

1. 策划

准备充分、内容翔实、考虑周全的计划及预案是项目成功实施的重要保证。为此,HR部门做好两张表。第一张表是一份人员职责表,即成立工作分析专项小组,保障各类人员的充分参与。项目小组由四类人员构成,各部门人员在不同阶段各自担当不同的职责。结合品质管理部的工作特点及可操作性,HR部门的方案是,采用工作日志法、观察法、访谈法及关键事件法进行综合分析。第二张表是一份进度安排表。

2. 具体实施

通过前期管理层调研访谈,明确项目定位及工作方向,了解品质管理部员工的工作状态及当前在人工效能方面存在的主要问题,明确项目目标和总体要求,梳理项目重难点并制定相关解决预案。

(1)通过工作日志下发、收集、汇总与整理,初步掌握不同岗位的工作事项和耗用工时状态,为工作分析提供基础素材。

(2)观察法。通过对三类典型岗位的工作现场观察,了解相应人员日常工作的实时开展情况,验证工作日志写实的信度和效度。

(3)开展工作分析。基于上述三项工作,从定性和定量两个方面开展工作分析,为岗位职责厘清、部门岗位编制建议提供依据。

[①] 李丹,寻延年,雷小霞. 工作分析在企业人力资源管理中的一次成功实践.人力资源管理,2014(12):36–38.

基于分析结果，HR 部门提出改善建议。

第一，调整组织结构。将组织结构由垂直型组织调整为扁平化组织，减少管理层次，增加管理幅度，提高部门整体效率。

第二，调整职能定位与分工。该部门在事前预防的体系性建设方面投入不足，当前大量岗位交叉、忙于质量问题处理，难以顾及质量管理体系建设，陷入一种不良循环。通过讨论，决定将售后组单独成立部门，建立质量问题处理机制，明确各类各级员工在不同级别质量问题的处理过程中相应的责任和权限，最大限度地避免随机、突发质量问题干扰大部分人员本职工作和工作节奏的情况。

第三，梳理岗位职责。对实际工作与岗位职责定位不符的人员进行盘点和相应的职位调整。例如，将涉及质量检验工作的质量工程师调整为进厂检验，将不符合质量工程师专业能力要求的人员分流调整到其他岗位，重新修订岗位职责。

第四，精简人员编制。针对工作分析中部门员工实际工作有效工时占比不足、不能充分履行岗位职责及发挥本岗价值的情况，对检测组长、综合管理、供方工程师、计量工程师等岗位进行重点优化和压缩编制。

思考和讨论题：

（1）工作分析在本次组织结构调整中发挥了怎样的作用？

（2）案例中提到"部门长期人手不足，员工加班时间较长，质量问题频频出现，质量控制疲于救火"，这和改革的目的——优员增效是否矛盾？这个突出的问题又是如何解决的？

第4章

招聘和甄选

学习目标

◎ 理解招聘和甄选在提高企业竞争优势中的作用；
◎ 掌握如何确定招聘需求和招聘标准；
◎ 掌握如何选择合适的招聘渠道；
◎ 掌握如何设计录用的条件和标准；
◎ 掌握招聘和甄选的方法。

开章案例

丰田公司全面招聘体系

问题：如何招聘最优秀且有责任感的员工

丰田公司希望获取最优秀且有责任感的员工，因此丰田公司十分重视员工招聘工作，对应聘人员作出高标准的要求。这些要求体现在以下三个方面。

（1）技能为重，素质同样可贵。既考查人员的技能，又考查人员的价值观念，以及人员是否具备持续改善精神、诚实可信、团队精神等素质。

（2）具备持续改善工作的能力。招聘聪明和有过良好教育的人员，以形成良好的员工队伍。

（3）双向选择。招聘能留下且愿意留下的人员，给予人员双向选择的机会，同时淘汰不能胜任的员工。

解决办法：全面招聘体系

丰田公司全面招聘体系大体上可以分成六个阶段，前五个阶段要持续五六天。

（1）委托专业招聘机构，进行初步的甄选。应聘人员一般会观看丰田公司的工作环境和工作内容的录像资料，同时了解丰田公司的全面招聘体系，随后填写工作申请表。通过观看一小时的录像，应聘人员对丰田公司的具体工作情况和企业文化有大概了解，初步感受工作岗位的要求，同时也进行自我评估和选择，这让许多应聘人员知难而退。专业招聘机构也会根据应聘人员的工作申请表和具体的能力、经验做初步筛选。

（2）评估应聘人员的技术知识和工作潜能。通常会要求应聘人员进行基本能力和职业态度的心理测试，评估应聘人员解决问题的能力、学习能力、潜能以及职业兴趣爱好和价值观。如果是技术岗位的应聘人员，更加需要进行六小时的现场实际机器和工具操作测试。前两个阶段合格的应聘人员的有关资料方可转入丰田公司。

（3）评价应聘人员的人际关系能力和决策能力。这一环节由丰田公司来做。应聘人员在公司的评估中心参加四小时的小组讨论，讨论的过程由丰田公司的招聘专家即时观察评估。比较典型的小组讨论是应聘人员组成一个小组，讨论未来几年汽车的主要特征。此种实际问题的解决可以考查应聘人员的洞察力、灵活性和创造力。应聘人员还需要参加五小时的实际汽车生产线的模拟操作。在模拟过程中，应聘人员需要组成项目小组，承担计划和管理的职能，比如如何生产一种零配件，如何进行人员分工、材料采购、资金运用、计划管理、生产过程等一系列生产考虑因素。

（4）了解应聘人员的兴趣爱好、价值取向和小组互动能力等。应聘人员需要参加一小时的集体面试，向丰田的招聘专家介绍自己取得过的成就。这样可以使丰田的招聘专家更加全面地了解应聘人员的兴趣爱好和价值取向，知晓他们以什么为荣，什么样的事业才能使应聘人员兴奋，从而更好地做出工作岗位安排和为其规划职业生涯计划。在此阶段公司也可以进一步了解应聘人员的小组互动能力，以及是否与丰田公司的企业文化相匹配。

（5）全面身体检查。前面四个阶段的合格者，基本上就被丰田公司录用了。但需要参加一个25小时的全面身体检查，了解应聘人员身体的一般状况，以及是否有特别情况，如酗酒、药物滥用的问题。

（6）六个月的试用期。新员工需要接受六个月的工作表现和发展潜能评估。试用期内新员工会接受监控、观察、督导等严密的关注和培训。

效果：全面招聘体系与组织竞争优势的获取

（1）全面招聘体系能更大程度上满足丰田公司对员工能力和素质的要求。将"优秀和责任感"分解为具体的能力和素质，如解决问题的能力、学习能力、创造力、兴趣爱好、价值取向和小组互动能力，在招聘环节进行测试并选拔员工，这样选拔出来的员工具备较高的素质和较强的能力。

（2）在双向选择的招聘机制下，新员工的组织忠诚度会大大提高，这可以有效降低员工的流失率，增强招聘效果。不论是初步筛选还是试用期阶段，给予员工双向选择的机会，这样不愿意留下来的员工可以离开，而留下来的员工自然对组织有较高的忠诚度。

（3）既重视选拔人又强调培养人，这有利于员工快速成长，提高员工满意度和组织绩效。对新员工进行六个月的观察、督导，这样的培养能够使新员工更快地了解和适应实际工作，从而不断成长，并为提高组织绩效奠定良好的基础。

4.1 招聘和甄选工作与获取组织竞争优势

为了确保公司具有竞争优势，必须采取的最有价值的策略是什么？那就是要选对人。在有限的时间内招聘到合适、优秀的员工是人力资源工作者追求的目标，也是每个直线经理以至公司管理层的追求。

4.1.1 获取高素质人才从而提高生产力

对于公司而言，如果能够吸引、识别并雇用最合适的应聘人员进入公司，同时配套相对完善的人才使用和激励制度,那么这些应聘人员就会变成生产力较高的员工。例如,一个汽车销售商需要雇用一名销售人员来销售新汽车。假设公司现有的销售人员中,最好的销售人员的月销售额是 200 000 元,最差的是 120 000 元,则两者的月销售额之差是 80 000 元。如果这个汽车销售商能够通过招聘雇用到好的汽车销售人员,那么与雇用到一名较差的销售人员相比,他的月销售额将高出 80 000 元,这样一年总计是 960 000 元。这些销售额的增长应归功于有效的招聘实践。

4.1.2 降低人力资源使用成本

如果能够提高招聘的效率,则能有效地降低招聘成本。招聘过程中发生的费用包括广告成本、招聘人员及应聘人员的交通费用、可能的举荐或者签约雇用的提成、职业中介机构或猎头公司的费用、招聘人员的薪水和福利以及管理人员的时间等。

其次,有效地招聘能够降低员工流失率。降低员工流失率也能节省大量的开支,尤其是对新员工流失率高的公司而言。

同时,如果能够通过招聘有效地识别那些具备进入职位所需的全部资格的应聘人员,那么这种招聘能有助于公司最大限度地减少培训的需要,从而降低培训成本。

4.1.3 招聘过程中树立企业形象

薪酬和职业发展机会等因素对求职者选择公司与否的影响很大,但是公司招聘的方式也是非常重要的。应聘人员对于公司的感知是通过公司所提供的信息及公司对待应聘人员的态度等因素而形成的。因此,招聘人员在树立企业形象、吸引应聘人员时扮演了重要的角色,招聘人员的行为通常会被认为是"公司人格"的延伸。如果在面试中粗暴地对待应聘人员会被视为整个公司粗暴的标志。应聘人员会把招聘人员的行为视为公司内部人际关系质量和现行管理性质的一个体现。

4.1.4 实现人力资源的优化配置

招聘的一个重要功能就是结合公司的未来规划和战略,进行人力资源的优化和调整。通过战略的分解、部门的设置、岗位职责的确立,明确需要什么样的人力资源,然后通过招聘将符合未来战略需求的人才招进公司,从而实现人力资源对战略的支撑作用。

4.2 招聘和甄选的问题及实践

4.2.1 明确岗位需求和确定招聘标准

对于公司来说,招聘的起点是招聘需求分析;而在招聘需求分析中,最重要的是明确想要招什么样的人。与岗位达成高匹配度的员工才是保持竞争力的重要方式。100%的岗位匹配不仅是一种理想的状态,它同时还是一种动态存在。因为在大部分情况下,随着工作年限的提升、工作内容和方式的变化,每个人都需要重新提升自己的能力,以适应不断变化的岗位需求。

按照招聘的流程来看，核心是明确"人岗匹配的任职要求"，即确定该岗位的要求，也就是招聘的标准。招聘的整体流程如图4-1所示。

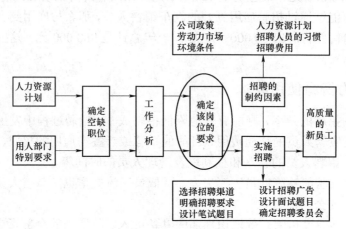

图4-1　招聘的整体流程图

实践表明，招聘中最难的是明确招聘标准。招聘标准的不明确可能导致的结果是：
- 员工的条件高于该岗位的要求，可能会让其觉得无用武之地等而不安心；
- 员工的条件不符或低于该岗位的要求，可能会让其不适应或力不从心而做不好工作；
- 易造成员工流动率高，增加人力资源管理成本；
- 工作质量难以稳定，从而对企业品牌造成影响。

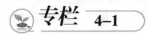

如何做到人岗匹配

人岗匹配是指人和岗位的对应关系。每一个工作岗位都对任职者的素质有各方面的要求。只有当任职者具备多于这些要求的素质并达到规定的水平，才能最好地胜任这项工作，获得最大绩效。

1. 知岗：工作分析

"人岗匹配"的起点应该是知岗。只有了解了岗位，才能去选择适合岗位的人，这样才能实现"人岗匹配"。如果脱离了岗位的要求和特点，"人岗匹配"就会成为"空中楼阁"，失去根本。知岗最基础也是最重要的工具就是工作分析。所谓工作分析，是指对某项工作，就其有关内容与责任的资料，进行汇集及研究、分析的过程。

2. 知人：胜任素质

明确了岗位的特点和要求，就应该进入"人岗匹配"的关键环节——知人。知人的方法有很多，如履历分析、纸笔考试、心理测验、笔迹分析、面试交谈、情节模拟、评价中心技术等。但它们或基于人或基于事，对"人岗匹配"的帮助都不是非常明显。

在企业管理和咨询的实践中，在知人方面，"胜任素质（competency method）"是帮助企业实现最佳"人岗匹配"的有效工具。

3. 匹配：知人善任

知人善任是实现"人岗匹配"的最后一步，也是发现并最大限度地利用员工的优点，把合适的人放在合适的位置，尽量避免人才浪费的最关键的一步。"没有平庸的人，只有平庸的管理。"每个人都有自己的特点和特长，知人善任，让自己的下属去做他们适合的事情，这样才能充分发挥其工作潜能，实现人才的有效利用。

4.2.2 选择合适的招聘渠道

怎样才能找到合适的人呢？这就需要把招聘渠道的特性与招聘岗位特性相结合的工作做好。

第一，要清晰招聘岗位的特性。不仅要明白"我需要什么样的人"，还要熟知"这些人"的岗位层次、岗位重要程度、所属类别、招募的紧急程度、薪酬区间、市场供求状况、活动频繁区域等。

第二，要分析各种招聘渠道的优点和缺点。如网络招聘的优点和缺点、现场招聘的优点和缺点、猎头招聘的优点和缺点、员工推荐的优点和缺点，只有将各种招聘渠道的优点和缺点了然于胸，才能做到科学选择。

第三，做好结合工作。如果招募紧急，合适人选在市场上呈现供不应求状态，就可以将招聘渠道锁定在猎头招聘。因为猎头招聘具有效率高、人员质量有保证的"特性"。总之，关键是要把握好"知症"与"下药"的关系，力争达到"岗位"特性与"渠道"特性最优组合的目标。

选择招聘渠道，其实质是选择一种空缺职位的信息发布方式，通过使用这种方式，能让职位所针对的候选人快速获得空缺职位的信息，引起他们的关注，并迅速得到反馈。因此，在选择招聘渠道时，除了根据不同渠道的费用与成本、反应速度之外，还要考虑招聘所面向的人群能以什么样的方式，主动获取到职位的信息。

不同的招聘渠道有着各自明显的优点和不足。

1. 网络招聘

网络招聘的优点在于传播速度快、反馈快，空缺职位刚刚发布，马上就会得到应聘人员的简历。在使用过程中，招聘单位能够有很大的自由度进行职位内容的设置、调整，对收到的简历进行一定程度的筛选。

但目前网络招聘也有弊端。例如，中高端人才很难通过这种方式获得；在特别低端的用人需求上这种方式的效果也不理想，如操作工很少上网找工作。此外，由于不同的招聘网站的地域优势差别很大，当在全国各地都有招聘需求时，需要寻找和使用各个地方占优势的招聘网站，才能达到好的效果。

2. 校园招聘

这种方式所针对的人群是应届毕业生。由于目标人群清晰，因此这种招聘方式的效率也是相对较高的。

校园招聘的不足在于，当用人单位所需要的学生分布在多个地区、多个高校时，招聘成本会大幅增加。此外，由于校园招聘往往都是在比较短的时间内就要确定人选，因此对用人单位在招聘方面的专业能力是有一定要求的。

3. 媒体广告

通过广告的方式发布职位空缺的信息，传播的受众广。如果是在专业或行业内的媒体上发布招聘广告，针对的人群会更明确。这种方式的效果与投入的费用相关度很高。当投入的广告费用很低时，发布的职位往往会湮没在其他的广告中，看不到效果；如果想要好的效果，费用则会变得很高。

近期，社交媒体已经成为新的招聘渠道（见专栏4-2）。

4. 中介/猎头公司

很多企业对中高端人才的获取，采用的是这种方式。通过猎头公司招聘的好处是，寻找到的候选人往往会比较准确。在用人单位见到候选人之前，中介/猎头公司顾问已经替公司做了一次筛选了。同时，由于中介/猎头公司的存在，使得用人单位和候选人之间有了一个沟通的桥梁，双方之间一些不太好直接谈的问题如薪酬，可以通过中介/猎头公司达成一致。此外，由于是用人单位付费，中介/猎头公司还会替公司把关，确认应聘人员背景的真实性，防止用人单位出现用人失误的问题。

5. 人才交流市场

这种方式比较适合于人才供大于求的情况。人才交流市场比较适合招聘低端人才，招聘到中高端人才的可能性不大。这种方式成本也不算低，除了设置展台的费用外，还由专门人员在现场盯着，这也是较大的人力成本。

6. 内部推荐

和其他方式比起来，内部推荐是一种非常好的方式。由于是自己的员工进行推荐，因此他们会首先替公司衡量应聘人员能否符合公司的基本要求，如个人风格是否符合企业文化；其次，他们也会把自己对公司的感受介绍给应聘人员，使应聘人员能够对公司有所了解，并对自己是否符合公司要求作出一定的判断。最后，尽管一些公司对内部推荐成功的员工给予一定金额的奖励，但总体而言，招聘成本还是非常低的。这种方式的不足在于，职位空缺的信息传播速度慢，是否能在一定时间内找到候选人，没有一定把握；而且信息是单向传递，看不到反馈。因此，这种方式往往不单独使用。

在选择招聘渠道时，可以从以下几个角度来考虑。

（1）所面向的潜在候选人群获得职位空缺信息的习惯。通常，越是高端的人才，往往在获取空缺职位的信息方面越被动。这时，就需要选择那些能主动传递空缺职位信息的方式，而不是被动等待潜在候选人自动上门。这时，通过中介/猎头公司、内部推荐等方式，能够较好地达到主动传递职位信息的效果。对于相对低端的职位，往往潜在的候选人会主动关注空缺职位。这时，采用网络招聘的方式，能快速实现信息传递的作用。当然，对于更低端的职位如操作工人，由于所对应的人群没有经常上网的习惯或条件，采用媒体广告（如报纸）、人才交流市场等方式，会比较符合这类人群获得空缺职位信息的习惯，从而达到较好的效果。

（2）不同地域的候选人群获得信息的习惯。例如，同样是网络招聘，不同招聘网站在不同地区的市场占有情况差别巨大，在北京占有率很高或者说应聘人员习惯浏览的网站，在其他城市未必是应聘人员经常浏览的网站。因此，一定要根据不同地点的求职人群的信息获取习惯，选择合理的招聘渠道。

总之，招聘渠道的选择，会在很大程度上影响招聘的效率和成本，不能仅仅根据习惯的做法来进行选择，而是要结合招聘所面向的人群以及不同招聘渠道的优劣势，选择出最适合所招聘职位的招聘信息发布方式。

专栏 4-2

社交招聘时代，五大趋势改变未来

微信、短视频、朋友圈等社交平台已经成为 HR 和猎头们的"人才资源池"，目前可以看到以下五大招聘趋势。

1. 微信成为企业人才获取的重要渠道

移动端技术的发展使得社交媒体嵌套功能更加完善。调查显示，72% 的企业能在微信上直接申请开放职位。求职者可以通过企业微信公众号快速方便地浏览、查询企业开放职位并完成移动端申请与简历投递过程。基于位置的服务（location based services，LBS），可以快速帮助求职者迅速查找到离家更近的职位。研究表明，距离工作单位更近的员工离职率会更低。

在中国，微信已成为一个大型的、越来越重要的人才推荐渠道，但也并不是唯一的渠道。微博在针对特定兴趣的人群方面非常有用，且微博每月拥有超过 4 亿的活跃用户；QQ 在针对中国年轻人非常重要；Facebook，WhatsApp，LinkedIn 等国际社交平台是众多海归人才的集中地。

2. 短视频将成为双向沟通的热门工具

随着抖音、快手、秒拍等短视频的火热，平台聚集了大量的年轻人。短视频的广泛运用已经大大地影响到候选人的沟通模式及学习方式。现在的候选人期望可以通过他们惯用的方式来了解企业与职位，因此结合品牌和职位介绍的短视频，能够获得更多的流量传播。

此外，视频简历、视频面试也作为一种新的形式，在企业招聘中开始推广。报告称，92%的企业认为视频简历是中度或高度有效的，41% 的企业已经或即将把视频引入招聘流程。

3. 社交圈将成为人才推荐的集中地

新技术的发展让招聘与求职网络扩大到社交媒体范畴。社交圈人才推荐解决了以往员工关注度低、奖励缺乏吸引力、推荐标准不明确、推荐流程烦琐耗时等痛点，在人才推荐质量和留存率方面具有明显的优势。

目前，在各类渠道中，社交圈人才推荐在所有渠道中招聘数量排名第一，完成招聘的速度最快。移动支付的广泛应用也大大加速了社交媒体"人才推荐"计划的推进。报告显示，72%的企业使用微信平台进行人才推荐，已有 48%的企业使用非员工推荐奖励，39%的企业通过微信钱包支付人才推荐奖励。

4. 人工智能（AI）消除人才不匹配偏见

未来，人工智能可能是最客观、最公正的面试官。人工智能可以通过社交渠道的大数据，生成期望的行为数据集，进行求职者简历分析，匹配最适合的人才，消除人为偏见带来的企业人才不匹配的风险。

报告显示，16% 的企业已将人工智能引入到招聘流程中，85% 的企业相信人工智能能在未来 18 个月内，为企业招聘带来实际价值。大约 2/3 的 HR 反馈称，人工智能和机器人技术可以让招聘人员运用更多时间和招聘经理建立关系，花更多时间沟通、了解候选人。

如果企业想通过人工智能获得好的招聘结果，一切需要从搜集高质量的数据开始。这包括招聘经理的满意度分数、面试结果、试用期反馈、绩效考评分数、互动性数据、留任率等，通过数据来培训人工智能机器人，提高匹配的精准度。

5. 保护个人隐私与数据安全日益重要

在招聘流程中，越来越多的用户也更加关注隐私泄露及数据安全问题，行业的数据安全问题刻不容缓。对于企业来说，应从自身做起维护个人隐私与数据安全，避免因误用或侵犯他人数据安全与隐私带来不必要的风险。

人与社交媒体的深度连接，改变了企业获取人才的方式。招聘企业必须加强技术投入，在深度理解人才价值的基础上，拓展更丰富的渠道来源。未来的招聘之路，将会是企业技术变革、人才求职技能提升、大数据集合分析三者相互作用下的融合发展之路。

4.2.3 进行有效甄选的方法

所学专业、学历、工作经验、身体健康状况与所获资质这些硬性条件，可以通过初步的筛选个人简历和筛选申请表直接审查，但业务知识、技能、性格等胜任力因素除了参考其在以往工作，还需通过深度筛选和测试来进一步了解。

1. 初步筛选的两种基本方法

1）筛选个人简历

个人简历是应聘人员自带的个人介绍材料。在个人简历的筛选过程中，需要注意以下五个问题。

第一，要准确分析应聘人员的简历结构。一般来说，简历结构在很大程度上能够反映应聘人员的组织能力和沟通能力。结构合理的简历一般都比较简练，基本上不超过两页。

第二，要认真审查应聘人员个人简历的内容。个人简历的内容大致可以分为两部分，即主观内容和客观内容。在筛选个人简历的时候，通常应该把注意力放在客观内容上。客观内容一般包括个人信息、受教育经历、工作经历和工作业绩等方面。

第三，要准确判断应聘人员的经验和技术是否符合要求。要根据个人简历中的客观内容，判断应聘人员的专业资格和工作经历是否与空缺岗位相符合。如果不符合岗位需要，就没有必要阅读其他内容了。

第四，要客观审查应聘人员个人简历的逻辑性。在工作经历和个人成绩方面，要注意简历的条理性和逻辑性。有些应聘人员为了能够得到面试的机会，往往会在简历的内容上下功夫。如有些应聘人员喜欢用一些模糊性的字眼搪塞关键性问题，如没有注明在校时间和最终受教育程度，招聘人员就很难判断其学历的真实性。有些应聘人员为引起注意，在简历中称自己获得了多少荣誉或奖励，但从其工作经历中就很难看出优越性。有些应聘人员在简历中列举了一些在著名企业中任职的经历，但具体应聘的职位却让他露了马脚。

第五，要客观审查应聘人员个人简历的整体感。一份好的简历整体感很强。无论从内容上还是从设计上，都要给人一种很舒服的感觉。

2）筛选申请表

申请表通常都由公司专门设计。申请表的筛选方法与个人简历的筛选方法基本相同，不同之处在于以下几个方面。

（1）要根据申请表准确判断应聘人员的态度。态度比较端正的应聘人员一般都会认真填写申请表，内容填写得比较完整，字迹也比较工整。对于申请表填写不完整或字迹模糊的应聘人员，可以不予考虑。

（2）通过申请表重点考查应聘人员的工作经历。在审查申请表时，要重点对应聘人员的工作经历进行审查，要注意应聘人员工作经历中所任职务、所具备的技能和基本知识等。对于那些频繁换岗位的应聘人员，可以不予考虑。

（3）要标明申请表中的可疑之处。对个人简历或申请表中不明确的地方，应该明确标示出来，以备面试时可以进一步核实。

此外，如果是基于岗位胜任特征的职位申请表应该包括大量的与岗位胜任特征有关的问题，从而可以作为一种重要的甄选工具，起到重要的作用。

2. 深度甄选的有效方法——行为事件访谈法

通过初选的候选者可进入胜任力测评环节。在胜任力测评环节要测的胜任力因素，分别以不同的测评工具来考查。在这里，主要介绍与胜任力素质模型配合使用的行为事件访谈法。

在应用行为事件访谈法时，首先要了解本企业是否已经建立了素质模型。如果没有建立，至少要清楚适合本企业的一些通用的素质要求；否则即使对行为事件访谈法比较熟悉，也难以从应聘人员所描述的行为事件中判断应聘人员的素质。

1）行为事件访谈法的优点

与传统的招聘面谈相比，行为事件访谈法有以下优点。

（1）客观性：行为事件访谈是招聘人员基于已有的素质模型和各种素质的行为描述，对应聘人员的回答作出分析和判断的过程，这大大提高了招聘面谈的客观性。而在传统的招聘面谈中，没有客观、统一的要求和标准；如果有也仅是代表招聘人员个人观点，具有很大的主观性。

（2）针对性：在行为事件访谈过程中，招聘人员可根据该岗位的特点，要求应聘人员针对性地说出自己过去的工作事件，并且要描述这些工作事件是有效的还是无效的。招聘人员通过应聘人员陈述的事件预测他未来在该方面的行为表现，这便大大增加了招聘面谈的针对性。传统的招聘面谈只让应聘人员讲述过去的经验和曾从事的活动，应聘人员的许多报告只是泛泛而谈，招聘人员对于其工作业绩的好坏不得而知。

（3）准确性：行为事件访谈法关注应聘人员在过去事件中做出的具体行为，招聘人员很容易判断应聘人员素质的高低。而在传统招聘面谈中，应聘人员自己评价自己，如自我描述其优缺点、爱好、理想、态度及人生哲学等，这些方面并不能说明个人的实际行为表现。

（4）真实性：在行为事件访谈过程中，由于应聘人员被要求讲述具体的事件以及自己在其中的表现，而非想象其会怎么做，一般应聘人员很难杜撰。由于市面上流行许多帮助应聘人员在面谈时如何表现和回答问题的书籍或其他资料，使用传统的招聘面谈方法时，应聘人员很容易虚构或讲出容易取悦招聘者的话。而且由于不少应聘人员受过招聘面谈的培训，他们倾向于做出模式化的回答，这使得招聘面谈没有区分度。而行为事件访谈法由于针对个人的工作行为，能够挖掘每个应聘人员的实际工作能力，从而加强了招聘面谈的真实度。

2）行为事件访谈法面试题目的设计

行为面试维度的确定和题目的设计需要建立在职位信息收集的基础上。通常了解和收集职位信息的途径可以通过企业的核心文化、价值观和职位说明书来实现。

（1）设计行为面试题的原则：事实至上原则、针对性原则、重点突出原则。

（2）设计行为面试题的方法：案例收集法、专家组确定法。

案例收集法，即在大量面试的过程中，用心地去收集应聘人员经历的成功或失败的事件，或是从公司历年的岗位任职事例中收集从业人员的成功或失败的事件，并且试着以这些事件作为素材来设计行为面试题目。

专家组确定法就是由某一行业或对某一岗位非常熟悉的专家共同讨论，确定这一岗位需要具备的能力，从而制定相应的行为面试题目。

（3）设计行为面试题的步骤。

- 确定维度及其重要性；
- 编制题目；
- 验证题目的有效性；
- 形成最终的面试题；
- 进行后评价；
- 形成面试题库。

行为面试题的设计，一般由人力资源组织和用人部门共同完成。

考查应聘销售经理的工作计划能力，就要求其写出某个月的工作计划；考查组织能力就要求应聘人员详细地描述他是怎样组织一次现场促销活动。通过这样对以往的具体工作案例的分析，团队面试小组分别为每个应聘人员打分。

考查应聘销售经理的说服沟通力时，可要求应聘人员当场具体描述他的新营销方案是什么；是怎样向老总推销的；在中上层部门经理管理会议上，他是怎样向大家解说他的方案的。

考查应聘销售经理的人际关系营造能力时，要求应聘人员讲出具体在工作之余是通过什么方式搞好与同事、客户之间的关系，并怎样经常跟进维护、利用这些关系的。举出其中一两个典型事例。

考查应聘销售经理的团队建设和协作能力时，要求应聘人员举例某一月的具体销售计划和任务是怎样安排、分配下去的，采取了一些怎样的具体措施使全体人员相互配合，如怎样保证促销员配合业务员及经销商，采取哪些有效策略，大区经理怎样带领片区业务员完成目标任务，平时采取哪些措施激励销售人员的斗志，团队的使命是通过什么方式传递给下属的，通过应聘人员这些经历及行为习惯就可以评判出其团队建设和协作能力的强弱。

考查应聘销售经理的思维分析能力和果断决策能力时，要求应聘人员用SWOT分析目前的市场情况或某个区域的市场情况；然后提出自己的见解，根据优劣势怎样来开拓这个市场。同时要求应聘人员举出工作经验中开发某个市场失败的案例，如花费了不少人力、物力却无功而返。

考查应聘销售经理的客户服务倾向时，根据应聘人员工作经历，要求应聘人员举出两个处理客户投诉的案例：一个很成功的，一个失败的。

考查应聘销售经理的成本意识时，先询问在其工作经历中公司销售预算是怎样做的，预算包括哪些项目，费用是多少，是怎样来制定的，预算制定出来后，平时在完成销售目标的情况下，有没有超资的情况，午终有没有算过单位产品的销售成术，具体计算方法是什么，这些都必须有具体的数据。招聘人员详细地记录这些数据，然后根据面试前确定的标准进行对比。

3）正确的面试提问方式——STAR 模型

在行为面试的过程中，要求应聘人员根据面试前针对该岗位设定的面试题目，始终贯彻 STAR 模型。"S" "T" "A" "R" 分别是 situation、target、action、result 的首字母，这四个单词的首字母代表了在主持行为面试时提问的四个方向，是对应聘人员所回答行为事件的具体性进行考查的框架。根据 STAR 模型，招聘人员可以根据应聘人员的回答依次按以下步骤进行提问。

步骤一：要求描述带有工作障碍的以往经历时，要详细描述当时的情形，即 STAR 中的 S。

观察绩效有时并不可行，面试官可以描述一种应聘人员将来在工作岗位上可能面临的具体情况，然后听取应聘人员的回答是否显示出所期望的行为。为了有效地实施这一方法，面试官需要懂得针对关键工作障碍提问，并知道应聘人员应该怎样实现和克服工作障碍。

步骤二：根据 STAR 模型，要求应聘人员在某一具体"S"的情况下，详细地讲清楚要达到什么目的，要解决什么问题，即 SART 中的 T，这就可以了解当时应聘人员做这件事的动机和目标，使招聘人员对应聘人员做事的愿望有了一定了解，也更有利于应聘人员了解其接下来的行为与这一目标和动机的一致性。

步骤三：要求应聘人员详细讲述为了达到预期的目标所采取的具体行动，即 STAR 中的 A。

步骤四：要求应聘人员描述行为的结果，即 STAR 中的 R。

专栏 4-3

在面试提问中怎样应用 STAR 模型①

现以考查应聘销售经理的说服沟通能力为例，要求应聘人员描述他在以往从事销售经理的过程中，怎样向老总推销他的新营销方案。

主持人："请描述你努力说服他人接受你的观点的一次经历。"

应聘人员："我经常说服下属或上司来推行自己的营销策略，包括老总都很信任我。"

主持人："既然你经常说服上司来推行你的营销策略，你能不能举一个你最有成就感的事例？"

应聘人员："我想想，就我任职上一家公司之初时，我的职务是销售经理，我就说服我们老总来支持我制订的新营销计划……"

在这种情况下，主持人大概就知道应聘人员所要讲述的事例了；但具体这位销售经理有哪些行为表现，所说是否属实，则很难去把握。这时主持人需要继续深入提问，可以应用 STAR 模型来进一步地追问，以达到对事件的具体细节的了解。

第一步，我们可以针对 STAR 模型中的 S 来追问，即了解该事件当时发生的背景。

主持人："请讲讲这件事当时发生的背景是什么？有哪些具体情况？"

应聘人员："我刚上任到那家饲料厂工作时，那家饲料厂面临倒闭危险。因为旧的营销

---

① 选自澳华集团基于行为面试法的招聘甄选程序研究与应用。

策略都是以做经销商为主，在当时的市场环境下，饲料都是微利产品，市场竞争激烈，但经销商从中赚取的差价却很高，一包要赚十至二十元，且还要厂家赊销。在当时的情况下，原料如玉米等价格居高不下，这样厂家几乎无利润可言，还要积压大量资金在经销商手中。在这种情况下，我根据市场的特点制订了一套营销计划。"

通过针对S的提问，主持人了解到了这件事情发生的背景，知道了这件事情的具体情境，那么接着提问。

第二步，我们需要了解的是，应聘人员在这种情况下想要达到什么样的结果，即其行为的目标是什么，即STAR模型中的T。

主持人："你当时制订出新的营销计划后，找老总沟通时，想要达到什么样的目的？"

应聘人员："我是销售经理，有责任把市场的销量做上去，扭转公司的亏损局面，但为了实现我的营销计划，我必须要得到上层老总和其他部门的支持，所以就要说服他们。"

第二步的提问使主持人了解到这位销售经理做这件事情的动机和目标了。

第三步，就是要了解为了实现这样的目标和动机，采取了什么样的行动，即STAR模型中的A。

主持人："当时你是怎样做的？通过什么方式？怎样去说服你的老总的？能不能具体地讲一讲？"

应聘人员："当时，我是找了一个机会。当天老总的心情也不是很差，我到他办公室进行面谈。我在营销计划中分析了当时的市场情况，通过SWOT分析找出公司的优劣势；然后针对优劣势提出方案。我的新的营销计划是针对公司以前的方案，从以下几点着手进行改进的。

"第一是产品的质量问题。这是通过前期的市场调研，许多客户反映我们的产品质量不稳定：同一个产品，时好时坏。我针对这个问题，要求采购部门把好原料关，品控质测部门把好原料进口关、成品验收关。这个需要老总支持的就是要他给相关部门施压。第二是产品定位问题。我们通过市场调查发现公司以前的产品没有侧重，品种很多，但没拳头产品。比如猪料，高中低档都做，没一样做得好，且没有一个好的品牌。针对这种情况，我在营销计划中就要推出一个新品牌做高档料。要求配方师做出最好配方，用最好的原料来做，定位在市场上有竞争力的价格，稍有盈利就行。第三是现有业务员的薪酬制度。公司原有的薪酬都是"高底薪+高费用"，很少的提成，没有什么奖罚，所以对业务员没什么激励作用。新的营销计划就是以"低底薪+一般费用+高提成"，这样迫使业务员去达成目标。第四是营销的策略和思想发生重大改变。旧的营销策略是以做经销商为主，所以经销商的利润要求很高，导致公司的利润低。在新营销模式中，以两条腿走路，一方面在以前的旧区域推动老模式逐渐改变，另一方面就是公司招新业务员直接做终端，直接去农场推销公司产品，做直销降低中间费用。第五是营销中的促销模式，如做示范户、推广会等方式。第六是定价策略的方案是怎样根据公司的成本和市场的情况来定。第七是团队建设的问题。对老的业务员要洗脑，实在不想转变的要逐渐淘汰；同时在应用新的模式时招一批新业务员，招那种有能力拿到高薪的业务员，而不是吃大锅饭的业务员。"

通过第三步的提问，我们就知道应聘人员是怎样去说服总经理来支持他的方案的；同时也可以了解他在制订营销计划的一些能力。

第四步，了解应聘人员行为的结果，即STAR中的R。

主持人："最后的结果怎么样？老总认可你的计划吗？后来实施成功了没有？"

应聘人员："老总看了我对目前市场和对公司现有状况的分析，认为合理，基本上采纳了我的计划，答应在主管会上把我的方案拿出来讨论，论证可行性。后来在主管会上讨论了我的营销方案，做了一些调整修改后，就实施了。"

这样，经过连续四步的提问，我们就全面了解了这件事情的经过，对应聘人员在该事件当中表现出的能力就有了清晰、全面的认识。

通过以上 STAR 提问案例分析，我们可以掌握行为面试法中为了从应聘人员的回答中获取相关的信息，哪些是有效的提问，哪些是无效的提问了。

招聘人员通过行为面试法的题目对应聘人员的提问结束后，应详细地记录应聘人员的回答，但行为面试的实施过程并未结束，下一步还需对其回答进行评判打分，根据考核的维度进行综合评分。

4.2.4 做好试用和录用

用人单位与应聘人员是否彼此适应，仅通过面试甄选等环节是难以得出完全正确结论的。要通过试用期的互相磨合，才能看出双方是否真得符合彼此的要求，这也正是设立试用期制度的重要原因之一。经过试用期，才知道甄选上来的人是否真的适合公司。

1. 做好新人的适应性引导

在招聘环节中，一个最为值得重视的问题应该是新员工适应性的引导。一般来讲，一个人对新环境的熟悉过程大概是一个月，而对新环境的充分认识和接受通常为三个月到一年。一般情况下，新员工如果能够通过试用期，通常都能够持续地做满一年，而一年后对新员工的评估以及激励措施将影响新员工继续留在公司的时间。因此，招聘前期更多的是保证人才的质量，而招聘后期对新员工的安排则更能够保证员工队伍的相对稳定性和招聘成功率。

在适应性引导方面，通常要做好以下几方面的工作。

1）人力资源部门扮演好"职业顾问"角色

在招聘过程中，要求人力资源部的所有员工要站在应聘人员角度考虑问题。通过前期一系列面试过程中的深入交流，逐渐建立起彼此信任的关系。在介绍组织业务、职位信息和未来发展性及薪酬待遇情况时，坦诚以待，帮助应聘人员梳理个人职业方向，将其优势和能力推荐给用人部门经理，这样较容易建立起"伙伴关系"，让新员工感到自己和企业存有共同点。

2）用人部门和新员工一起拟订试用计划，老员工作为其督导人，人力资源部进行走访管理

新员工到部门报到后，人力资源部要尽快组织用人部门的负责人和新员工一起拟订初步试用计划，制定月度阶段性目标，并指定一名老员工为其督导人，负责新员工的工作引导。开展工作后，人力资源部要对试用期的员工每月至少走访一次。走访内容不用太复杂，主要到新员工的工作现场了解其工作感受，积极协调处理所遇到的问题，包括问候诸如住宿、饮食、班车等一类的小事情；提请老员工对其予以关照和帮助；拜访直接主管或部门经理，了解新员工工作情况，并反映相关问题。总之，需要掌握试用期人员的适应状态，并创造良好的工作环境、氛围和沟通渠道。

3）创造条件提高新员工的人际适应性

在企业的不同工作年限的员工中，新入职员工的离职率一直是最高的。其主要原因不是不胜任岗位要求，而是不能够适应企业的工作氛围和人际沟通的方式。如果企业中能够有人

主动关心新员工，并经常有人了解他们的思想动态，那么新员工通常会以积极的心态融入到公司的氛围中；而如果新员工在老员工中有熟人，或者很快地在现有的员工队伍中交到一两个朋友，那么新员工会通过这些所谓的"人际桥梁"，快速地融入到员工的队伍中，并能够在较短的时间内与自己所处的团队打成一片；而那些不愿意主动沟通，愿意固守某种模式，或者比较喜欢以自我为中心的人，常常会陷入一种孤立或者无法适应环境变化的状态，从而出现所谓的试用期不适应，从而引起离职。

4）人力资源部组织月度绩效管理

试用期的绩效评估以岗位素质能力评估为主，而不是过多地进行业绩考核。主要依据岗位说明书中任职资格要求，对其履职能力和职业素质要求的行为表现特征予以评价。例如，素质能力测评包括通用素质（责任心、团队意识、诚实正直、进取心）；通用能力（沟通能力、计划能力、学习能力、解决问题能力）；各不同序列岗位分别增加管理能力、技术研发专业能力、生产工程专业能力、市场销售专业能力和行政职能专业能力等。通过测评和绩效沟通，达到有效沟通的目的。

5）时机成熟时及时提醒相关部门对新员工予以转正考评

通过后期对新员工的转正评估，可以检验最初面试时自己的判断，检查在聘用原则上存在的问题。其一可以不断修正聘用原则和政策，其二可以用来提高人力资源部鉴别人才的能力。

2. 试用期需要明确录用条件

用人单位往往会和新员工约定一段时间的"试用期"，在试用期被证明不符合录用条件的，用人单位可以解除劳动合同。

因此，人力资源部必须要应对在试用期中出现的法律风险，具体的应对策略如下。

1）明确设定"录用条件"

要想使用"不符合录用条件"来解除处于试用期内的不合格员工，用人单位首先必须对"录用条件"有一个明确的具体规定。明确录用条件，不仅可以使员工明白岗位要求，为员工指明努力的方向，还有了明确的证据和理由认定员工"不符合录用条件"而进行合理合法的解聘，从而保障用人单位的权益。在设定"录用条件"时，一定要明确化、具体化，具体说明岗位要求是什么，如何衡量是否符合岗位要求。

2）事先公示"录用条件"

要让员工知道录用条件。用人单位有证据证明员工知晓本单位的录用条件。"录用条件"公示的方法有以下几种。

（1）通过招聘广告公示。在招聘广告中明确"录用条件"，注意将广告存档备查，并保留媒介的原件。

（2）招聘员工时向其明示录用条件，并要求员工签字确认。

（3）签订劳动合同或建立劳动关系之前，通过发送"录用通知书"的方式向员工明示录用条件，并要求其签字确认。

（4）在劳动合同中明确约定录用条件或不符合录用条件的情形。

（5）在岗位说明书中对录用条件进行详细约定，并将岗位说明书作为劳动合同的附件。

3）明确区分招聘条件与录用条件

招聘广告所刊登的招聘条件与录用条件是有明显区别的。招聘条件是进行第一次简历筛选的基本门槛或该岗位的基本适岗条件，而最终的录用条件是决定是否录用该员工的依据，两者有重合的部分，但并不完全一致。通常情况下，用人单位在招聘广告上列明的招聘条件往往只是一些基本要求（如学历、工作经验等）。在与劳动者正式签订劳动合同时，用人单位应当对此岗位的具体录用条件、岗位职责进行详细描述，明确告知劳动者并在劳动合同中载明，这样可以避免招聘条件与录用条件混淆而可能造成的法律风险。

4）明确试用期的考核标准

如果把岗位职责等要求作为"录用条件"，还必须完善考核制度，明确界定什么是符合岗位职责要求，什么是不符合岗位职责要求，要有一个可量化、可操作的标准；否则再完美的录用条件，也仅仅是摆设。因此在正式签订劳动合同时，用人单位应当告知劳动者：公司在试用期内将如何对其进行考核，明确考核内容及评分原则，最终录用将以什么作为客观依据。

5）务必在试用期结束之前终止合同

经过试用考核，如果暂时还难以确定其是否符合录用条件，用人单位则需要及时作出选择：是继续留用员工，还是办理解除劳动合同的手续。用人单位不能通过延长试用期的办法，继续对员工进行考核。因为"不符合录用条件"而解除劳动合同的情况，仅仅限于在试用期内使用；一旦超过试用期，用人单位就不能以此为由解除劳动合同了。所以，试用期届满之前，用人单位必须对试用期内员工的去留作出选择。

专栏 4-4

如何制定录用条件

录用条件从内容划分，一般应当包括入职条件、工作表现条件及职业道德条件三方面的内容。

（1）入职条件可分为资质条件、入职手续条件、身体健康条件等。

资质条件包括但不限于学历、学位、工作经验、技术职称或资格、外语水平等硬件。

入职手续条件是办理入职的必须具备的前提条件，如符合以下内容，一般可以认定为不符合入职手续条件：

- 被查实不符合公司招聘条件的；
- 无法提供解除或终止劳动关系证明的（指与原工作单位）；
- 不具备政府规定的就业手续的；
- 无法提供公司办理录用、社会保险、住房公积金等所需要的文件证明的；
- 未经用人单位书面许可不按劳动合同约定时间到岗的；
- 与原用人单位存在竞业限制约定且用人单位在限制范围之内的。

身体健康条件可以约定不得患有精神疾病或按国家法律法规规定应禁止工作的传染病等。

（2）工作表现条件是指在试用期内完成工作任务的能力及表现。

工作能力条件可以从"质和量"两个方面进行设定并进行相应考核。

工作表现是考查劳动者入职后的日常表现，包括出勤情况、待人接物情况、与团队成员相处及融合情况等。

（3）职业道德条件，一般可以从员工在试用期内是否存在谎报业绩、欺上瞒下、挑拨是非、贪图小利甚至小偷小摸等行为作为设定条件，以考查员工的人品。

录用条件也可以划分为客观条件和主观条件两方面。例如，资质条件基本是客观条件，而工作表现条件和职业道德条件则介于两者之间。

制定录用条件时，应当避免使用"工作能力较强、工作积极性较高"等词义模糊的语言，尽量使用明确、量化的数字或指标。

如果涉及无法直接评定或判断是否合格的情形，还应当规定参考标准或计算方法，或者规定考评、计分等评定内容，使得评定时有章可循。

4.2.5 评估招聘的效果

招聘评估主要指对招聘结果、招聘成本和招聘方法等方面进行评估。一般在一次招聘工作结束之后，要对整个评估工作做一个总结和评价，目的是进一步提高下次招聘工作的效率。

招聘评估是招聘过程中必不可少的一个环节。招聘评估通过成本与效益核算能够使招聘人员清楚地知道费用的支出情况，区分哪些为合理支出部分，哪些是不合理支出部分，有利于降低今后的招聘费用。招聘评估通过对录用员工的绩效、实际能力、工作潜力的评估，检验招聘工作成果与方法的有效性，有利于招聘方法的改进。通过招聘评估可以了解招聘过程中所使用方法的正确性与有效性，从而不断积累招聘工作的经验，提高招聘工作质量。

1. 时间评估：人招得是否及时

招聘时间评估也就是招聘的及时性评估，或者叫招聘周期评估。招聘周期是指从提出招聘需求到新聘员工实际到岗之间的时间，也就是岗位空缺时间。一般来说，岗位空缺时间越短，招聘效果越好。但不同类型和层次的岗位，由于劳动力市场上的供求情况不同，其招聘的难易程度和招聘周期也往往有很大差别，需要结合实际情况进行分析。

有的企业将评估周期统一规定为三个月，每个季度初提出招聘需求（其他时间不开放招聘需求窗口），只要三个月内到岗，即视为满足了招聘的及时性要求。这种方法操作简单，但显然不甚合理。某些市场稀缺的关键人力资源可能不是三个月就能招聘到岗的，而一些初级岗位可能相对很容易招聘到岗，根本不需要三个月。还有，如果在每个季度的其他时间如季度中期，某关键岗位员工跳槽，而此时用人部门又不能提出招聘需求，必然导致岗位空缺期延长，增加企业损失。

还有的企业使用平均岗位空缺时间［（岗位空缺总时间/补充职位数）×100%］作为考查招聘及时性的标准，反映平均每个岗位空缺多长时间后新员工才能补缺到位。比如，一个企业招聘 10 个初级岗位和 1 个高级岗位，前者 20 天招聘到岗，后者耗时 6 个月，那么总的平均岗位空缺时间是 34.5 天，但这个时间其实对今后的招聘没多大参考价值，无法为缩短高级岗位的招聘周期提供明确可行的建议；而且每次招聘的具体职位都可能不同，其平均岗位空缺时间自然也不一样，相互没有可比性，不能作为衡量招聘时间效率的标准。

2. 数量评估：人数是否招够

对录用员工数量的评估是检验招聘工作有效性的一个重要方面。分析在数量上满足或不满足需求的原因，找到各招聘环节上的薄弱之处，改进招聘工作；同时，通过人员录用数量与计划招聘数量的比较，为企业人力资源规划的修订提供依据。

此项评估主要从应聘比、录用比和招聘完成比三方面进行。其计算公式为：

应聘比=(应聘人数/计划招聘人数)×100%
录用比=(录用人数/应聘人数)×100%
招聘完成比=(录用人数/计划招聘人数)×100%

应聘比在某种意义上可以说明员工招聘信息发布的效果。通常来说，该比例越大，则招聘信息发布的效果越好。

录用比低，通常表明企业可以进行人才选择的余地较大，人才招募的效果往往会相对好一些。

招聘完成比等于或大于100%时，说明在数量上全面完成或超额完成了招聘任务。但在实际工作中，超额完成的情况很少发生，因为一般都会根据招聘计划中确定的人员需求数量招人，除非遇到了很优秀的候选人而临时决定增加招聘指标，将其作为人才储备，或者用于替换一些业绩相对较差的员工。

3. 质量评估：招的人是否合格

招聘质量评估是对所录用员工入职后的工作绩效行为、实际能力、工作潜力的评估。它既有利于改进招聘方法，又为员工培训、绩效评估提供必要的信息。它实际上是人员选拔过程中进行的能力、潜力、素质等各种测试与考核的延续，也可根据招聘要求或从工作分析中得出的结论，对录用人员进行等级排列来确定招聘质量，其方法与绩效考核方法相似。

常用的指标有以下三个。

录用合格比=(录用人员胜任工作人数/实际录用人数)×100%
(试用期考核合格转正的人数/同批次总的员工录用人数)×100%
基础合格比=以往平均录用合格比
录用合格比与基础合格比之差=录用合格比−基础合格比

其中，基础合格比是反映以往招聘有效性的绝对指标，用以往平均录用合格比来表示。

录用合格比与基础合格比之差，反映当前招聘的有效性是否高于以往招聘有效性的平均水平，可以考查招聘有效性是否在不断提高。

考查新员工是否胜任工作的期限到底以多长时间为宜，目前还没有形成明确的、科学合理的结论。但显然，期限长短与岗位性质和员工个性特点有关。一些生产操作性和事务性岗位，完成一项工作的周期很短，绩效在短时间内就可以衡量，从而短期内就能判断出新聘员工能否胜任工作，但对一些管理类和技术研发类等工作周期较长的岗位，所需时间宜相应延长。从个性来看，部分新员工可能个性谨慎，只有在对新岗位的工作性质和环境等因素充分了解后才会充分表现自己的才能，因此岗位适应时间比较长；而有的新员工适应岗位的时间则相对较短。一般来说，可以统一采用入职后六个月的绩效评估结果作为考查新员工是否合格的标准，并将在这六个月内离职及绩效低于合格水平的员工都判断为招聘质量不合格。

4. 成本评估：是否以合理的代价获取人才

成本评估的纬度包括三方面的内容：年度招聘总成本、单位招聘成本、招聘成本结构（各渠道招聘成本结构与各类别岗位招聘成本结构）。这三方面的内容要通过年度纵向比较、结构性比较来评价招聘成本是否合理。在评估纬度确定后，可结合评估纬度包含的内容选取评价指标，确定评价标准，同时结合各评价指标找出每一个评估纬度的关键影响因素。

招聘有效性评估纬度评价指标、评价标准及关键影响因素见表4-1。

表 4–1　招聘有效性评估纬度评价指标、评价标准及关键影响因素列表

评估纬度	评价指标	评价标准	关键影响因素
时间	招聘周期	行业比较	招聘流程 招聘岗位人才供求情况 招聘渠道选取的有效性 招聘人员工作效率 部门经理配合程度 薪酬福利水平
		周边地区比较	
		员工满意度比较	
		部门经理满意度	
数量	招聘计划完成率	该指标计划达成情况	招聘岗位人才供求状况 招聘渠道选取的有效性 招聘人员工作效率 招聘渠道有效性 招聘过程中应聘人员对应聘岗位及应聘企业了解的清晰性以及与现实的一致性 新员工入职引导工作质量 薪酬福利水平
	各部门招聘计划完成率	该指标计划达成情况	
	各类别岗位招聘计划完成率	该指标计划达成情况	
	各渠道录用人员数量	不同渠道应聘数量与录用数量对比	
	新员工流失率	行业比较	
质量	录用人员质量等级	绩效评价	招聘职位能力素质要求的清晰性 招聘筛选工具的专业性 新员工入职引导工作质量 招聘人员的专业性 薪酬福利水平
成本	年度招聘总成本	各年度招聘总成本变动比较	公司招聘战略 招聘的规模效应 各招聘渠道有效性
	单位招聘成本	各年度单位招聘成本变动比较	
	各渠道招聘成本结构	各渠道录用人数与招聘成本比较	
		各渠道录用人员质量与招聘成本比较	
		各渠道使用次数与招聘成本比较	
	各类别岗位招聘成本结构	各类别录用人员招聘成本比较	
		各类别录用人员质量与招聘成本比较	

评价指标及评价标准的确定可以用于描述目前企业招聘有效性现状，关键因素的选取可对招聘有效性现状进行深层次的分析，并找出未来提高招聘有效性的方向。

4.3　经理人指南

4.3.1　直线经理在招聘和甄选中的主要职责

1. 识别工作空缺和确定弥补工作空缺的方式

工作空缺并不由人力资源部来判断，因为人力资源部门不懂技术和具体业务，因此识别工作空缺是直线经理的分内之事。

对于如何弥补工作空缺需要人力资源部门和直线用人部门进行协商。

可以把工作空缺分成两种。一种是不招人就可弥补空缺。不招人的两种办法：加班，工作再设计；另一种是招聘。招聘又分为对应急的岗位和核心的岗位的招聘。

应急的岗位可以考虑聘用临时工、租用某公司的人，或者完全把这个活儿外包出去，这样都可以解决岗位的空缺。一年以后这个岗位或许就不需要了，这是一个很省钱的方法。所以招聘时一定要先问问：此岗位是不是应急的？

核心的岗位必须要招聘到合适的人。这时，需要首先问问，内部招聘行不行？如果不行的话，再进行外部招聘。任何岗位空缺出来，都应让内部员工先知道三天至一周的时间，先让他们来应聘，这也是以人为本的体现。

2. 明确用人标准

招聘来的新员工最后用得好不好，关键在于之前直线经理是否认真思考过用人标准，也就是什么样的人适合和胜任这个岗位。所以，要对招聘岗位的工作职责、岗位胜任能力标准进行细化、量化，只有把每一个招聘岗位胜任能力包含的项目、每一个项目的量化标准、鉴别方法等都明确后才有可能招聘到合适的员工。但是在实际工作中的招聘标准、面试鉴别标准往往模糊、粗放，没有可操作性。例如，对企业文化匹配度的要求，只是简单地描述为"要求应聘人员具有与团队一致或近似的文化价值观"，这一类就是大多数企业招聘时的描述，这样的描述是没办法操作的。只有进一步地量化细化才具有操作性，才能提高人员筛选鉴别的准确性。

3. 在甄选中把好面试关

甄选是招聘中非常重要的环节，而且需要直线经理的深度参与。实际工作中，往往很多直线经理并没有选人的经验和技巧，这就需要人力资源部门和用人部门密切地配合，这样才能选到合适的人。

在招聘中，招聘人员往往利用他们多年来积累的常识、零散的信息或建议来进行面试，有时会把好感作为基础招聘员工，挑选出那些在面试中表现不错的应聘人员，而不是在工作中取得优异绩效的应聘人员。招聘人员还会以技术能力和经验作出聘用决定，重视考查人员的知识、技能等外显特征，而没有针对难以测量的核心动机和特质来挑选员工，使招聘和选任标准与现实脱节。

4. 对于是否符合录用条件具有举证的责任

用人单位在试用期内解除劳动合同的，必须要证明员工不符合录用条件。怎样才能充分证明员工的表现"不符合录用条件"，这一点的举证责任需要由用人单位承担。所以，一般举证的责任自然落到了用人部门的直线经理身上。

如果用人单位以"试用期不符合录用条件"为由解除劳动者的劳动合同，应当承担举证责任，一般需要对以下三部分内容进行举证。

（1）用人单位应当证明该员工具体的岗位录用条件。该录用条件应当在劳动者入职时由其签名确认知晓，方能有效。

（2）用人单位应当提供证据证明劳动者在试用期内具体表现的考核结果。用人单位必须提供对劳动者进行考核的标准、考核过程、考核结果等证据，做到程序合法、结果公正，这样才能作为认定事实的依据。

（3）用人单位必须证明劳动者在试用期内考核结果或某一具体行为不符合录用条件。

4.3.2 直线经理在招聘和甄选中需要修炼的管理技能

1. 沟通能力

直线经理在招聘和甄选的每个环节都需要进行积极良好的沟通。例如在提交招聘需求时,直线经理要和自己的直接主管进行沟通,说明自己所管理团队的成员结构;为了组织的战略和目标,团队成员需要做的调整;目前为了支撑组织战略和目标的实现而需要的人才种类。这时的沟通一定要让主管觉得你提出的招聘要求是合情合理的,这样主管才会因此审批同意。在面试环节,直线经理也是深度参与的,因此如何进行提问和追问才能探测到应聘人员真实的状况,这也是对直线经理的一个挑战。STAR 模型在一定程度上能提升直线经理的沟通效果。同时,在面试中,如何进行沟通以让应聘人员对公司持有良好的印象也是沟通的一个重点,因为面试也是在树立企业形象。

2. 综合判断能力

虽然借助于结构化面试和一些其他技巧,直线经理可以更好地选出适合本部门的员工。但是每一个岗位的招聘标准和胜任素质是一个系统,它包括多维的指标,因此需要直线经理根据自己的用人经验来判断具有哪些突出特征的应聘人员未来可能成为自己的员工,哪些风险是需要防范的,这都需要直线经理的综合判断;同时,在面试中,社会知觉偏差会影响到直线经理的判断,如第一印象效应、首因效应、刻板效应、晕轮效应、与我相似效应等。直线经理应当不断提高综合判断能力,以便更好地提高识人本领。

3. 观察和识别能力

新人录用后,是否能够胜任岗位需要试用期的考查。如果这个岗位有明确的岗位任职标准,直线经理就需要对比岗位标准,不断通过分派任务去观察、测试新员工的能力和素质。如果发现新员工不适合该岗位,就要积极取证,并和人力资源管理部门取得联系,做好关于该员工不胜任的取证工作。不要等到试用期结束后,才发现这个员工其实是不适合的。所以,直线经理应该不断提高对新员工在实际工作中所体现能力的观察与识别能力。

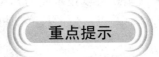

- 直线经理要把参与招聘和甄选作为本职工作来看待,并且要把自己提升到主角的位置来看待这个事情,对于每一步都要和人力资源部门密切沟通,但是决策权应该掌握在直线经理手中,人力资源部门只是辅助部门。
- 直线经理要学会在实际工作中不断总结:什么是好员工?好员工具备哪些素质?通过什么方式能考查这是一个好员工?通过不断总结,并将总结的经验应用在招聘和甄选的过程中,以提高招聘的效果。
- 人力资源部门在把招聘和甄选的流程确定下来之后,要投入时间和精力对参与其中的直线经理进行积极的沟通与培训,帮助直线经理成为非人力资源部门的人力资源管理专家。

1. 有效的招聘和甄选工作是如何使组织获得竞争优势的?

2. 招聘的流程有哪些环节？每个环节是如何实施的？
3. 甄选的主要工具和方法有哪几种？在招聘中如何运用这些甄选工具和方法？
4. 如何对比和选择合适的招聘渠道？
5. 如何进行招聘效果的评估？

 案例研究

Facebook 如何招聘优秀设计人员

Facebook 认为招聘需经历两个阶段：第一阶段，必须找到优秀的候选人；第二阶段，判断候选人是否与你的团队相契合。

1. 找到优秀的候选人

1）做一个优秀设计人才侦探

"寻找优秀设计人才的最好方法就是看看你最欣赏哪些产品，然后找到开发设计这些产品的设计人才。"Facebook 最初就是通过这种方法招聘到最初的一批设计师的。人力资源部建议团队中所有成员共同列出一个自己喜欢的产品清单，所列的产品不仅限于那些已经在商业上取得成功的产品，也包括那些虽然还没有在商业上取得成功，但应用中独特的设计是你特别欣赏的。在列出这个清单后，接下来的工作就是想尽各种办法找到设计开发这款应用产品背后的设计师，可以使用 Google、LinkedIn 或 AngelList 等，直到找到为止。找到后，需要"厚着脸皮"主动接触他们。

2）挖掘设计圈资源

虽然整个设计圈的规模相对较小，不过设计圈里的人一般联系得比较紧密，因此要好好挖掘和利用好设计圈资源。举个例子，每当有设计师新加入 Facebook，人力资源部负责人 Julie 都会问他/她这样一个问题："你过去都曾与哪些设计师共事过？你喜欢和哪位设计师一起工作？"这样做的目的就是挖掘对方之前所在设计圈的设计人才资源。在这个过程中，可能会认识一些喜欢与之共事但又无法将其招聘全职的设计师，虽然如此，他们依然可以为公司敲开其所在设计圈的大门，所在设计圈里的设计师了解公司的设计语言和目标的可能性会更高。

3）建立关系，保持耐心

找到优秀的设计师是一项费时费力的工作。"有时，当与一位我们非常欣赏的设计师联系时，我们通常会以一种相对轻松随意的对话开始，只有这样你才能真正了解对方。不要一开始就问'你好，你想要和我们一起工作吗？'这样的问题，因为对方当时可能正在从事一项自己为之振奋的产品设计工作。如果一开始通过轻松随意的交流和对方建立起良好的关系，后期时机一旦成熟，你就能很容易将其招入麾下。"Julie 说道。

2. 判断候选人是否与你的团队相契合

1）眼见为实

招聘面试初期，Facebook 会让潜在的应聘人员来到公司，请他们将自己之前设计的产品向公司的设计团队现场展示。面试过程中，亲自观看应聘人员的产品非常重要。

"如果不看看实际设计的产品，设计就无从谈起。"

"我无法仅通过聊天交流去决定是否雇用一个人。你需要看看他过去设计的产品，这样

才能真正了解他是否符合你的公司的需求。"Julie这样说道。她还建议,在真正面对面的面试之前,最好和应聘人员进行1~2次电话面试,通过电话面试可以大概判断对方在文化契合度和工作经验等方面是否与公司契合,然后决定是否将其约到公司面试。招聘团队对应聘人员之前开发设计的应用、网站或其他产品进行严格细致的审查非常重要。应聘人员本人和其作品都需要通过招聘团队的严格考核。为帮助招聘团队更好地对应聘人员展示的作品的质量进行审查和评判,Julie专门设计了一个审查问题清单,清单如下。① 背后的想法:设计师设计一个产品时是否有坚实充足的理由?他是否发现了一个生活中确确实实存在的问题并试图解决它?② 易用性:设计的产品用起来是否简单方便?产品的设计是否体贴?设计思维理念是否清晰并充分考虑到了产品功能的方方面面?产品设计师是否很好地掌握了产品交互和模式的方方面面?③ 细节设计:设计师是否在产品的所有细节设计上都绞尽了脑汁,力求完美?你是否觉得这款产品设计精良?我们寻找的不是那种仅具实用性的功能性产品,我们渴望见到那种让人一见就能感觉到产品背后的设计开发人员真的在乎这款产品和用户体验的产品。产品设计的高质量和所有细节处的精良设计对我们来说非常重要。

在让应聘人员展示并介绍自己的作品时,尽量避免让这个过程太过正式,不要搞得像演讲一样。让这个过程尽量轻松随意一点,让应聘人员在相对轻松的氛围中介绍自己的设计背景、产品设计经历以及在产品设计中最令自己兴奋和自豪的地方是什么。来面试时,有的应聘人员甚至会带来自己早期的产品设计草图,这样他们就能谈论自己早期曾考虑过的不同设计方案,以及很好地解释为何会设计成最终所设计成的那样。应聘人员这样做能给自己加不少分。所有这些都能让招聘人员更全面地了解应聘人员。在面试的过程中,招聘人员应该保持面试内容的开放性,不要问应聘人员那种有绝对的"对"或"错"的问题,这能对应聘人员有更好的了解。在审查应聘人员设计的作品的过程中,如果其中透出的都是招聘人员希望看到的一些积极的信号,那么此人即为一位很有竞争力的应聘候选人。Facebook甚至会利用这套方法去收购一些设计师团队。Facebook之所以收购Sofa和Gowalla,就是看中了产品背后的设计师团队开发设计出的产品。

2)英雄不问出处

Facebook当然也会从一些知名大学或顶尖的设计机构招聘设计师,不过这只是Facebook的招聘渠道之一。很多优秀的设计师是自学成才,在他们的简历中没有让人艳羡的教育经历。

有些未受过传统教育的设计师的身上会散发出一种设计灵性气质,这是非常难得的。我们寻找的是那些拥有十足积极主动性的设计人才。优秀的应聘候选人通常会积极主动地试验、设计和开发产品。产品设计主管若想淘汰虽然拥有让人艳羡的教育经历但缺乏创新、表现平平的应聘人员,应该学会通过应聘人员提供的简历等档案资料找到能证明应聘人员具有积极主动性的指标要素。能够在平常生活中积极寻找机遇的设计师,他们能够看到哪些问题需要解决,哪些工作可更容易地完成。在看到这些问题后,他们会禁不住想为何还没有人想办法设计一款产品去解决这个问题;然后会自己动手来设计能解决自己发现问题的工具。如果应聘人员提供的简历等档案资料里包含这方面的内容,这将大大为其加分。

3)了解应聘人员的团队动力

团队动力很弱对很多公司而言都是一个问题。一位有天赋但牛性腼腆的设计师可能不会在团队中主动分享自己的观点,或是如果不被告知要做某项工作就不会主动去做。你需要的是那种不仅能广纳建言,还能积极主动建言献策的设计师。这种设计师能够以一种所有人都能理解的方式主动和大家分享某项提议的利与弊，帮助公司朝着正确的方向前进。判定应聘人员是否具备这样特质的最好方法就是在面试的过程中创造环境，让整个面试氛围就像是招聘人员和应聘人员在一块工作，在这个过程中判断应聘人员是否具有这方面的特质。我们通常会让应聘人员和招聘团队的 3～4 名设计师进行交流，尽量模仿日常真实的工作情景，让双方都感觉他们似乎真的在一起工作：帮助对方，看对方的作品，给对方反馈和建议，进行深入的讨论等。Julie 和她的团队通常会让应聘人员在一种开放性的自由交流环境中介绍自己的作品和工作经历，这样能对"如果真的和这位应聘人员在一块工作会如何"这类问题有更为真切的认识。在这个过程中，还能对应聘人员的个性特质有更深入的了解。要知道，应聘人员的个性特征和专业能力同样重要。在开放式的自由交流中，应聘人员事先准备好的答案就很难派上用场，这样有助于了解最真实的应聘人员。通过这种方法，Julie 和她的团队不仅可以判断应聘人员是否与公司的文化相契合，也能了解应聘人员是如何应对和处理问题的，尤其是处理那些突如其来的问题。让应聘人员谈谈其所熟悉的一个产品设计也能帮助招聘人员对其有更好的了解：你最喜欢手机上的哪款应用？你为何喜欢这款应用？这款应用的设计好在哪里？你认为有哪些地方需要改进？

如果真的在同一个团队工作，重要的不仅是最终的产品，设计开发产品的过程同样重要。让应聘人员谈谈自己和过去所在团队开发设计产品的过程，能够帮你对应聘人员的潜力有很好的把握，你能够从中对应聘人员的职业道德和素养有更为清晰的认识。

4）了解应聘人员的思维模式

设计师必须有很强的分析能力。优秀的应聘人员应该有很强的观察能力，一旦你给他一个产品，他在分析观察后能很快知道这款产品在哪些方面有待改进。Julie 建议通过一个大的设计方面的问题去考查应聘人员。比如，"你会如何设计一款微波炉？"问应聘人员这个问题不是说一定要让应聘人员在规定的时间（如 30 分钟）内真正设计出一款完整微波炉，而是考查的是应聘人员如何着手解决这个问题的：如何将问题分解？从哪里入手？通常情况下，你肯定不希望应聘人员直接进入解答问题的模式阶段。你想要看到应聘人员在听到问题后能够先问一些相关的问题及分析存在的限制性因素，并根据自己在日常生活中的观察提出自己的产品交互设计方案。你希望应聘人员对自己的每个设计决定都给出充分的理由。认真倾听，权衡不同的反馈，然后再给出自己的答案，这样的应聘人员才是你希望看到的。

5）角色互换

给应聘人员一个评判你的团队所设计开发的产品的机会，并就评价的好坏给出理由。让应聘人员说说他们会保留哪些东西，改变哪些东西，他们自己如何和你一道对产品进行改进，找到最佳的产品设计解决方案。这是判断应聘人员是否与自己的团队契合的最简单的方法之一。优秀设计师应具备的最重要的素质是善于思考，他们所作的每个决定都是基于一个特定的目标和意图。一个人是否具有这个特质，通过在面试中问下面这些问题来进行判断。

——回顾你之前曾长时间从事的一个产品设计项目。"如果当时你可以多花两个月在这个产品的设计上，你会做出哪些改变？你会添加哪些东西或是完善哪些东西？"善于思考的应聘人员如果曾负责一个产品的设计工作，他们会全身心地投入，并会无数次地思考，如果条件允许，将使其更加完善。对于一般的设计师，如果问他这个问题，他通常会说自己设计的产品是完美的，不需要任何改变，或只是需要细微的修改，这是不善思考的表现。

——你之前是否在一个大团队里工作过？如果应聘人员的答案是 yes，接下来需要问他在这个团队里都做了哪些工作。你可以这样提问：团队里的哪些决策是由你直接负责作出的？在一个团队中工作，清晰地认识自己的价值非常重要。

——让他们选择一款他们喜欢的产品。让他们分析这款产品的设计者如此设计的原因，然后问他们是否赞同这种设计。我们想要那种对自己喜欢的产品能够做到深入研究，同时积极思考有哪些地方需要改进的设计师。

思考和讨论题：

（1）案例中Facebook采用什么渠道寻找到优秀的候选人？谈谈招聘渠道适用性的看法。

（2）案例中Facebook采用什么方法来甄选适合公司的人才？谈谈你对这些甄选方法适用性的看法。

（3）请结合案例谈谈在Facebook的招聘中，直线经理发挥着什么样的作用。

第5章

员工培训和开发

> **学习目标**
>
> ◎ 理解员工培训和开发对组织增强竞争优势的意义；
> ◎ 掌握员工培训和开发的系统流程；
> ◎ 掌握员工培训需求的分析方法；
> ◎ 掌握员工培训和开发的新方法；
> ◎ 掌握员工培训效果评估的模型和方法。

> **开章案例**

韩国三星集团的培训和国际化战略[①]

问题：三星国际化战略中人才队伍如何跟上步伐

三星公司在走向国际化的过程中，也是和其他跨国公司一样，开始引入国外先进的管理系统和技术，但如何国际化当时内部争议很大。时任公司总裁李健熙经过反思认为，走向国际化，关键在人，并决定基于韩国本土培养建立一支国际化的人才队伍，让这些国际化人才发出支持公司改革的声音；再利用鲶鱼效应，把这些创造力强、文化兼容性高、拥有国际视野和全球化思维的人才安置在三星的不同部门，在日常过程中起到同化作用，从而领导所有三星员工在思维、行为方式上产生有益于组织变革发展的变化。这就是三星人才国际化的初衷。

解决办法：地域专家制度

1990年，三星公司开始着手建立"地域专家制度"：选拔一批最具潜质的年轻职员派往海外，要求他们全力融入当地文化，学习当地语言和文化并建立人际网络，为三星未来进军这些市场铺好道路。项目开启之初，如此庞大且不能立竿见影的投入使得三星公司的管理层多半都对其持反对态度。

多年来，三星公司已经挑选了200多名地域专家派往世界各地。参选地域专家的基本条件是：具有五年以上工作经验的年轻骨干，不仅业绩要突出，还必须具备人性美、道德美，遵守礼仪规范和公民操守等，要对三星忠诚，具有使命感、彻底的自律能力、强烈的挑战意识、开放的心态，作为全球型人才，他们必须具备健全的世界观、精通韩国文化和三星文化，并具有熟练运用英文和计算机等基本技能。在三星，地域专家被称人戏称为

[①] 张容榕，杨晨，付鑫玉. 三星国际化人才培养. 中国人力资源开发，2015（14）：71–78，95.

"边混边学"。通过选拔的人需要先在国内三星人力开发院的外语生活馆接受为期12周的高强度语言训练，再赴国外进行整整一年的完全脱产学习，期间不必参与任何业务工作。前六个月，地域专家们需在当地大学注册成为学生，对当地的语言文化进行进一步的系统学习，其任务主要是学习当地的语言，与当地人交朋友，以熟悉当地文化、建立人际关系网；后六个月则必须自选课题开展活动。一年结束后，三星要求这些员工完成详细的学习报告，以考核他们的学习成果。归国几年后，这些地域专家可以申请重新回到当地，用半年的时间独立做一个商业项目，挖掘当地的市场潜力，最终成为真正意义上的国际化领导者。

效果：地域专家制度与竞争优势的获取

在地域专家项目实施了20余年后的今天，这笔巨大的投资最终获得了更大的价值：地域专家成为"本地通"，他们能够胜任各种类型的国际管理工作；地域专家们在总部或者业务部门担任主要管理职务，与本土员工进行大量的沟通，这在潜移默化中改变了三星公司原来沉闷、内向的文化，形成更具国际化企业开放、包容的文化；很多地域专家后来被重新派遣到故地，担任三星驻当地办事处的高层职务，他们在长期学习中获得的经验和人脉对三星在当地市场实现成功的本地化经营发挥了重要作用，帮助三星将经营触角伸向世界各地。

经济的全球化发展使得企业间的竞争范围更加广阔，市场变化速度日益加快。面对这种严峻的挑战，企业必须保持不断学习的能力，而企业的成长最终来源于员工不断成长的能力。所以，很多企业不再把人力资源培训作为一项成本支出，而是一种投资，不断增加对员工培训的投入，提升员工素质，提高员工技能，增强团队凝聚力，使人力资本持续增值，从而实现企业经营业绩和战略目标，赢得竞争优势。

5.1　员工培训和开发与获取组织竞争优势

从传统意义上看，员工培训和员工开发是两个概念。培训（training）是一种有组织的知识传递、技能传递、标准传递、信息传递、信念传递、管理训诫行为，侧重于近期目标，重心是提高员工当前工作的绩效，使其掌握胜任当前工作的知识、方法、步骤和过程。例如，向公司新招聘的销售人员示范如何更好地把握消费者的心理，推销公司的产品，推广公司的品牌。开发（development）是指为员工未来发展而开展的正规教育、在职实践、人际互动，以及个性和能力的测评等活动，侧重于结合员工个人潜质、企业未来发展，培养并提高员工的素质、挖掘潜力、激发动力，帮助员工更好地应对由新技术、新工作岗位、顾客或产品市场等带来的变化。

但在实际工作中，培训与开发是很难截然分开的，因为培训中使用的技术与开发中使用的技术通常是相同的，管理流程是一样的，而且两者都注重员工与企业当前和未来发展的需要。因此，现代的培训和开发的界限越来越模糊，越来越融合，培训和开发往往联系在一起。以下为了陈述方便，把"员工培训和开发"统称为"员工培训"。

员工培训是一种系统化的智力投资，是创造智力资本的重要途径，可以为企业赢得竞争优势。

1. 有利于吸引优秀员工的加盟

企业用人灵活性的趋势,使员工意识到:通过完善的培训计划可以学到更多的知识和技能,保证员工价值的增值,增加其就业竞争力,因此培训对员工来说是一种福利。因此在招聘时,有丰富和完善的培训计划的公司对优秀的人才更有吸引力。

2. 有利于多层次培养人才

即使是世界上最能干的 HR,也很难只通过招聘的方式就获得万能的员工。新员工在从事一项新工作时,往往因为缺乏经验而有很多疑惑的地方;老员工随着社会的发展也需要进行思维、知识和能力的更新。因此,员工培训有利于多层次培养人才。尤其是全球化趋势下,员工的跨文化培训就显得尤为重要。员工培训的多层次意义如图 5-1 所示。

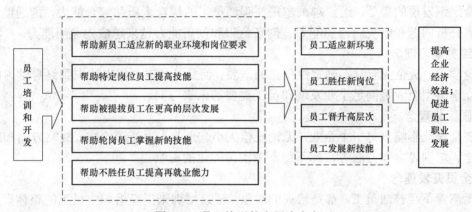

图 5-1 员工培训的多层次意义

3. 有利于保留和激发员工工作积极性

根据期望理论,员工通过培训不断获得新的知识与技能,能够适应或接受具有挑战性的工作任务,这不仅使员工在物质上得到满足,而且精神上也获得成就感,从而实现职业生涯规划的目标。因此,培训也是一种有效的员工激励方式。

4. 有利于企业文化建设

劳动力多元化使得企业面临社会化的挑战,通过培训向员工灌输企业的价值观,增强员工对组织的认同感,培养员工一致认同的行为规范,形成良好、融洽的工作氛围,增强团队凝聚力。

5. 有利于提高产品质量、员工绩效和降低成本

员工经过培训后工作效率提高了,同时培训可以规范工作流程,能最大限度地避免工作错误,降低不必要的成本。研究发现,中国企业员工培训确实显著提高了企业生产率水平,且这一提升效应约为 6%[①]。

---

① 郑文平,方福前. 员工培训与企业生产率:来自中国的经验证据. 学习与探索,2016(2):103-108.

5.2 员工培训和开发的问题及实践

5.2.1 员工培训的现代理念

现代企业对员工的素质要求越来越高，员工对个体发展的需求也越来越强烈，这两方面使得各方对员工培训的重视度越来越高。了解这些理念，对指导员工培训的实践具有重要意义。

1. 综合能力理念

由于组织扁平化、工作团队化、工作轮换的频率增加和晋升的多渠道化，单项能力越来越不适合组织发展的需要，组织越来越需要强调员工的综合素质和综合能力，沟通能力、合作能力、分析问题和解决问题的能力、创新意识和创新能力越来越成为通用能力。

2. 终身学习理念

终身学习，是企业应对不确定性变化的需要。而且，员工个体也认识到终身学习的必要性。建立学习型企业是满足企业发展和员工需要的未来方向。

3. 国际化理念

经济全球化影响到每一个企业，无论规模大小。企业人力资源构成、战略方向和政策法规的制定、培训内容和方法等，都不得不考虑国际化的影响。

4. 全员开发理念

上至高管下至普通员工，都是培训的对象。通过培训来提高组织中员工的整体素质；同时，管理者还要担负起指挥、组织、检查、核验培训工作的责任。

5. 以人为本理念

整个培训，从培训理念、培训设计到培训过程，都应该遵从以人为本的理念，真正让员工认识到培训的重要，真正地接受并认真地培训；遵循成人学习规律的培训方式能够让员工接受和理解，才能达到培训效果。培训者最容易犯的错误就是自认为是正确的培训方案强制员工接受，而不考虑员工的感受。

6. 变革和创新理念

变革和创新是未来环境的常态，所以在员工的培训中，不仅是在培训内容上要体现变革和创新的未来趋势，而且在培训方法上也要紧跟技术变化。培训系统是开放的，不断吸收新思想、新方法和新技术。例如，根据培训目标的需要，培训方式可以多样化，可以是企业内部培训，也可以是外部培训机构培训，还可以是网络培训。

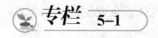

专栏 5-1

VUCA 环境下员工培训与开发的新理念

当今的商业社会处于不断动荡的 VUCA（volatility，易变性；uncertainty，不确定性；complexity，复杂性；ambiguity，模糊性）商业环境中，组织依据长期预测规划战略成为不切实际的梦想,组织战略调整与组织变革成为常态,如果战略与组织持续动荡,组织对人才的需求必然也会不断地发生改变。从逻辑上来说,培训体系也应该是动态调整的。在这样的组织环境下,不可能执行过去稳定的体系化的培训计划。

所以,助力组织变革、适应环境是员工培训的最高境界,让员工的能力适应战略的调整是培训的最终目的。传统的培训是知识导向型的,目标是让员工学会什么以提高目前的工作绩效;而全新的学习范式是问题导向型的,目标是让员工学会怎么学习与快速反应,以及发现问题、分析问题和解决问题,这些能力不仅可以促进绩效的提高,更有利于员工更快地发现环境的变化并适应它。因此,在对员工的培训定位上,不应该把员工仅仅培养成公司机器上的一个有用的螺丝钉,而应该是把员工培养成能够知识分享共创和快速迭代、积极参与管理保持集体心智反思、自我激活成就感的个体;培训不仅仅是行为的改变,更多是深层次的心智模式的改变;变被动培训为主动培训,变接受培训为创造培训,变有时间段的培训为随时随地的培训。

员工培训的流程如图5–2所示。直线经理必须对培训的整个流程有所了解,才能知道怎么配合人力资源部做好培训工作。

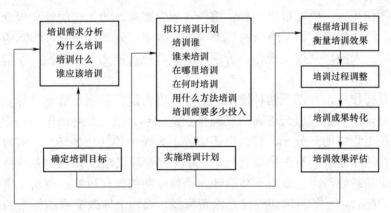

图5–2 员工培训的流程图

5.2.2 培训需求分析

培训需求分析是指在规划与设计每项培训活动之前,由培训部门、主管人员及相关工作人员采取各种方法和技术,对组织及其成员的目标、知识、技能等方面进行系统的鉴别与分析,从而确定培训的必要性、培训相关活动如何开展的策略。培训需求分析是培训流程的起点,也是进行培训效果评估的基础。进行培训需求分析,明确培训目标,才能使培训工作准确、及时和有效。

1. 培训需求分析的步骤

为了保证培训达成战略目标,培训需求分析需要从上到下、从战略到执行,因此需要从组织整体层面、工作岗位层面和员工个人层面进行整合分析,从而使培训需求分析更加全面系统,这就是培训需求的循环评估模型,如图5–3所示。

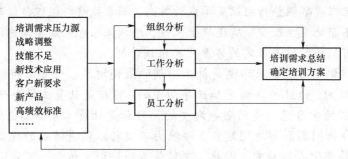

图 5-3　培训需求的循环评估模型

1）培训需求压力源

主要是指内外部因素变化迫使企业必须思考是否要进行培训。这些压力源主要来源于：战略调整；员工现有技能不足或者新技术应用员工能力跟不上；现有员工需要适应客户新要求；等等。

直线经理和培训经理必须认识到，培训不是万能的，即使培训已经很规范，但也不能解决企业所有的压力问题。所以，管理者必须识别哪些压力是可以通过培训解决的，哪些是不能通过培训解决的。

培训能发挥作用，主要有以下四种。第一，理念影响，如先进的管理理念、企业文化的宣贯等；第二，信息传递，如了解新的规章制度、战略规划等；第三，实际的操作能力和技术能力，如车间工人的岗位技能操作、管理者决策和执行能力等；第四，了解新变化、应对新变化的能力。

培训不能发挥作用，有以下两种情况。第一，培训是帮助企业战略目标实现的工具，如果企业战略本身是错误的，那么培训越正确企业越糟糕。第二，培训作为一项管理活动，只是企业管理系统工程中的一分子，其效果还依赖于系统中的其他各环节。有时候，受训员工会发现自己不可能将学到的有关团队合作、人际冲突管理策略及其他的专业技能应用到组织中，因为他们面临其他障碍：战略不够清晰、经理专制的管理风格、政治氛围浓厚等。如果没有其他环节的配合，再多的培训纯粹是浪费资源，因为个体改变组织体系的力量不敌组织体系改变个体的力量。所以，组织变革先行才能为培训铺平道路。例如，企业的产品适销对路，销售考核公平合理，销售策略恰当，销售团队由一批具备销售潜质的人组成，那么销售技能培训的业绩才能凸显出来。

2）组织分析

组织层面的需求分析主要包括组织战略分析、组织资源分析、效率指标分析和组织气氛分析等。

（1）组织战略分析主要是审视内外部环境的变化，对组织现在的目标和战略进行评估与权衡。公司现有的目标达到了吗？如果目标没有达到，是否需要培训？公司现有的战略如需转型，需要对员工进行培训吗？组织战略目标是培训目标的依据。一般来说，技术革新、全球化、企业再造、全面质量管理等都会使工作流程有较大改变，员工所必需各项技能的调整产生新的培训需求；机构重组、规模缩减、权力下放和团队合作等管理方式的改变，也会造成人力资源、效率指标和组织气氛的改变，也会产生培训需求。不同的战略需要采用不同的培训重点，如表 5-1 所示。

第 5 章　员工培训和开发

表 5–1　不同的战略和培训重点之间的关系示例

战略	重点	如何实现	关键事项	培训重点
内部成长战略	市场开发 产品开发 革新 合资	增加分销渠道 拓展全球市场 创造新产品 通过合伙发展壮大	创造新的工作任务 革新	团队建设 特殊生产技能的培训 培养创造性思维和分析能力 冲突调和技巧培训 企业文化培训等
紧缩战略	节约开支 转产 剥离某些业务 债务冲突	降低成本 减少资产 创造利润 重新制定目标 卖掉部分资产	提高效率	革新、时间管理、压力管理、交叉培训 领导技能培训 人际沟通培训 寻找新工作的技能等

（2）组织资源分析主要是对组织的人、财、物进行清点。一方面根据战略分析的结果，对现有员工的技能、知识、态度、业绩进行审视，决定培训对象和培训内容；另一方面培训工作也需要人、财、物的支持，培训资源的可获得性决定了培训的方式。例如，自己设计培训方案还是购买培训服务，是从外部招聘合适的员工还是对现有员工进行在职培训，从而决定培训需求分析。

（3）效率指标分析主要针对目前组织的效率状况进行评估，包括工资成本、产出的数量和质量、设备利用情况等。衡量实际效率和期望效率的缺口，就可以得到相应的培训需求。

（4）组织气氛分析用于描述组织文化是否适宜，以及员工的工作感受、员工之间的关系、员工对培训的态度等，从而决定培训的内容和方式。

组织层面分析要注意：一是要有预见性，要以发展的眼光去诊断需要，推测出未来将需要哪些知识和技能，从而估计出哪些部门或员工需要在哪些方面进行培训；二是不要只看到那些"硬"的、制度方面的问题，还应同时注意"软"的、企业文化方面的问题。

表 5–2 为前瞻性培训需求分析的工具示例。

表 5–2　前瞻性培训需求分析的工具示例

纬度	变化方向	将引发的新问题	新问题对培训的要求
业务	业务结构将发生什么变化		
产品	产品结构将发生什么变化		
渠道	渠道策略将发生什么变化		
市场	市场策略将发生什么变化		
价格	价格策略将发生什么变化		
组织	组织结构和人员结构将发生什么变化		
新技术	将会应用到哪些新技术		
人才储备	准备重点储备和开发哪类人才		
其他方面	其他方面会发生什么变化		

3）工作分析

在组织分析的基础上，工作分析主要分析为了达成（新）战略目标，每一工作（岗位）应该担负的职责和任务、工作绩效应达到的标准，以及员工达到理想的工作绩效所必须掌握的技能,从而确定对这些员工的培训内容。

这一层面的分析包括如下步骤。

第一,根据战略目标对某项(新)工作进行重新评估,修订或完善工作说明书。确定每项工作任务的 KSA 范围,即 K(knowledge,知识)、S(skill,技能)、A(attitude,态度),培训部门可以向主管、任职者、其他专家请教或者查阅相关文献资料,确认该项工作所需的知识、技能、态度和其他素质特征。

第二,明确员工完成该项(新)工作的有效的工作行为和绩效标准。

第三,审视现有部门员工和岗位胜任力要求的知识、技能、态度和其他素质要求的差距,决定是否培训和培训的内容。

岗位说明书、绩效评价、质量控制报告和顾客反馈等都为这种培训需求评估提供了重要信息。

4)人员分析

员工层次的分析针对每一位员工个体进行,将员工个人目前的实际工作绩效与企业对员工的绩效标准进行比较、将员工现有的技能水平与预期未来对员工技能的要求进行比较,发现两者之间是否存在差距,该差距是否可以通过培训来弥补,最终落实到"谁需要培训""需要哪些培训""采用什么培训方式"上,以形成培训目标、内容和方式的依据。

人员分析,不仅要考虑员工满足企业现时和未来发展的需要,还要充分体现以人为本的管理思想,同时考虑员工职业生涯规划的需要,实现双赢。人员分析的流程如图 5-4 所示。

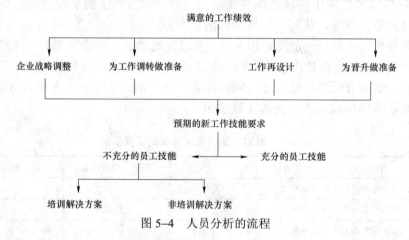

图 5-4 人员分析的流程

员工层面的培训需求分析有如下步骤。

步骤一:确认新环境对员工的岗位要求或预期要求。对员工工作的预期要求取决于公司战略、部门业务活动、岗位分析和员工职业发展规划。

步骤二:评估员工现有绩效。这一步骤需要直线经理做好员工绩效的各项记录,如关于工作态度、组织认同感、工作质量、工作效率、人际关系等,必要时也需要员工自己评价。

步骤三:衡量员工现有绩效和预期绩效之间的差距,并找到产生差距的原因。

产生差距的原因分析很重要,因为不同的原因要采用不同的对策,可能有些差距是可以通过培训来弥补的,有些差距是通过培训解决不了的。

原因分为主观原因和客观原因。主观原因是员工个人能动性方面的原因,如工作技能、工作态度、工作动机、归属感、公民行为等;客观原因是员工无法掌控的影响因素,如管理制度、激励状况、领导作风、社会环境、家庭状况等。

如果员工缺乏完成工作任务所应具备的知识与技能，就应该对其进行培训。如果招聘和挑选程序发生了问题，招聘的员工不仅无法胜任工作，甚至也不具有提高的潜力，这种难题就不是能依靠技能培训可以解决的，就需要员工转岗了。绩效差距也可能是由于工作设计得不合理，能力再强的人也可能不能胜任，那就进行工作再设计。绩效差距也可能是管理人员监督不力，只需要加强管理即可，不需要大规模培训。

步骤四：根据原因分析的结果，确定不同的绩效改进的对策，或者进行培训或者采用非培训性改进策略。

5）撰写培训需求分析报告

基于以上三个层面的分析，撰写培训需求分析报告，包括如下内容：培训需求分析实施背景；培训需求分析的对象、内容和方法；培训需求调查中获得的数据的分析；培训方案和建议。

2. 培训需求分析的信息收集方法

培训需求分析的效果还取决于是否采用正确的培训需求分析的信息收集方法。直线经理和培训经理需要平时在工作中注意收集信息，为培训需求分析做好准备。

1）问卷调查法

问卷调查法，一般由培训部门设计一系列培训需求相关问题，以问卷的形式发放给员工和管理者，填写之后再收回进行分析，获取培训需求的信息和数据。对员工的调查问卷主要围绕着员工的培训理念、培训意向等内容；对管理者的调查主要是从管理者的立场看本公司、本部门员工的培训需求和培训重点应该是什么。通常，两者都要调查，这样信息掌握得更加全面。这类调查问卷在相关文献中研究得比较多，不在此赘述。

2）访谈法

访谈法是指与访谈对象进行面对面交流，收集事实、数据、印象、观点、判断等信息。

访谈法的具体步骤为：确定访谈目的，准备相关资料，确定访谈对象名单；进行访谈预演，总结经验，发现问题及时更正；开始访谈，向访谈对象做简单介绍，营造适合交流的访谈氛围；通过向访谈对象提问获得信息，基本工具为访谈记录表；访谈结束，对访谈内容进行小结并让访谈对象确认，重问没有充分回答的问题；整理访谈记录表，总结访谈记录并收集归档；对访谈资料进行总结，综合访谈中的发现及结论。

访谈法，主要针对人数比较少的访谈对象进行，针对管理层的访谈居多。这类访谈提纲在相关文献中研究得比较多，不在此赘述。

3）现场取样法（观察法）

现场取样法一般较多地使用于员工行为外显的服务性行业（如商场）、制造行业（如车间）的培训需求调查，是通过选取培训对象现场实际工作的部分片段进行分析，以确定培训需求的一种分析方法。现场取样法主要包括两种形式：拍摄和取样。

拍摄是指在培训对象的工作环境中安装监控录影机、摄像机等拍摄设备，对培训对象的现场工作过程进行实际拍摄，事后通过录像带进行观察分析，得出培训需求结论。

取样又分两种形式：一种是神秘访客，即由取样人乔装成顾客，在培训对象不知情的情况下与其进行沟通、合作或者买卖活动等，事后以取样人对取样对象工作表现的评价和分析为依据，确定培训需求；另一种是客户录音取样，即选取培训对象与顾客对话的录音为需求分析的依据，总结培训需求的信息和数据。培训需求分析的取样报告示例见表 5–3。

表 5–3　培训需求分析的取样报告示例

取样对象：	岗位：
取样时间：	取样地点：
取样人：	取样形式（用"√"标出）：
	□神秘访客　　　　□客户录音取样
分析项目：	
员工言谈举止	
工作态度	
专业知识	
工作技能	
沟通能力	
工作完成情况	
……	
存在的问题：	
拟改善的内容：	
备注：	
制表人：	日期：

4）小组讨论法

小组讨论法是指从培训对象中选出一部分有代表性且熟悉问题的员工作为代表，通过讨论的形式调查培训需求信息。小组讨论法的形式比较灵活，可以是正式的也可以是非正式的，可以通过头脑风暴、德尔菲法等多种方式进行。在小组讨论开始之前，会议的组织者或主持人要事先确定讨论的形式和内容，以便有效地控制讨论的方向和进度。会议一般会形成一份讨论记录表。培训需求分析的小组讨论记录示例见表 5–4。

表 5–4　培训需求分析的小组讨论记录示例

讨论时间：	讨论地点：
主持人：	小组成员：
讨论主题：	讨论形式：
讨论内容：	
问题一：员工对企业现状的了解，包括公司战略、经营方针、市场竞争等	
问题二：员工不能很好地完成任务的原因是什么	
问题三：员工对工作的态度如何及其原因	
问题四：员工在工作中急需解决的问题	
问题五：……	
结论：	
备注：	
记录人：	日期：

5）档案资料法

档案资料法即利用现有的有关企业发展、组织目标、岗位工作、人员分析、绩效考核、员工晋升等方面的文件资料，对培训需求进行综合分析的方法。由于档案资料信息纷杂，通常需要利用表格工具进行提炼归纳。这种方法通常用于对某些重要岗位的管理，不适合对于普通的、大量的员工管理，此类管理成本比较高。

6）关键事件法

关键事件法是指通过分析企业内外部对员工或客户产生较大影响的事件，及其暴露出来的问题，确定培训需求的一种方法。常见的典型事件如顾客投诉、重大事故等。培训需求分析的关键事件示例见表 5–5。

表 5–5　培训需求分析的关键事件示例

员工姓名：	部门：	岗位：
访问者：		
访问时间：		
访问地点：		
访问背景陈述：		
访问内容及其描述：		
工作中遇到哪些重要事件		
事件发生的情境		
采取了怎样的应对行动		
事件结果		
经验教训		
分析及评价：		
导致事件发生的原因和背景		
员工有没有特别有效或多余的行为		
关键行为的后果		
员工自己能否支配或控制上述后果		
员工事件处理中欠缺的方面		
备注：		
制表人：	日期：	

7）自我分析法

自我分析法即通过培训对象的自我评价，如对岗位知识、技能、掌握程度等内容的分析，结合自身的职业发展规划，来判断个人培训需求的一种方法。具体样表见表 5–6。

表 5–6　培训需求分析的自我分析法示例

姓名：		部门：	
岗位：		工作年限：	

分析项目：
　　岗位任务所需条件
　　岗位工作胜任情况
　　工作成绩
　　工作失误及遇到问题
　　自身优点
　　个人不足
　　应加强哪些方面的学习
　　未来的职业发展规划
　　学习目标及学习标准
　　学习方式
　　部门主管意见：
备注：

　　　　　　　　　　　　　　　　　　　　　　　　　　　　　　　　　年　　月　　日

　　以上培训需求分析方法各有优缺点和适用条件，方法的选择主要取决于培训本身的要求，企业必须首先依据自身条件，再结合各方法的优点和缺点，最后确定培训需求分析的方法。例如，一个 20 人的小企业通过访谈就可以知道每个员工的基本培训需求和岗位差距；而一个 2 000 人的企业的培训需求调查靠访谈却很难实现，而用调研问卷法则更容易，也更能了解到普遍情况。

　　这里给出三个建议：选择两种或多种方法进行组合，可以弥补缺点，提高效果；允许培训对象就他们认为重要的问题自由发表意见，从而获得真实的信息；做好充分准备，分析进行之前一定要明确目标，找准关键数据和关键数据来源。

3. 确定培训需求项目的优先级

　　培训资源有限，而培训项目众多，所以需要对培训项目确定需求的优先级。此时培训者面临的挑战是，将这些需求进行分类，哪些是需要立刻处理的，哪些是可以稍后处理的。

　　可以从重要性、紧急性、接受性、可行性、经济性等维度，对培训需求进行优先级排序。

　　（1）重要性：哪些业务单元、项目、行为对提高企业竞争力更重要？可以通过相关人员的头脑风暴法，找出对企业竞争力有影响的问题，根据 80/20 原则，将影响最大的 20%问题的解决作为高优先级培训项目。

　　（2）紧急性：越是紧急的培训越是要优先开展，不要迟疑。

　　（3）接受性：有多少员工应该接受培训？为整个业务部门上线培训，要比为一些个人开展培训更加合理，更能被员工接受。优先培训高忠诚度、高经验值、高绩效、高潜能、高传承能力的"五高"人才，由他们去带动其他人才，效果会更好。

　　（4）可行性：对目前的资源条件来说，更能够实现的培训项目可以先行。

　　（5）经济性：如果面对多个优先事项需要同时兼顾，可以采用灵活多样化的、经济的方法。例如，可以将解决方案多样化，这样可以兼顾多面，提高效率；又如，给第一组人安排课堂式培训,给第二组人分发已有资料让他们自主学习,给第三组配给有专家指导的虚拟在线课程。

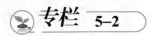

神华集团的"项目方案评价矩阵"[①]

神华集团管理学院的研究团队根据评价目标,从学院自身特点出发,借鉴"波士顿矩阵"设计思路,开发了"项目方案评价矩阵"。该矩阵以"项目重要性"和"资源匹配度"两个维度为划分依据,将学院拟实施项目方案进行评价,评价结果分为四类:"明星项目""问号项目""金牛项目""板凳项目"。明星项目指的是项目非常重要,完全符合学员学习需求,而且资源配置合理,能够实现培训价值最大化的项目;问号项目指的是项目重要性程度高,但在项目设计方案中对于培训资源的配置和利用有待完善;金牛项目指的是项目需求紧迫性较低,但可以有效利用各类培训资源的项目;板凳项目则指由于项目启动的紧迫性低,而且资源配置尚不到位,可以暂缓实施、保留观察的项目。对于培训项目的评价,有助于培训组织者更加清晰地掌握项目定位以及对项目在实际运行过程中的评估标准。

5.2.3 制订培训计划

1. 员工培训和开发计划的内容

一般来说,一个科学而有效的培训计划的框架应当涵盖 6W2H,即 why(培训目标)、what(培训内容)、who(培训者)、whom(培训对象)、when(培训时间)、where(培训地点及设施)、how(培训方法)及 how much(培训费用)。

1)培训目标

明确培训要达到的效果,为培训效果评估提供评价标准。对于培训目标的设计,就是要明确阐述受训者在接受培训后,获得了什么,改变了什么,能够做什么,以及能够做到什么程度等。

培训项目的目标,应当包括三个构成要素。

① 内容要素,即企业期望员工做什么任务。

② 标准要素,即企业期望员工以什么样的标准来完成这个任务。

③ 环境要素,即在什么条件下要达到这样的标准。

例如,在对企业的售后服务人员所进行的顾客服务培训中,培训目标之一就应当这样设置:"培训结束后,员工应当能够在不求助他人或者不借助资料的情况下(环境要素),在半分钟内(标准要素),向顾客解释清楚产品故障的可能原因以及给顾客提供的解决方案(内容要素)。"

2)培训内容

根据培训目标进行培训内容的设计,才能有的放矢。不同的培训对象、不同的发展阶段,其培训内容是不一样的。销售人员和行政人员培训内容不同;即使是同样的销售人员,刚入

[①] 高杰,范新. 基于多维度全流程的培训效果评估体系研究:以神华集团管理学院为案例. 中国人力资源开发,2014(24):41.

职的培训和在职培训的内容也不同。

 专栏 5-3

华为的人才培训体系

华为培训体系是一个"分类分层、系统完善"的体系，包括新员工培训系统、管理培训系统、技术培训系统、营销培训系统、专业培训系统和生产培训系统。

（1）新员工培训系统。华为对新员工采取全封闭、半军事化的培训方式，将操练、课堂教学、分组讨论、团队竞赛、集体活动有效地结合。华为新员工培训致力于让新员工理解公司的价值观和经营理念，认同公司文化，掌握基本的工作常识和专业技能。

（2）管理培训系统。管理培训系统是面向公司各级管理者进行的管理实务培训。其课程体系是在围绕公司对管理者任职资格标准的基础上设计和开发的，采用案例研讨、角色扮演、管理游戏等多种教学方法，实践"学习—练习—行动"的培训模式，目的是明确并形成有效的管理思想和管理行为，有利于提高管理效果。

（3）技术培训系统。技术培训系统站在全流程培养的高度，对每一种角色从任职要求与职业发展两方面进行规划，使人才成长与公司发展相互促进，培养职业化的工程师与职业化的经理人。

（4）营销培训系统。营销培训系统的目的是既要能够满足公司对各级营销干部任职资格的要求，又要满足营销人员的个人职业发展需要。对应的营销培训课程包括营销人员上岗培训、提高培训和专项业务培训三大类。该培训整合公司内外部资源，聘请最优秀的教师开发课程和进行教学，达到对营销人员从知识、素质、技能等综合能力发展的目的。

（5）专业培训系统。专业培训系统主要针对人力资源、IT、计划、流程管理、采购等岗位的员工，致力于为公司培养各专业方面的专家。培训课程是按专业职位任职要求和员工专业发展进行设计和开发的，为员工业务提高、职业发展提供有计划的系统培训。

（6）生产培训系统。生产培训系统主要是针对生产类型员工设计的。但是华为公司的生产部门的各个岗位之间的任职资格要求有较大跨度，所以华为对该部门员工实行"集中管理，分层实施"的培训管理体制，即根据各个不同的岗位自身特点分别制定并组织各项培训，只是对多个岗位共同需求的知识技能组织统一培训。培训内容紧密结合公司岗位任职资格要求，以达到在本岗位的任职能力要求并不断提升为目的。

3）培训者

培训者既可以是外聘培训师（理论型的或者实战型的专家），也可以是内部培训师（管理人员或资深员工）。

两个渠道选择培训者各有利弊，因此企业应当根据培训内容、培训对象等具体情况来选择恰当的培训者。一般来说，通用的培训可以从外部选择培训者，而专业性的培训则要从内部选择培训者。也有企业是将这两种方法结合起来使用，就是长期从外部聘请相对固定的培训者，这样的培训者对企业的情况比较了解，可以兼顾外部的专业性和内部的可靠性，在一定程度上弱化了从单一渠道选择培训者的缺点。

4）培训对象

根据培训需求分析的结果确定接受培训的人员。

5）培训时间

合理安排培训时间，取决于培训内容、培训方法及企业资源条件。培训时间的确定要考虑两个因素：一是培训需求的要求，二是受训人员的意愿。培训时间确定得科学合理，一方面可以保证培训及时地满足培训的需求；另一方面也有助于受训人员安心接受培训，从而保证培训的效果。

6）培训地点及设施

培训地点，也同样取决于培训内容、培训方式及企业能够提供的培训资源条件。

7）培训方法

培训对象、培训目标和培训内容不同，培训方法也不同。

8）培训费用

为了更好地掌控培训成本，必须对培训过程的费用进行计划。通过培训计划的拟定，有利于结合企业资源，选择更适合企业的培训方案。

2. 员工培训常用的方法

针对不同的培训内容，培训方法主要有以下几种。

1）针对了解事实、掌握概念、了解规章制度等知识教育培训的培训方法

具体包括讲授法、专题讲座法、实地参观、网络自学等。

传统的培训方法是面授。其特点是：培训的知识有针对性；由内部培训师和外部培训师（专家）进行现场授课，深入讲解和示范。但是这种方法互动性较差，参与度较低。培训效果主要取决于授课教师的授课水平和讲授方式。

由于现在网络技术的发展迅速，现代组织更多地采用网络学习方式进行培训，即在线学习平台。通过这种方式，可以改变传统面授方式的缺点。通过网络进行课程学习的优点在于：网络上的社群精神有利于提高培训的互动性，网络上的学习方式更适合年轻一代的思维方式和价值观念；网络学习没有地点与时间的约束，选择空余时间随时随地学习，不影响正常工作；网络资源丰富，文字、音频、视频、图片形式多样，课程比较丰富，可以各取所需；网络课程学习的边际费用为零，所以培训人数越多费用越低。只要对受训员工的学习状况进行有针对性的教学与安排，采用合适的检验效果的方法，可以避免员工网络学习的惰性。

2）与解决问题的能力培训相适应的培训方法

具体包括案例研究法、商业游戏法、角色扮演法、课题式培训法等。

这些方法通过真实的工作情境的再现，让员工独立地思考和发挥集体的合作智慧，学会发现问题、分析问题和解决问题。优点是真实性强，员工参与度高。

案例研究法是结合组织管理的实际，以典型案例为素材，引导受训者进入特定的管理情景和管理过程中，并通过具体分析，建立真实的管理感受和寻求解决问题的方案。

商业游戏法是对实际管理工作的实物或软件模拟，一般是在游戏中设计若干角色，受训者各自扮演不同的角色，在一定的情境和规则下完成一系列的仿真活动。这种方法往往适用于经营管理岗位的培训，如ERP沙盘模拟实训、人力资源管理模拟、市场营销模拟实训、决策仿真模拟等。

角色扮演法，是指设定某种带有普遍性问题的工作场景，让受训者分别担任不同的角色，

按照自己的决策把事件的过程表演出来，其他受训者在旁边观摩、思考和记录，模拟结束后大家共同讨论，分析问题和解决问题。

课题式培训法，是指公司根据业务需要向员工布置课题，为了完成课题，员工们必须以个体或者小组的形式进行合作学习，公司提供所需的学习资源；在完成课题的同时，员工也完成了一次业务进修，而且这种业务学习的结果又往往和企业的奖惩制度结合起来。这种带着实际问题的学习，不仅从培训内容上，更是从学习动机上激发员工接受培训的意愿，提高培训的效果。

3）与创造性能力的培训相适应的培训方法

具体包括头脑风暴法、形象训练法和等价变换等创造性思维方式的讲授和练习等。

创造力是很难培养出来的，更多的创造性成果来自员工个体能力及企业创造的激励环境。但是，教会员工具备了创造性思维技能和专业知识，有助于提高员工的创造能力。企业员工创造力培训不仅仅是一种培养少数顶尖人才的精英式培训，而更应该是一种面向全体员工的、全方位的、着眼于员工成长和发展的培训，是一种要从个体的心智世界中源源不绝地诱导出一些提供最佳创意的人格特征的培训，其内容是十分丰富的。

创造性思维技能和专业知识，需要由专业的人员来进行培训。

4）与掌握和开发工作技能相适应的培训方法

具体包括师徒导师制、工作轮换法等。

师徒导师制是指由一定技能的老员工给新员工当师傅，进行全方位的指导，不仅仅在于业务、技术上的"传、帮、带"，还有思想上的指引、生活细节上的引领等，使他们迅速地融入到组织大家庭中来，缩短新员工的"磨合期"，使之尽快适应工作岗位，从思想上、感情上尽快地认可企业的制度和文化。师徒导师制的优点是，针对不同个体差异的员工可以进行针对性的指导，指导比较细致，并且随时可以进行，培训成本低。

工作轮换法是指给受训者安排新的工作岗位的一种在职培训方法。目的在于扩展受训者的知识和技能，使其能够胜任更多的工作。工作轮换的好处是：第一，可以增加工作调配的灵活性；第二，可以增加工作的挑战性和乐趣，激发员工积极性；第三，让受训者通过岗位轮换，可以从全局更好地思考问题，为承担更高层级的工作做准备。

5）与行为调整和心理训练相适应的培训方法

具体包括集体讨论法、拓展训练等角色扮演法、游戏法、教练技术、敏感性训练。

教练技术，也称教练型领导力培训，是一项通过改善受训者心智模式来发挥其潜能和提升效率的管理技术，指导受训者如何进行心理和行为的改变，以全身心投入的态度朝着自己期望的目标前进。其基本方法是通过提问和倾听，解除情绪问题，建立员工对周边环境和自我的意识，建立责任感，树立自信。教练技术包括四个步骤：理清目标，反映真相，调整心态，制定行动计划。

敏感性训练，又称为T小组法，简称ST（sensitivity training）法。敏感性训练要求受训者组成一个小组，在小组活动中，要充分暴露自己的态度和行为，小组成员要就个人感情、态度及行为进行坦率、公正的讨论，相互交流对各自行为的看法，并说明对方的行为给自己带来的情绪反应。目的是要提高受训者对自己行为和他人行为的洞察力，了解自己在他人心目中的形象，有利于纠正自我感知偏差；真实感受与周围人群的相互关系，在培训师的指导下学习与他人的恰当的沟通方式，提高自己在各种情况下的应变能力，在群体活动中采取建设性的行为而不是破坏性行为。敏感性训练法适用于：组织发展训练，晋升前的人际关系训练，中青年管理人员的人格塑造训练，新进人员的集体组织训练，外派人员的异国文化训练，等。

拓展训练，通常利用在自然环境中建设的设备设施，受训者通过精心设计的类似游戏的培训活动，从游戏中激发发现问题、分析问题和解决问题的能力，积累成功的经验和失败的教训，然后在培训师的引导下进行讨论和反思，把拓展训练中的感受和自己的工作目标、执行力、工作态度、人际关系处理结合起来，达到完善人格、凝聚团队的培训目的。

3. 员工培训方式的选择

（1）培训目标。培训目标对培训方法的选择有着直接的影响。一般来说，培训目标若为认识或了解一般的知识，那么，网络学习法、讲授法、专题讲座法、讨论法、案例研究法等多种方法均能采用；若培训目标为掌握某种应用技能或特殊技能，则演示示范法、岗位实习、实操性模拟训练等方法应列为首选。

（2）培训所需时间。由于各种培训方法所需要时间的长短不一样，所以培训方式的选择还受时间因素的影响。有的训练方式需要较长的准备时间，如多媒体教学讲授法；有的培训实施起来则时间较长，如网络学习，这就需要根据企业组织、学习者以及培训教员个人所能投入的时间来选择适当的培训方式。

（3）培训所需经费。有的培训方式需要的经费较少，而有的则花费较大。如讨论法、案例研究法、角色扮演法等方法，主要是场地费、培训师课时费等，而拓展训练，往往要在自然环境优美的郊外，除了场地费、培训师课时费外，还要差旅费和食宿费等，花费就要大一些。因此，需考虑组织与学员的消费能力和承受能力。

（4）受训学员数量。学员人数的多少还影响培训方式的选择。当学员人数不多时，小组讨论法、角色扮演法、游戏法是不错的培训方法；但当学员人数众多时，网络学习法、讲座法、研究课题法、示范法等比较适当。因为学员人数的多少不仅仅影响培训方式，而且影响培训的效果。

（5）受训学员特点。学员所具备的基本知识和技能的多少，也影响培训方式的选择。例如，当学员毫无网络知识或者掌握很少网络知识时，计算机化训练或多媒体教学法就不太适用；当学员的教育水平较低时，自我学习的效果就不会很好；当学员大多数分析能力欠佳并不善于表达时，小组讨论的方式将难以取得预期的效果。因此，培训方式的选择还应考虑学员本身的知识状况、身心成熟度和接受能力。

（6）培训资源支持。有的培训方式是需要相关的科技知识或技术工具予以支持的。例如，讲座法、研讨法、角色扮演法等需要培训教室；网络学习法至少需要有网络知识和好的培训资源；敏感性训练和教练技术，需要专业的培训师才能取得优秀的培训效果。所以，培训单位或组织能否提供相关的技术和器材，将直接影响高科技训练方式的采用。

5.2.4 促进培训成果转化

培训效果真正转化为企业效益，还有一个重要环节，那就是要促进培训成果的转化。培训成果转化是指把培训中所学到的知识、技能和行为应用于实际工作的过程。它受受训者特点、培训项目设计和工作环境三个因素的影响，如图5-5所示。

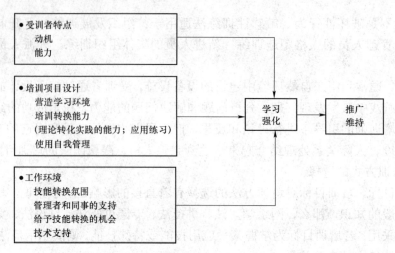

图 5-5　培训成果转化过程模型

其中，营造良好的工作环境对培训成果转化具有重要意义，而且这些环境因素都要靠直线经理来创造。促进培训成果转化的工作环境特征主要有：直线经理和同事对受训员工使用新技能、新方法的鼓励；工作按照适用新技能的方式重新设计；对使用从培训中获得的技能和行为方式的受训员工允许犯错并不公开责难；对受训员工因应用从培训中获得的技能和行为方式给予物质奖励或精神奖励；对受训员工应用新技能提供资金和设备支持；给予受训员工进行创新的机会；良好的信息技术系统的使用可支持知识共享和学习成果的保存与积累等。

5.2.5　培训效果评估

1. 培训效果评估流程

培训有没有效果？无论进行培训的人力资源管理部门、直线部门经理还是投资培训的决策层都必须明确回答这个问题，否则就是盲目投资的行为。培训效果评估，是总结培训经验教训的重要环节，也是培训活动的一个重难点。

培训效果评估的思路主要有两类：一类是对培训结果的评估，另一类是对整个培训过程的评估。从培训作为一项管理活动、培训评估作为一项控制活动的角度来看，要保证培训效果，必须对培训过程和培训结果都要进行评估。

1）对培训过程的效果评估表

美国学者斯塔弗尔比姆（Daniel Stufflebeam）认为培训作为一项管理过程，应该全程进行培训，并提出了关于培训效果评估的 CIPP 模型，即：情景（context）评估，输入（input）评估，过程（process）评估，成果（product）评估。培训过程的效果评估表示例如表 5-7 所示。

表 5-7　培训过程的效果评估表示例

	含义	计划	实际	评估总结
情景评估	主要用来评估培训的目标正确与否。对外部环境和公司的问题进行诊断，对培训需求背景进行评估			

第 5 章　员工培训和开发

续表

	含义	计划	实际	评估总结
输入评估	主要用来评估资源配置是否可以实现目标。包括工作计划、所需设备、经费预算和人力资源等，对各类资源进行分析，确定培训资源配置使用的策略			
过程评估	对培训计划执行过程进行评估，为实施培训项目的负责人提供信息反馈，帮助其修改和调整培训计划。包括可能存在的问题，潜在的失败因素等			
成果评估	主要对培训结果进行衡量，并对培训目标进行比较分析，找出原因，为以后的培训提供参考依据			

该理论主张培训效果评估应与企业培训工作同步开展。培训经理和直线经理都应该关注整个培训过程，在过程中及时发现不足、总结经验和及时纠偏，为后续项目提供同步参考。

2) 对培训成果的评估指标体系

对培训成果的评估指标体系，柯克帕特里克 (Donald L. Kirkpatrick)、考夫曼 (Kaufman) 和菲利普斯 (Phillips) 从不同的角度提出了自己的模型理论。

柯克帕特里克提出了培训效果评估理论，即四层次模型，包含四个层面：一是反应层，受训者对整个培训过程的满意程度评价；二是学习层，检验受训者培训结束后的学习效果；三是行为层，受训者回到工作岗位后行为的改变；四是结果层，评估企业绩效因为员工培训而改进的情况，如是否节省了成本、工作业绩是否提高和产品质量是否改善等。第一层次和第二层次的评估标准是在受训者返回工作岗位前收集的，第三层次和第四层次的评估标准则主要衡量受训员工在工作中应用培训内容改进工作绩效的程度。

柯克帕特里克的四层次模型是目前应用最广泛的评估模型，它简单、全面，有很强的系统性和操作性，能解释有关培训的大多数资料，为以后评估模型的发展研究奠定了基础。但是，该模型缺乏对培训效用大小的衡量，使培训效果缺乏说服力，因此后来不断出现了在此基础上的扩展模型。

考夫曼的五层次评估，扩展了柯克帕特里克四层次模型，他认为公司培训能否成功，培训前的各种资源的获得和支持也是至关重要的，因而应该把这个要素加在反应层评估中。并且培训所产生的效果不仅仅要求带来暂时的企业经济效益，而且还要能服务社会，带来持久的发展力，因而他增加了第五个层次，即评估社会和客户的反应。

菲利普斯的五级投资回报率模型，主要是针对公司培训发展的投入进行评估的一种评估模型，是在柯克帕特里克的四层次模型上加入了第五个层次：培训的投资回报率。

综合考夫曼和菲利普斯的理论模型，都建议增加第五个评估层次。实际分析后可以看到，第五个层次实际上都属于在企业层面的培训效果评估，可以放在柯克帕特里克第四个层次中。该综合模型暂命名为"基于柯克帕特里克培训效果评估层次模型的综合模型"，其具体含义和评估指标如表 5-8 所示。

表 5–8　基于柯克帕特里克培训效果评估层次模型的综合模型示例

评估层次	评估标准	评估重点	评估示例	常用的评估工具
1	反应层	对整个培训过程的满意程度；对培训的后勤资源条件的满意度	你对培训内容是否满意；你对培训师是否满意；你对培训方式是否满意；你对培训的资源支持是否满意……	观察法，调查问卷，访谈
2	学习层	培训后在知识、技能、态度、行为方式的收获	能不能按照安全操作规则来操作；管理学原理考试成绩如何；测试领导技能有没有提高……	书面测试、操作测试、情景模拟测试、培训总结、工作行为观察等
3	行为层	培训后工作中行为的改进	缺勤率；事故发生率；产品质量合格率；员工人际关系是否改善	来自受训者的上级、下属、同事和本人等的 360 度评价，出勤、犯错等的档案信息
4	结果层	培训后企业业绩的改变；相关利益者的评价；品牌价值的变化；培训的投资回报率（ROI）	骨干员工流失率；员工个人能力提升；人均销售额增长率；人均利润增长率；成本节约率；ROI=（培训收益−培训成本）/培训成本；顾客投诉率；供应商满意度；品牌价值排行……	人事考核数据，财务报表中的销售额、成本、利润等财务指标；顾客满意度调查，供应商满意度调查；行业品牌价值排行榜等

但是按照这个综合模型，在实践中，第四个层次的评估存在操作难的问题，原因是培训的投入和收益之间的因果关系很难界定。企业经营效益不仅仅来自培训的受益，还有许多其他因素也会影响企业的经营结果。举例来说，销售利润的增长，可能是最近销售人员接受培训后，销售技巧和服务能力提高导致的，也可能是当时开发的新产品进入成熟期，市场销售火爆带来的。正因为操作难的问题，很少企业能够较好地达到结果层的评估。要比较真实或者相近的测量培训效果，必须排除培训之外的其他因素的影响，因此设计较好的评估方案是非常重要的。

直线经理要收集员工绩效的相关信息，核对员工的工作职责及既定目标的数据，在数据信息的基础上对员工绩效进行评分。除了评分外，直线经理还应该要指出员工在哪方面做得不错，哪方面欠缺，并写下评估结果；同时，要将这些评估信息和员工分享。

2. 培训有效性评估方案设计

要了解培训产生的真正效果，企业需采取合适的培训效果评估方法。具体方法有以下几种。

1）培训前后测试评估

受训者在受训前测试一次，培训后再测试一次，前后的表现有显著不同，就证明培训有效。这种评估方法比较简单，但不能很好地排除培训过程中其他外部干扰因素的影响。该方法对于短期能够显示效果的培训比较适合，如员工操作技能的培训；但对于需要长期时间才能显现效果的培训项目，如员工工作态度、价值观的培训，就需要延长测试时间才能有效。延长测试时间，就不可避免会有外部干扰。

2）时间序列评估

时间序列的假设是：受训者不管是否接受培训，本身也可能在改变。因此，企业会对受训者在受训前和受训后做多次测量评估，以记录不同参考点的数据，以便比较。只要发现受训后的各个点的数据变化显著，便能证明培训是有效的。例如，对销售人员进行销售技能的培训效果评估。对销售人员的销售业绩在受训前的连续三个月每个月都进行记录，第四个月进行培训，然后在接下来的连续三个月每个月都进行记录，如果培训后每个月的销售额增加量都比培训前显著，那就说明培训是有效的。

3）对照测试法

为了减少外部环境因素对培训效果的干扰，组成实验组和对照组。将随机抽样选出来的员工分成两组，即实验组和对照组，并需证明两组原来并无特定差异，只有实验组接受培训。因为两个组的外部影响一样，所以在培训结束后，再对两组进行比较。只有当实验组改变而对照组没有改变时，便能证明受训者的改变是来自培训的作用结果。

4）时间序列控制

这是将时间因素和控制因素结合起来的做法。以随机抽样方法将员工分为实验组和控制组，只有实验组接受培训。两组员工在实验组受训前后都接受多次评估，当实验组在受训前后出现明显差异，而控制组没有差异时，便能证明培训是有效的。

5）所罗门四组

有研究显示，分组测试的方案有时也不能测出真实的培训效果，因为会出现"霍桑效应"——受训者可能因为有机会参加培训而积极性高涨，工作绩效得到提升，但这与培训本身的关系并不大。为克服这一误差，学者所罗门（Solomon）设计了"所罗门四组"方法，通过增加对照组的数量，尽量减少测试误差。

此法以随机抽样方法将员工分成四组，其中两组是实验组，在受训前后均接受评估；另外两组是对照组，在实验组接受培训后，与对照组同时接受评估。倘若实验组比对照组表现好，就证明培训有效；倘若两个实验组表现相当，而两个对照组表现也不分上下，证明评估设计没有瑕疵。

3. 培训效果评估报告的撰写

在收集和分析培训效果数据后，培训经理要撰写培训效果评估报告。

培训经理在给出的培训效果评估报告中，要包括如下内容：培训项目评估的背景、培训项目评估的目的、培训效果评估实施的过程和方法、培训效果评估结果的分析、改进培训有效性的对策。

如果培训项目得到了受训者的认可，收效很好，则这一项目继续进行；如果培训项目没有什么效果或存在问题，培训部门就要对该项目进行调整或考虑取消该项目；如果培训项目的某些部分不够有效，如内容不适当、授课方式不适当或受训者本身缺乏积极性等，培训部门就可以考虑对这些部分进行重新设计或调整。

4. 培训效果的反馈沟通

在培训评估过程中，人们往往忽视对培训评估结果的沟通。经过分析和解释后的培训评估报告应该转给相关人员，让其知道培训结果，而且相互沟通，达成共识。

一般来说，企业中有四种人是必须要得到培训评估报告的。

（1）培训经理。他们需要这些信息来改进培训项目。

（2）培训决策者。他们决定着培训项目的未来：应该为这些培训投入更多的资金吗？这个项目值得做吗？

（3）受训者。他们应该知道自己的培训效果怎么样，这种意见反馈有助于他们继续努力。

（4）受训者的直接上司。他们需要知道培训效果作为对受训者奖惩、晋升的参考，以及本部门对培训工作配合的工作改进。

5.3 经理人指南

5.3.1 直线经理在员工培训和开发中的主要职责

1. 为员工提供定向培训

帮助员工对公司业务流程的初步（或重新）认识，和新同事相互认识，讨论员工的工作职责和上司对员工的绩效预期，宣讲公司文化和部门亚文化，增强部门员工凝聚力。

2. 参与制订培训计划

记录并管理员工或团队绩效，评估本部门员工的培训需求，并对满足这种需求的培训方法给出建议，甚至是作为培训者要承担一些培训任务；监控和分析经营环境，和培训部门共同确定培训目标；参与界定培训产出。

3. 参与实施培训计划

和人力资源部保持密切的配合，保证下属受训人员有时间、有精力、有动机参加培训；询问培训进展，并对自己的员工进行督导面谈，及时了解受训员工对培训过程的反馈；直线经理也可能是培训者，要做好充分的准备，随时随地对下属员工提供岗位培训；为培训提供一定的资源条件。

4. 为培训效果评估收集信息

对培训效果进行持续的跟踪评估，配合培训部门收集培训效果评估的资料，及时纠正培训中的偏差，把培训效果反馈给培训部门，并提出自己的意见和建议。

5. 确保培训成果的转化

培训成果的转化很大程度上依赖于直线经理的管理。比如，通过与员工讨论培训课程内容在实际工作中的应用，为员工分配与培训内容相关的工作，建立培训成果应用的奖惩制度，对完成工作提供资源支持，创造一个良好的环境，能更好地确保培训成果的转化。

5.3.2 直线经理在员工培训和开发中需要修炼的管理技能

直线经理作为管理者，同样要具有概念技能、人际技能和专业技能。

1. 明确培训的战略地位以及自己的职责和角色

摒弃过去的错误认识：培训工作本来就是培训部门的事儿，和我们没有关系。从培训经理和直线经理的工作分工可以看出，培训工作离不开直线经理的配合和参与。只有两者相互配合，才能达到培训目标。

2. 具有协作和沟通能力

在培训中需要的计划能力、组织能力、领导能力、激励能力和控制能力，也是直线经理的基本管理能力。但在培训工作中，更强调团结协作能力。因为在实施培训时，直线经理需要在工作紧张、人员紧缺的情况下，克服困难，保证培训的开展，所以更需要有大局观，以及处理冲突、协调关系的能力。

3. 了解培训工作的基本流程

直线经理虽然不是人力资源管理的专业人士，但是至少要明确培训工作的基本流程和基本原理，才能做好协同配合、参谋建议工作。

专栏 5-4

大数据时代对培训管理者的挑战

央视新闻报道，15 岁的美国少年杰克·安德拉卡因朋友患癌离世而立志发明了测癌试纸，摘得 2012 年度英特尔国际科学与工程大奖赛的顶级大奖。这项神奇的发明目前已被许多美国科学家认同，还有人宣称这项医学发明甚至有望改变整个医学史的进程……这位少年的学习资料居然全部源于互联网搜索！

互联网时代，人们的学习与信息获取，不再是找寻和囤积，而是随时随地地选择及吸收，但如何在海量信息中打捞有用的信息还是很多人的薄弱之处。所以大数据时代，对培训管理者而言，对培训需求的洞察在传统之上需要增加一条——帮学员发现"不知道自己不知道"的地方，目的是让学员保持开放学习的心态和提高"书到用时方恨少"时查找的精度与速度。这就要求培训管理者的知识面有足够的宽度，同时保持敏感度与横向思考习惯，即使是学员擅长的专业领域的东西，你的新知识获取也要比学员快，起到"新闻联播"甚至"天气预报"的作用。

培训管理者提供的培训产品想要避免黔驴技穷和被学员选择性抛弃，可以试试互联网公司常干的事情——用户创造内容，要有"从用户中来，到用户中去"的产品精神，和学员共同创造与萃取出本企业强独特性的知识，这样的学习既有工作实践意义又能让独一无二的企业知识得以留存和增长。

重点提示

● 如何理解员工培训对提高组织竞争优势的作用、怎样实施员工培训来实现组织发展战略、促进组织变革，这是每一个直线经理在其管理实践中必须重视的问题。

● 直线经理在具体实施员工培训的过程中，应当与人力资源管理部门的专业人员密切配合，结合本部门情况及其对本部门员工的了解，给员工培训工作提供有力的建议，避免员工培训工作脱离实际，浪费资源。

● 直线经理同时也是员工培训和开发的具体实施者，因此必须具备正确的培训理念，掌握培训工作各环节的具体操作，并对培训工作做好组织管控。

讨 论 题

1. 评价这种说法：培训不是万能的，但是没有培训是万万不能的。

2. 企业培训需求分析的价值是什么？员工培训需求分析的步骤和方法都有哪些？
3. 在"互联网+"的新时代，有哪些新的培训方式更加有效？
4. 培训效果评估，往往在培训的成本收益分析上很难确认。如果某公司准备对研发人员的技术培训效果进行评估，请提出一些简单可行的方法。

 案例研究

星火公司的员工培训

星火公司是一家大型制造型企业，该公司准备安装智能制造系统和智能办公软件。该系统的目的是要使该公司的许多工作任务自动化和智能化，如智能化生产线操作、更新库存报表、回答顾客询问及收集顾客信息等。

星火公司的管理人员知道，这个智能系统的安装要求对员工进行广泛的再培训，这几乎会对公司所有的700多名员工产生影响，而且这种影响不仅仅是在使用新系统的技术方面。此外，由于每个员工会更相信别人准确输入系统中的信息，人际关系会变得更加相互依赖，员工们变得不知所措：突然间他们拥有了许多依赖他们的"顾客"，而事实上这些顾客是公司内其他部门的员工。

公司的培训负责人在实施培训计划时体会到："我们认识到仅提供技术培训不能保证新系统的成功运行。"当系统投入运行时，使用这个新系统的所有员工都需要掌握和处理他们将经历的变化的手段，通过培训将系统运行可能引起的压力和混乱降到最低。

该公司员工的受教育程度参差不齐。有三分之一的人在仓库工作，负责产品的包装、装运和仓储等物流业务，这些员工的教育程度普遍较低，但吃苦耐劳，公司上线智能设备，这些人不培训显然是不能操作并理解工作原理的；另有三分之一的人在采购、制造部门，普遍是技校和高职毕业生；另外的职能部门，都是受教育程度较高的白领员工。

在确定培训计划时，星火公司面临多种选择。由于公司已有一个完整的内部培训部，可以由内部培训部来实施培训；另外，要在很短的时间内对700多名员工进行培训，在培训计划运作方面，培训部可能需要得到专业机构的服务。培训部还必须考虑要采用的各种培训方式，如研讨班、录像教学、讲座及书籍等。星火公司考虑请一个著名的咨询公司来做，该公司在迅速设计大规模培训计划方面享有盛誉，其培训开发方式主要是利用书面资料和录像资料组织研讨、参与式练习、范例及讲座实施研修。

但是，在决定究竟是由公司内部还是让咨询公司来组织实施培训计划之前，星火公司认为必须明确培训目标。例如，除技术方面的培训之外，还需要让使用该系统的员工更进一步以顾客为中心，也许必须开发员工沟通和提高业务判断力的技能，以便在他们需要从该系统得到数据而有关人员目前还不能提供的特殊信息时，能够让他们了解自己的需求。

思考和讨论题：
（1）你认为星火公司的员工需要接受哪些内容的培训？
（2）你认为请外部的咨询公司来组织这个培训比较合适，还是由星火公司自己来组织实施比较合适？为什么？
（3）无论是由星火公司还是由咨询公司来做这个培训项目，请撰写这项培训计划。

第 6 章

绩 效 管 理

学习目标

◎ 理解绩效管理在提高企业竞争优势中的作用；
◎ 掌握如何开发绩效管理系统；
◎ 掌握各种绩效考核评估的方法。

开章案例

德勤：重构绩效管理[①]

问题：已有绩效评估系统成本高，效果差

众所周知，德勤是一家世界著名的咨询公司，全球共有 6.5 万名员工。这家公司的 HR 做了一个统计，他想知道他的经理们每年花在绩效管理上的时间是多少；答案令人吃惊，他们全球的经理们一共花了两百万个小时去做绩效管理。他们又做了一个问卷，调查高管对于绩效管理的考核体系的满意度，结果 58%的高管都不满意。之后，HR 又观察其中 4 492 名中层管理者给员工的打分情况。通过以上方式发现有 62%的偏差，员工的实际表现和中层经理打分的差异非常大。在拿到了这些数据之后，德勤的 HR 做了一个决定，要改变已有的绩效管理模式。

解决方法：重构一个有效的绩效评估体系

HR 和经理们相互沟通与咨询应该如何改变这种情况。最终大家希望设计一个灵活、实时和个性化的绩效管理体系，来满足三个要求。

（1）目标明确：肯定员工绩效，通过不同奖金来激励员工。

（2）两大挑战：如何应对特殊评分者效应，以及如何精简传统评估、项目打分、共识会议和最终评估流程。

（3）关键：提升员工业绩，能有效激励员工表现。

德勤新的绩效管理起名为"绩效快照"，即让项目经理在每个项目结束时，给员工进行打分。具体分为四个方面。

薪酬：根据对此人的了解，如果我用自己的钱为他（她）支付奖金，我会给予其最高的奖励。（衡量其表现以及对组织的价值，选项从 1 分的强烈不同意到 5 分的强烈同意。）

团队：根据对此人的了解，我希望他（她）能永远留在自己的团队工作。（衡量与他人

[①] 白金汉，古铎. 颠覆传统绩效管理. 哈佛商业评论，2015（4）：40.

的合作能力，以同样的5分选项打分。）

业绩：此人濒临表现不佳的境地（判断可能有损客户或者团队的问题，选择"是"与"否"）。

发展：此人如今已经符合晋升的条件（衡量潜力，选择"是"与"否"）。

日常沟通要求每周绩效回顾（check in）：① 每周主管与员工沟通一次；② 建议由组员发起；③ 沟通内容要简单、快捷；④ 通过这个沟通平台进行探索和分享。

所以，德勤年终评估分为以下几个部分：① 日常绩效快照分数汇总；② 团队其他同事表现；③ 工时；④ 销量；⑤ 员工优势自评。这5个维度供经理参考后给员工打分，这就是德勤的年终评估，通过年终评估就能使这些数据作为绩效结果的运用。

效果：新的绩效评估系统与竞争优势的获取

（1）重构后的绩效评估系统与德勤的业务模式相匹配。作为提供知识产品与服务的公司，其业务模式决定了：员工的积极性、敬业度会影响企业的短期绩效；而员工的能力提升则会影响企业的长期绩效。因此，德勤绩效管理的"三大目标"是提升其企业绩效的"要穴"所在，花成本来重构，可以使企业得到高回报。

（2）"绩效管理"的结果能够得到薪酬、晋升、能力发展体系的配套支持，使得人才输出、敬业度提升能够形成良性循环。

（3）它紧扣管理工具的成本效益——管理者与被管理者在此过程中所投入的"时间"回报如何，回报更高的方式是什么？（管理者使用这些数据结果能够大幅节省时间，就可把节省的时间用于员工未来发展上。）

6.1 绩效管理与获取组织竞争优势

有效的绩效管理系统能够通过以下四种途径培育组织的竞争优势。

1. 支撑组织战略

绩效管理应当将员工的工作活动与组织的目标联系起来，从而达到战略目的。绩效管理的起点是明确组织对每位员工的期望。即能够有效地界定为了实现某种战略所必需的结果、行为及员工个人特征，并设计出相应的绩效衡量和反馈系统，以确保员工能够最大限度地展现出这些特征，表现出这样一些行为及制造出这样一些结果。绩效管理对每个员工的绩效进行评估，判断哪些期望实现了，而哪些期望没有实现。它使组织能够采取修正的行动。当衡量指标真正与组织战略结合起来，而且目标和绩效反馈能够传达给员工的时候，绩效管理系统将有效地实现对企业战略的支撑，进而获取组织的竞争优势。

2. 提高员工工作绩效

一方面，良好的绩效管理系统使员工明确组织对他们的期望，进而把他们的行为引导到适当的方向，使得他们的注意力更加集中于完成组织计划中属于他们的那一部分的进展情况；另一方面，良好的绩效管理系统为管理者们提供了一个系统地监督其下属工作绩效的方法，可以测量员工绩效与组织战略计划相一致的程度。这种监督使得管理者们能够通过承认和奖励员工的良好工作绩效以激励他们绩效达标。另外，如果对绩效不满意，管理者们可通过确认和改正员工的绩效问题，进而提高他们的工作绩效。

3. 为正确的人力资源管理决策提供信息

组织在进行很多人力资源管理决策时，都需要用到绩效管理（尤其是绩效评估）的信息，如员工培训、薪资管理、职位晋升、保留或解雇等。例如，基于准确评估的薪资决策能够通过提高员工士气去增强竞争优势；通过确保被晋升的员工有能力承担新岗位的职责并且干得出色，使用有效评估系统作为晋升决策可增强竞争优势；有效的绩效反馈能够准确反映员工的优势、弱点和不足，并在其工作完成情况没有达到其所应当达到的水平时，提供改善其绩效的方法，为组织进行有针对性的员工培训和开发提供依据。

4. 提高员工的工作满意度并降低流失率

通常，员工相信诸如加薪、升职等奖励应以工作绩效为基础，而当使用一些其他的依据时（如与上级关系的亲疏）可能会导致员工的不满，甚至离开。好的员工大都渴望在一个感觉公平、有活力的氛围中工作，而有效的绩效管理系统促进了这种感觉。

6.2 绩效管理的问题及实践

6.2.1 绩效管理系统的设计

一个有效的绩效评估系统应至少包括绩效计划的制订、绩效的实施和绩效的反馈与改进三个方面的内容。

1. 绩效计划的制订

企业管理活动离不开计划的支撑，绩效计划是进行绩效管理活动的基础性环节。绩效计划工作主要包括四部分的内容。

1）制订绩效管理实施计划

制订具体的绩效实施计划主要是对绩效管理的整个流程运作从任务上、时间上、方法上及宏观层面和微观层面上进行总体规划，如在哪一具体时间段开展什么工作以及谁来做、做的具体效果要达到什么水平和层次等细节性问题。

2）确定绩效目标

绩效目标是开始全面绩效管理过程的起点。主管和员工一起讨论，以搞清楚在计划期内员工应该做什么工作，做到什么地步，为什么要做这项工作，何时应做完，以及其他的具体内容等。

3）编制绩效考核指标

在编制绩效考核指标的过程中，要全面定义一个评价指标，需要考虑的问题很多：绩效衡量的目的、衡量的方法、衡量的尺度、绩效的目标水平、数据来源、谁来衡量等。

4）确定绩效评估周期

所谓绩效评估周期，是指多长时间进行一次考核。由于绩效考核需要耗费一定的人力、物力，评估周期过短，会增加企业的管理成本；绩效考核周期过长，又会降低绩效考核的准确性，不利于员工改进工作绩效，从而影响绩效管理的效果。专栏 6-1 给出了确定评估周期的建议。

专栏 6-1

确定评估周期的建议

1. 基于考核的目的

如果评估的目的主要是为了奖惩,应该使评估的周期与奖惩的周期保持一致;

如果评估是为了续签聘用协议,则评估周期应与企业制定的员工聘用周期一致。

2. 基于考核的绩效指标

对于任务绩效考核指标,可能需要较短的考核周期,如一个月甚至一周;

对于周边绩效考核指标,则适合于在相对较长的时期内进行考核,如季度、半年或一年。

3. 基于考核的岗位

如果岗位的工作绩效比较容易评估,评估周期相对要短一些。例如,生产一线员工的评估周期相对就可以比中层管理人员的要短,可以是一个月评估一次,也可以是一周一次。中层管理人员可以半年、一个季度评估一次。

高层管理人员的评估周期可能更长,往往是一年一次甚至是聘期考核。

如果岗位的工作绩效对企业整体绩效的影响比较大,则评估周期相对要短一些,这样将有助于及时发现问题并进行改进。例如,销售岗位的绩效考核周期就应当比支持性部门岗位的要短一些。

2. 绩效的实施

绩效目标的形成,仅仅是绩效管理工作的开始,而如何防止绩效不佳和共同提高绩效才是对管理者和员工真正的考验。绩效实施具体包括以下方面的工作。

1)绩效考核主体选择

(1)上级部门考核。具体又分为高层主管考核和多元主管考核两类。

① 高层主管考核。在很多企业中,由一名高级主管对直接主管的考核结果进行检查和补充。这个人对直接主管考核结果的反对或者赞成的意见可以抵消某些直接主管的偏见。

② 多元主管考核。组织几个与员工联系密切的主管组成一个评分小组,对员工做出评价。当员工在不同的环境中完成了不同工作任务的时候,这种多个主管的评价可以增加考核的信息量。

(2)直接主管评估。作为员工的直接领导者,上级对员工的工作技能、工作行为和工作结果最了解,因此在正常的情况下,上级对员工的考核结果比较准确;同时,在大多数企业里,员工的直接主管是负责其工资晋级和晋升工作的,由直接主管对员工进行考核,可以将员工的工作表现与奖励结合在一起,而且还可以通过绩效考核的过程,对员工的工作进行直接的指导和培训。当然,上级对员工的考核可能会在一定程度上受到与员工个人关系的影响,带有一定的个人偏见和好恶。

(3)同事或同级员工评估。同事或同级员工不仅清楚工作的要求,而且也是最有机会观察员工日常工作活动的人。在管理人员之间进行这种考核,还会有利于管理人员之间的工作配合,有利于各部门之间的合作与协调。但仍然有许多原因使这种方法不能被很好地使用。最普遍的原因包括以下几点:

- 同事评估很可能成为员工彼此竞争的牺牲品；
- 上级主管不愿意失去其在绩效考核过程中的控制权；
- 那些在绩效考核中得到较差结果的人可能会报复其同事；
- 同事会依靠世俗惯例来作出评估等。

(4) 下属评估。员工经常与其上司接触，并站在一个独特的角度观察许多与工作有关的行为。因此，下属非常适合去评价其上司在某些方面的表现，如领导能力、口头表达能力、授权、团队协调能力、对下属的关心程度等。但是，对经理人员工作的某些特殊方面运用下属评估却不太恰当，如计划与组织能力、预算、创造力、分析能力等方面。但在操作时，要注意"媚上"和"媚下"的现象。采用匿名提交的形式，并将多人的评估结果综合考虑可以在一定程度上解决该类问题。

(5) 自我评估。虽然自我评估并不经常被作为绩效考核信息的唯一来源，但是它仍然是非常有价值的。该方法能够给员工提供一个陈述自己观点、发表自己意见的机会，让组织更好地了解员工，增加员工的参与意识和满足感，提高员工对考核的认识，使考核工作能够更有效地进行；同时，自我评估促进员工对自我的认识，发现自己的问题和缺点，有利于改善今后的工作。但是这种绩效考核方法所存在的缺点是，它会导致个人有意识地抬高自己的绩效考核结果。自我评估一般用在绩效反馈阶段前期，通过它来帮助员工思考其自己过去的工作绩效，从而将绩效面谈集中在上级和下级之间存在分歧的那些绩效领域上。

(6) 客户评估。随着服务业的增长，与组织外部的客户有工作联系的工作越来越多。当员工所从事的工作要求其直接为客户提供服务时，无论是上级、同事还是下级都没有机会去观察员工的行为，因此，客户就成了最好的绩效信息来源。此外，当公司希望通过搜集信息来了解客户希望得到什么样的产品或服务时，利用客户评价的方式也是很适合的。

总之，到底哪一种信息来源应用于绩效评估是最好的，最终还取决于工作的具体情形。最好的绩效信息来源应当是那些最有机会观察被评估者行为及其结果的人。

2) 执行绩效考核

当确定了评估主体并进行了恰当的培训后，就应按照企业绩效考核方案进行评估，由人力资源部门组织，并通过直线部门进行。

(1) 收集信息。员工的直接主管要收集绩效相关信息，知道有哪些人给了员工反馈，给员工反馈的这些人可能是团队成员也可能是供应商，还有可能是别的主管。既然员工在现任职位的绩效是中心议题，就需要收集有关重要工作职责及既定目标的数据，在数据信息的基础上评定员工绩效。

(2) 做出评估结果。评估者通过对员工各方面材料的掌握，在评估表格上记录下员工在各评估项目上的结果和评估意见，且提出一些评语，指出在哪方面做得不错，哪方面欠缺，并写下评估结果。如果员工对一些评估有异议，到时就要着重讨论有异议的地方。鼓励员工对自己评估有异议的地方提出问题，认真倾听员工的解释；如果员工没有异议，评估工作中最为关键的一步就结束了。对于仍有异议的评估，要有正式有效的上诉系统，以确保评估的公正性。

3. 绩效的反馈与改进

绩效实施阶段结束以后，就是反馈阶段。这一阶段上级就绩效考核的结果和员工进行面对面的沟通，指出员工在绩效考核期间存在的问题，并制订出绩效改进计划。为了确保绩效改进计划的顺利进行，还要对绩效改进的执行效果进行跟踪。

1）对评价结果进行反馈

对绩效考核指标和标准体系的诊断一般都在绩效管理的反馈阶段进行。绩效反馈的形式可以是多种多样的，如采用书面反馈、面谈反馈等形式。目前使用比较多的绩效反馈方式是绩效面谈。在绩效面谈中需要把绩效考核的信息及时传达给被评估者，指出其绩效的优点和不足，并提出具体的绩效改进建议和方案，以便激励被评估者持续地改进。在绩效管理实践中，由于面谈的目的和对象不同，绩效反馈的面谈有多种形式，如专栏6-2所示。

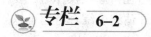

绩效面谈的形式

（1）告知方式。在面谈时，管理者向员工告知评估的主要过程和结果，告知其正确有效的行为与错误无效的行为，并向员工提出新的工作目标。这种面谈可能要求员工采取一种新的工作方式，主要适用于不适合目前工作的员工。

（2）告知和聆听方式。这种方式是先"告知"后"聆听"的形式。在面谈时，管理者告知员工绩效考核的结果，然后管理者听取员工的不同意见。该种面谈方式适合于新的绩效目标达成的情况，针对上进型员工，即工作成熟度和积极性都很高、工作表现突出的员工。

（3）问题解决方式。管理者以一种与员工共同讨论问题和解决问题的方式展开，鼓励员工回顾在工作中取得的成绩及存在的问题。这种面谈方式需要在反馈的基础上，帮助员工提出改进工作绩效的计划与目标，更适用于促进员工潜力的开发与提升以及员工的全面发展。

（4）综合式。它是将告知方式、告知和聆听方式、问题解决方式这三种常见的绩效面谈方式综合而成的一种绩效面谈方式。即在一次面谈中，采取灵活变通的方式，从一种面谈方式过渡到另一种面谈方式，从而有效地节省时间和精力，提高绩效面谈效率。当组织要达成多种面谈目的的时候，这种方法最适用。

但是，绩效面谈总是比较敏感的。为了使绩效面谈顺利进行以达到预期目的，需要注意以下几个方面的问题。

（1）面谈准备充分。在准备绩效反馈面谈时，需要做好以下准备工作。第一，收集相关信息资料。重点在于研究面谈对象的工作职责、工作目标，将其实际工作绩效与工作所要达到的标准相对照，找出差距，并翻阅该面谈对象以往工作表现情况的记录，与目前的表现相对照。第二，给面谈对象以较充分的准备时间。应至少提前一周通知面谈对象，使其有时间对自己的工作进行总结，回顾自己的工作目标与工作职责，分析自己工作的成绩与存在的问题，分析原因。第三，选取适当的时间和地点进行面谈。应当找一个对双方来说都比较方便的时间进行面谈；面谈地点应相对安静，以免面谈时被电话或来访者打扰。

（2）创造良好的面谈氛围。成功的面谈者认为员工应该在讨论中担任主要角色，这一点可以运用良好的交流技巧和营造良好的面谈氛围来取得。为了使面谈能够达到预期效果，在面谈开始时，应首先对下属的某些方面加以肯定，使下属放松心情，建立彼此相互信任的关系。

（3）灵活运用交流技巧，保持双向沟通。绩效面谈的目的是持续改进绩效。在制订这项计划时，理应得到双方的参与。保持双向沟通，一方面可以激发员工对绩效管理工作的积极性，另一方面也体现对员工的尊重。专栏6-3给出了绩效面谈中的沟通技巧。

专栏 6-3

绩效面谈沟通技巧

（1）提问。通过提问可以鼓励员工发表意见，获得员工的信息，了解员工的观点和看法。在信任的前提下，员工愿意与面谈者分享看法，征询其意见，与倾听他们看法的管理者（若是）交心。

（2）聆听。聆听在面谈中有着重要的作用。管理者要多听取员工的意见和看法，要善于聆听，要积极聆听。聆听是尊重的表示，更是获得积极信息的重要手段。

（3）理解。绩效面谈中，要确保员工明白面谈者说的是什么。这可能需要去理解一些隐藏的意思，因为员工可能因为太紧张而词不达意；同样，面谈者也要使员工明白其所说的意思。当需要陈述一个观点时，面谈者要通过不停地询问来确保对方明白自己的意思，直到对方的反应能让自己满意为止。

（4）换位。把自己放在员工的位置上来思考问题是很重要的。当人们知道被评估是一种什么样的感受时，就会克服很多不能进行坦诚地讨论并达成一致结论的障碍。让员工知道管理者是理解他们在工作上的难处的，这样主管就比较容易地得到相关的信息。

此外，在绩效反馈结束以后，管理者还必须对反馈的效果进行衡量，从而提高以后的反馈效果。衡量反馈效果时，可以从以下几个方面进行考虑：此次反馈是否达到了预期的目的；下次反馈时，应当如何改进谈话的方式；有哪些遗漏必须加以补充；又有哪些无用的内容必须删除；此次反馈对员工改进工作是否有帮助；反馈是否增进了双方的理解；对于此次反馈，自己是否感到满意等。对于得到肯定回答的问题，在下一次反馈中就应当坚持；得到否定回答的问题，在下一次反馈中就必须加以改进。总之，绩效管理需要反馈，通过反馈使员工对自己的行为、态度和工作绩效有一个更加真实和深入的了解。

2）绩效改进

所谓绩效改进，是指确认组织或员工工作绩效的不足和差距，查明产生的原因，制订并实施有针对性的改进计划和策略，以不断提高企业员工绩效的过程。绩效改进也称绩效指导，是绩效考核的后续阶段，是连接绩效考核和下一循环计划目标制订的关键环节，也是促进员工人力资本增值的一种管理方式。绩效改进工作的成功与否，是绩效管理过程能否发挥效用的关键。

（1）绩效改进的步骤。

绩效改进的形式多种多样，绩效改进过程大致上可以分为以下几个步骤：首先，分析员工的绩效考核结果，找出绩效中存在的问题；其次，针对存在的问题，制订合理的绩效改进方案，并确保其能够有效实施，如个性化的培训等；最后，在下一阶段的绩效辅导过程中，实施已经制订的绩效改进方案，尽可能为员工的绩效改进提供知识、技能等方面的帮助，要针对问题和改进期限做好记录,确定绩效改进计划。表 6-1 就是一个员工绩效改进计划书,它贯穿于绩效改进过程的始终。

表 6-1　员工绩效改进计划书

员工姓名	所在部门
该员工上一年度绩效考核最后结果	面谈时间
该员工通过绩效面谈存在的问题	出现问题的原因
1. 2. 3. ……	1. 2. 3. ……
该员工绩效提升对策和时间安排(主管和员工确认)	
1. 2. 3. ……	
整改结果记录(整改后由主管填写)	
1. 2. 3. ……	
遗留的问题	
1. 2. 3. ……	
主管签字	时间

(2)员工工作绩效改进的策略。

人力资源管理部门在查明绩效方面存在的差距以及差距产生的真正原因和确定需要改进的部门与员工之后,在以后的绩效管理过程中,可以有针对性地采取相应的措施,以促进员工绩效的提升。

① 预防性策略与制止性策略。预防性策略是在企业部门或工作人员作业前明确告诉员工应该如何行动。由上级制定出详细的绩效考核标准,让员工知道什么是正确有效的行为,什么是错误无效的行为,并通过专业性、系统性的培训与训练,让员工掌握具体的步骤和操作方法,从而可以有效地防止和减少员工在工作中出现重复性的错误。制止性策略是及时跟踪员工的行为,及时发现问题并予以纠正,并通过各个管理层的管理人员实施全面、全员、全过程的监督与指导,使员工克服自己的缺点,发挥自己的优点,不断地提高自己的工作绩效。

② 正向激励策略与负向激励策略。正向激励策略主要通过制定一系列行为标准,以及与之配套的人事政策(如奖励、晋升),鼓励员工更加积极主动工作的策略。对达到和实现

目标的员工所给予的正向激励,可以是物质的,也可以是精神性的、荣誉性的;可以采用货币的形式,也可以采用非货币的形式。负向激励策略主要是惩罚手段,对下属员工采取惩罚手段,以防止和克服他们绩效低下的行为。

③ 组织变革策略与人事调整策略。企业员工绩效低下如果是由于组织制度不合理、运行机制不健全等因素造成的,企业应针对考核中反映出的问题,及时对组织结构、作业方式、人员配置等方面进行调整。

6.2.2 绩效考核工具的类型

为了进行绩效评估,公司必须使用恰当的评估工具。评估工具提供了绩效评估的基础,指明了应被评估的绩效的方面或维度。人力资源专家开发了很多评估绩效的工具可供选择使用。

1. 比较法

1)简单排序法

简单排序法(direct comparison method)是评价者将员工按照工作的总体情况从最好到最差进行排序。

假如某部门只有 5 名员工,其排序结果可能如表 6–2 所示。

表 6–2 简单排序法

顺序	等级	员工姓名
1	最好	A
2	较好	B
3	一般	C
4	较差	D
5	最差	E

2)交替排序法

交替排序法(alternative ranking method)是评价者在所有将要评价的员工中首先挑选出最好的员工,选择出最差的员工,将他们分别列为第一名和最后一名;然后在余下的员工中再选择出最好的员工作为整个序列的第二名,选出最差的员工作为整个序列的倒数第二名。以此类推,直到将所有员工排列完毕为止。

假设某部门有 8 名员工,使用交替排序法进行排序,如表 6–3 所示。

表 6–3 交替排序法

选择顺序	最好	姓名	最差	姓名
第 1 次	第一名	A	第八名	H
第 2 次	第二名	B	第七名	G
第 3 次	第三名	C	第六名	F
第 4 次	第四名	D	第五名	E

3）成对比较法

成对比较法（paired comparison method）是评价者根据某一标准将每个员工都与其他员工进行逐一比较，并将每一次比较中的优胜者选出，在全部的配对比较都完成之后，根据每一员工胜出的次数多少进行排序。

假设某组织有六名员工，使用成对比较法，其中较好的一方给"+"号，较差的一方给"–"号，最后按照获得"+"数的多少来排序。其结果如表 6–4 所示。

表 6–4 成对比较法

姓名	A	B	C	D	E	F	+合计
A		–	–	–	–	–	0 个
B	+		–	+	+	+	4 个
C	+	+		+	+	+	5 个
D	+	–	–		+	+	3 个
E	+	–	–	–		+	2 个
F	+	–	–	–	–		1 个

因此，评估效果由高到低依次为 C、B、D、E、F、A。

4）强制分布法

强制分布法（forced distribution method）也是将员工相互比较的一种排序方法，只不过对员工绩效的排序是以组别的形式进行。这种方法依据数据统计中的正态分布概念，将员工分为突出、优秀、良好、及格、不及格五种情况。见图 6–1。

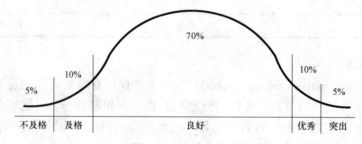

图 6–1 强制分布法

比较法的优缺点如下。

（1）优点：比较法的设计相对比较容易，而且在大多数情况下都比较容易使用。通过促使评分者去具体指明绩效最好和最差的员工，能有效地排除一些排序错误，如排序宽松，因为评分者不可能给每位员工较高的高分。当绩效衡量结果被用于加薪、晋升等这样一些管理决策时，比较法的价值更加明显。

（2）缺点：比较法的评价往往不能与组织的战略目标联系在一起；人为地创造一个鼓励员工为获得更高的等级与同事竞争的环境，扰乱团队合作；从反馈的目的来看，比较法并没有说明员工应当做什么才能得到好的评分，因此也就不能适当指导员工的行为；最后，这种系统无法公平地比较来自不同部门员工的绩效。

2. 图尺度评价法

图尺度评价法（graphic rating scale，GRS）也称为图解式考核法，是最简单和运用最普遍的工作绩效考核技术之一。它列举出一些组织所期望的绩效构成要素（质量、数量，或个人特征等），还列举出跨越范围很宽的工作绩效等级（从"不令人满意"到"非常优异"）。在进行工作绩效考核时，首先针对每一位下属员工从每一项评价要素中找出最能符合其绩效状况的分数；然后将每一位员工所得到的所有分值进行汇总，即得到其最终的工作绩效考核结果。专栏6-4给出了一个图尺度评价法的例子。

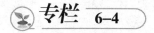

图尺度评价法

用下列评定量表按每一要素评价员工：

5=优秀：你所知道的最好的员工
4=良好：达到所有工作标准，并部分超过一些标准
3=中等：达到所有工作标准
2=需要改进：达到部分工作标准，某些方面需要改进
1=不可接受：没有达到工作标准

A. 知识	1	2	3	4	5
B. 自我认知能力	1	2	3	4	5
C. 创新能力	1	2	3	4	5
D. 压力管理能力	1	2	3	4	5
E. 时间管理能力	1	2	3	4	5
F. 分析解决问题能力	1	2	3	4	5
G. 激励能力	1	2	3	4	5
H. 沟通能力	1	2	3	4	5
I. 团队开发能力	1	2	3	4	5
J. 领导与授权能力	1	2	3	4	5

图尺度评价法的优缺点如下。

（1）优点：图尺度评价法适用范围广，大部分工作都可采用，实用性强，而且开发成本低。此外，考核内容全面，可以设置较多的打分档次。

（2）缺点：图尺度评价法的评价结果同样不能有效地指导行为，因为员工不知道做什么才能得到有利的评分。例如，员工在"态度"得分项上，得分为"2"的员工很难找到其改进的方法。与其相关的另一个问题是这种评价方法的客观性。由于评价标准往往比较模糊，很可能导致不同的评价者对相同的评价标准做出不同的解释，进而导致不同评价者对同一个员工的评价差异较大。

3. 行为锚定等级评价法

行为锚定等级评价法（behaviorally anchored rating scale，BARS），也称为行为定位评分法，是比较典型的行为导向型评估法。它侧重于具体可衡量的工作行为，通过数值给各项评估项目打分。评分项目是某个职务的具体行为事例，也就是对每一项职务指标做出评分量表，量表分段是实际的行为事例，然后给出等级对应行为，将工作中的行为与指标对比做出评估。它主要针对的是那些明确的、可观察到的、可测量到的工作行为。

专栏 6-5 给出了行为锚定等级评价法的一个应用实例。

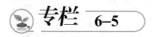

行为锚定等级评价法

某公司采用行为锚定等级评价法对员工进行绩效评价，部分评价项目如表 6-5 所示。

表 6-5　行为锚定等级评价法示例

姓名：　　　　部门：　　　　聘雇日期：　　　　职等：

□年度评价　　□半年评价　　□特别评价　　□评价期间

评价项目	不满意 1-5	勉强 6-10	好 11-15	很好 16-20	优秀 21-25
1. 工作品质 本项不考虑工作量，仅看工作是否正确、清楚、完全 □无从观察	工作懒散，可避免的错误频繁 附注：	经常犯错，工作不细心	大体满意，偶尔有小错误	工作几乎保持正确、清楚；有错自行改正	工作一直保持超高水准
2. 合作性 考虑其对工作、同事、公司的态度；是否愿意为他人服务及与人沟通 □无从观察	似乎无法与人合作，不愿接受新事物 附注：	时常不能合作，表现不同意的态度；难以相处	大致上与人相处愉快，偶尔会有摩擦	一向合作良好，愿意接受新方法	与同事或主管合作有效；随时准备尝试新观念；与人相处非常好
3. 工作知识 是否了解其工作的要求、方法、系统、设备 □无从观察	与工作有关之事大部分都了解不够 附注：	工作某些方面如能增进相应知识最好	对工作有相当程度的了解	对工作了解全面充分	工作各方面均能掌握，极为优秀
4. 主动性 考虑其在没有详尽指示下的工作能力；其应变才能；在无人监督下的工作情况 □无从观察	只能照章行事，遵从指示做事，需不断监督 附注：	处理新事物容易出错，经常需要监督	经常性工作不需指示；新事物需要监督	极少需监督；主动工作及改进	一直是自主工作；自动增加额外工作；能力极强
……	……	……	……	……	……

从表 6-5 中可以看出，在同一个绩效维度中存在一系列的行为事例，每一种行为事例分别表示这一维度的一种特定绩效水平。

行为锚定等级评价法的优缺点如下。

（1）优点：行为锚定等级评价法使用的评定量表上的等级尺度是与行为表现的具体文字描述一一对应的，或者说通过行为表述锚定评定等级，使考核标准更加明确，具有良好的反馈功能。行为锚定等级评价法使用的评定量表上的行为描述可以为反馈提供更多必要的信息。这种方法使员工知道他们所被期望表现的是哪些类型的行为，有利于员工改进自己的工作。

（2）缺点：考核某些复杂的工作时，特别是对于那些工作行为与效果的联系不太清楚的工作，管理者容易着眼于对结果的评定而非依据锚定事件进行考核。此外，在尝试挑选量表中最能反映员工绩效水平的一种行为时，评分者往往会遇到困难；而当员工显示出量表两个极端的行为时，评分者往往难以评分。

4. 行为观察量表法

行为观察量表法（behavior observed scale）是行为锚定等级评价法的一种变异形式。但行为观察量表法在两个方面与行为锚定等级评价法有所区别：首先，行为观察法并不剔除那些不能代表有效绩效和无效绩效的大量非关键行为；相反，它采用了这些事件中的许多行为来更为具体地界定构成有效绩效或无效绩效的所有必要行为。其次，行为观察量表法并不评价哪种行为最好地反映了员工绩效，而是要求评价者对员工在评价期内的每一种行为的频率进行评价，然后将评价结果进行平均，得到总体的评价等级。在使用行为观察量表法时，评估者通过指出员工表现各种行为的频率来评定员工的工作绩效。例如，一个五分制的行为观察量表被分为从"极少或从不是（1）"到"总是（5）"的五个分数段，评估者通过将员工在每一行为项目上的得分相加计算出员工绩效考核的总评分，高分意味着员工经常表现出合乎希望的行为。专栏6-6列举了行为观察法使用的量表中的一部分。

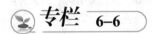

对部门经理工作绩效评分的行为观察量表的一部分

克服变革阻力
（1）向下属描述变革的细节
几乎从来不　1　2　3　4　5　几乎常常如此
（2）解释为什么必须进行变革
几乎从来不　1　2　3　4　5　几乎常常如此
（3）讨论变革会给员工带来什么影响
几乎从来不　1　2　3　4　5　几乎常常如此
（4）倾听员工的心声
几乎从来不　1　2　3　4　5　几乎常常如此
（5）在进行变革的过程中请求员工的帮助
几乎从来不　1　2　3　4　5　几乎常常如此
（6）必要时确定一个具体的会议日期，在完成变革后讨论员工关心的一些问题
几乎从来不　1　2　3　4　5　几乎常常如此

总分数

很差	尚可	良好	优秀	出色
6~10	11~15	16~20	21~25	26~30

注：分数由管理层来确定

行为观察量表法的优缺点如下。

（1）优点如下。

① 有助于员工对考核工具的理解和使用。它基于系统的工作分析，是从员工所做的系统的工作分析中设计开发出来的，因此，有助于员工对考核工具的理解和使用。

② 行为观察量表法有助于产生清晰明确的反馈。因为它鼓励主管和下属之间就下属的优缺点进行有意义的讨论，因此避免了一般化。

③ 从考核工具区分员工行为成功与不成功的角度来看，行为观察量表法具有内容效度。考核者必须对员工做出全面的评价而不只是强调考核他们所能回忆起来的内容。

④ 行为观察量表法关键行为和等级标准一目了然，由于行为观察量表法明确说明了对给定工作岗位上员工的行为要求，因此其本身可以单独作为职位说明书或作为职位说明书的补充。

⑤ 行为观察量表法的信度和效度较高。

（2）缺点如下。

① 这种方法需要很多时间来开发，每一工作都需要一种单独的工具，除非一项工作有很多任职者，否则为该工作开发一个行为观察量表将不会有成本效率。

② 由于需要的信息量较大，因此其在实施过程中对评估者的要求比较高。一套行为观察评估体系可能会涉及多种行为，而评估者还必须记住每一位员工在 6 个月或 12 个月这样长的评估期间内所表现出的每一种行为的发生频率。

5. 目标管理法

目标管理（management by objectives，MBO）是订立目标、决定方针、安排进度，有效达到目标，同时对其活动成果加以严格绩效考核的一种组织内的管理体制。目标管理法的基本程序主要有以下三个环节或阶段。

1）目标体系的制定

这是目标管理最重要的阶段，总是从企业的最高管理层开始，由上而下逐级确定目标。下一级目标是实现上一级目标的手段，上下级形成"目的—手段"的关系，从而最终构成一种锁链式的目标体系。专栏 6-7 给出了制定目标体系的技巧。

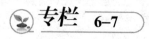

制定目标体系的技巧

在实际工作中，建议你可以采用以下技巧制定合理的目标体系。

○ 确保目标管理被全体员工所理解，并真正得到上级的全力支持。由高层在初始阶段向下属做解释、宣传和动员，有利于为目标管理形成良好的组织氛围，这也是为什么目标管理应始于最高层。

○ 确保上下级共同参与制定目标，并达成统一意见。下级的参与体现了目标管理的实质，有利于调动员工的主动性和积极性。

○ 确保目标的制定是一个动态反复的过程。目标的制定是相互作用的过程，由高层设计的目标是初步的，在逐级拟定出可考核目标系列时，起初的设想必定要根据逐步细化的目标而有所调整与修改，直至部门中每项工作都制定出合适的目标。

○ 确保最终形成的目标体系既有自上而下的目标分解体系，又有自下而上的目标保证体系，从而保证总目标的实现。

2）实施目标过程的管理

通过目标的设定，每个员工都明确自己在实现总目标的过程中应承担的责任，在各自职责范围内实行自主管理、自我监督、自我调整。管理者首先要进行定期检查，利用双方经常接触的机会和信息反馈渠道自然地进行；其次要向下级通报进度，便于协调；最后要帮助下级解决工作中出现的困难问题，当出现意外、不可测事件严重影响组织目标实现时，也可以通过一定的手续，修改原定的目标。

3）对成果进行考核和评价阶段

当目标管理一个周期结束时，必须加以考核和评价。目标完成结果的考核比较简单，只要将实际成果与预先设置的目标进行比较即可。原先设置的目标越具体，测量就越容易、越准确。检查的方法可灵活地采用自检、互检、专门机构检查。检查评价结果要反馈到目标承担者，使其得到总结和教训，同时根据评价结果进行奖罚。具体可分以下几步：

- 员工个人进行自我评估，提交书面报告；
- 上下级一起考核目标完成情况，决定奖惩；
- 总结经验教训，讨论下一阶段目标，开始新的目标管理循环。

目标管理法的优缺点如下。

（1）优点如下。

① 目标管理的结果导向性能够确保每位员工、每个小组和经营部门将他们的精力集中于为达到目标所要完成的任务。因此，目标管理法是目前运用比较广泛的绩效评价方法之一，许多组织应用目标管理法取得了显著的成效。

② 目标管理法较为公正。绩效标准是按相对客观的条件来设定的，从而评分相对没有偏见。

③ 目标管理法的优点体现在其实用性和成本方面。目标的开发并不要求像行为锚定等级评价法或行为观察量表法那样投入大量精力。

（2）缺点如下。

① 目标管理法尽管明晰了目标，但它并没有具体指明达到这些目标所需要的行为，尤其是该方法应用于需要指导更多的新员工，这一问题尤为突出。

② 当目标的实现受到员工可控范围以外的因素影响时，这种方法评价的准确性会大打折扣。

③ 单个员工往往将注意力完全集中在自己的工作中会被评价的那些方面，从而忽略不被评价的那些绩效方面。

④ 员工往往不喜欢目标带来的绩效压力和由此产生的紧张感。

表 6-6 对以上绩效评价方法进行了总结，实践中应根据评估的侧重点有选择地应用。

表 6-6　各种评分方法的比较

	成本	实用性	指导行为	监控行为	雇用决策
比较法	+	+	−	−	+/−
图尺度评价法	+	+	−	−	−
行为锚定等级评价法	−	−	+	+	+
行为观察量表法	−	−	+	+	+
目标管理法	+/−	+/−	+	+	+

注："+""−"分别表示某种方法在某一方面具有优势或劣势；"+/−"表示某种绩效评价方法在某一方面优劣势均不突出。

6.3　经理人指南

6.3.1　人力资源管理部门在绩效管理工作中的主要职责

1. 开发科学的绩效评估系统

如果没有一个有效和可信的绩效评估系统，依据该系统做的后续工作将失去意义。

1）效度

效度是指在绩效管理中所运用的衡量工具在多大程度上测量了它想要测量的东西。例如，绩效考核是否测评了绩效的各个有关方面而省略了不相关的方面。又如，根据向顾客打了多少个电话来对销售人员进行比较，可能是一个有杂质的指标。打多少电话并不一定能够增加销售量或提高顾客的满意度，除非每个销售人员在打电话之前都经过了很好的计划。

2）信度

信度是描述绩效指标所提供结果的一致性。在绩效管理中，一种重要的信度类型是评价者信度，即对员工的绩效进行评价的多人之间的一致性程度。如果两个人对同一个人的工作绩效做出评价的结果是相同的或相近的，那么这种绩效衡量就具有评价者信度。研究结果表明，只有来自组织中相同级别的评价者才可能对同一名员工的工作绩效得出一致性的评价结果。

2. 为评估系统实施提供培训

通过有效的绩效管理培训，可以帮助和促使管理者和员工正确认识、理解和接受绩效管理系统，从而提高其运用效果。绩效管理培训的内容，从整体上看主要包括绩效管理的观念和意识的培训、绩效管理知识和理论的培训、绩效管理技巧与方法的培训三个方面。从培训对象上看，整体分为对评价者的培训和对员工的培训两类。

1）对评价者的培训

评价者对于绩效管理系统的认识不仅会影响评价结果的准确性，而且会影响员工对企业期望的理解。对评价者进行培训，增强其责任感，掌握绩效管理的技巧和方法，尽可能避免绩效评估中的各种偏差。因此，一个完整的绩效考核制度不能缺少评价者培训这一重要环节。

由于在组织中的层级及管理对象的差异，不同类型的评价者绩效管理培训的内容各有侧重，通常分为现场管理人员、中层管理人员、人事管理人员、高层管理人员这四个层次的培训。如表 6–7 所示。

表 6–7　管理者绩效管理培训的主要内容

类别	培训内容
现场管理人员	如何准确掌握和运用简易的评估方法 了解人员功能评估的一般原理，以及要素设计、标准编制、计量方法、实测方法、结果的解释运用和评估心理等方面的基本内容 能够设计和编制适于班组管理的评估要素和标准等
中层管理人员	除了掌握较现场管理人员更复杂的评估技法和原理外，还应能够组织和管理一个部门的评估活动 对如何解释和应用评估结果，如何按上级要求结合本部门实际情况执行绩效考核，如何掌握评估心理及加强思想教育等，也应注意培训
人事管理人员	整个绩效管理的理论和各个子系统原理与方法的培训 指导、监督和协调下级评估能力应特别注意如何科学地设计指标和标准，合理地进行加权、调整和记分，有效地解释和应用绩效管理的结果，使绩效管理同人力资源管理的各个环节紧密联系 总结自己积累的人事经验，善于提出问题并进行讨论
高层管理人员	除了介绍一般原理、方法和效果外，应注意突出如何正确地进行评估的决策、规划、组织、协调、控制和反馈 如何选择评估人员和建立评估组织，如何掌握评估心理及加强思想教育等

2）对员工的培训

对员工的培训，一方面可以加强员工对绩效考核意义的认识；另一方面也可以提高员工有关绩效考核的综合技能，如参与目标设定、进行自我评估等。同时，对员工的绩效培训也有助于将企业的绩效管理制度内化，并形成一种支持业绩的良好企业文化与氛围，把推进绩效考核与企业的组织发展内在地联系在一起。绩效管理过程中，对员工的培训主要内容见表 6–8。

表 6–8　对员工的培训主要内容

序号	主要内容
1	如何参与工作目标和个人发展目标的设置
2	如何理解工作中需要的胜任力和特定工作行为
3	如何进行绩效自我评价
4	如何进行绩效自我管理
5	如何向主管提供绩效反馈
6	如何接受绩效信息和反馈，尤其是接受自己认为不准确的反馈信息时应怎样做

3. 绩效管理系统实施的监督与评价

人力资源管理部门还需要监督并确保绩效管理系统的实施。其主要工作包括：确保相关工作能够按时完成，确保工作进度合理；收集系统实施过程中各相关主体的意见，对实施效果进行评价，为下一步完善绩效管理系统提供依据；为直线部门绩效管理工作中的特殊需求提供后台支撑。

6.3.2 直线经理在绩效管理工作中的主要职责

直线经理需要配合人力资源部做好绩效管理工作，具体表现如下。

1. 为下属设立合理的绩效目标

如果公司使用了一个目标管理系统，那么直线经理就需要为每位员工设定绩效目标。目标设定是直线经理和每位员工之间合作的成果，但直线经理要为目标设定得是否恰当负责。

（1）在目标制定时，目标要符合 SMART 原则（见专栏 6–8）。

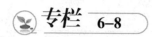

绩效目标制定的 SMART 原则

SMART 是 5 个英文单词首字母的缩写。

S——具体（specific），指每一个实施目标都要具体详尽，不能笼统。

M——可度量（measurable），要求每一个目标从成本、时间、数量和质量等四个方面作综合的考察衡量，验证这些绩效目标的数据或者信息是可以获得的。

A——可达成（attainable），员工绩效目标需要和部门、事业部及企业的指标相一致且在付出努力的情况下可以实现。

R——相关（related），绩效目标不是孤立存在的，目标之间要有相关性。

T——有时限（time bound），注重完成绩效指标的特定限期。

在 SMART 原则中，S 是指要具体明确，尽可能量化为具体数据，如年销售额 5 000 万元、费用率 25%等；不能量化的内容尽可能细化，如对员工作态度的考核可以分为工作纪律、服从安排、服务态度、电话礼仪、员工投诉等。

M 是指可测量的，要把目标转化为指标，指标可以按照一定标准进行评价，如主要原料采购成本下降 10%，即在原料采购价格波动幅度不大的情况下,同比去年采购单价下降 10%；2 月 15 日前讨论通过并颁布施行，无故推迟一星期扣 5 分等。

A 是指可达成的，要根据企业的资源、人员技能和管理流程配备程度来设计目标，保证目标是可以达成的。

R 是指相关性，各项目标之间有关联，相互支持。

T 是指有完成时间期限，各项目标要明确地规定完成时间或日期，便于监控评价。

（2）在目标制定中应充分沟通一致。制定目标既可以采取由上到下的方式，也可以采取由下到上的方式，还可以两种方式相结合；并且要全面沟通，认可一致。直线经理要向全体部门员工宣讲公司的战略目标、部门的目标；上司和下属要充分沟通、确认下属员工的个人目标。

2. 完成评分

直线经理要收集员工绩效的相关信息，核对员工的工作职责及既定目标的数据，在数据信息的基础上对员工绩效进行评分。除了评分外，直线经理还应该要指出员工在哪方面做得不错，哪方面欠缺，并写下评估结果；同时，要将这些评估信息和员工分享。

> **专栏 6-9**
>
> ### 常见的绩效评估中的偏差
>
> （1）定势偏差。指基于以往的经验和既定的习惯思维方式进行判断而形成的偏差。例如，一些年长的考核者按照自己的经验，总觉得年轻人缺乏经验、爱冲动、办事不可靠。在这种思维定式的影响下，对年轻人做出的相关评价结果往往会产生偏差。
>
> （2）理解偏差。由于考核者对考核指标理解的差异而造成的偏差。同样是"优""良""合格"，不同的考核者对这些标准的理解会有偏差。
>
> （3）首因效应。指考核者对被考核者第一印象的好坏对考核结果影响过大。如果第一印象好，对被考核者各方面的评价比较高；第一印象不好，则对其各方面的评价较低。
>
> （4）自我对比偏差。指考核者不自觉地将被考核人与自己进行比较，以自己作为衡量被考核者的标准。凡是与自己相似的人，总是给予较高评价；相反，对那些与自己有些格格不入的人，就做出偏低的评价。
>
> （5）晕轮效应。指考核者在业绩评价时，特别看重被考核者的某种特性，造成以偏概全，产生考核误差。例如，一个与考核者关系非常好的被考核者，其考核结果可能是每一项都是"好"，而不仅是"人际关系"一项"好"。
>
> （6）中心化倾向。指评估者对所有被评估者的评价都差不多，评估成绩拉不开距离，即使业绩很差的员工也能得到与大家差不多的成绩。例如，如果评价等级是从第一等级到第七等级，那么他们可能既避开较高的第六和第七等级，也避开较低的第一和第二等级，而把他们的大多数员工都评定在第三、第四和第五这三个等级上。
>
> （7）压力误差。指当考核者了解到本次考核的结果会与被考核者的薪酬或职务变更有直接的关系，或者担心在考核沟通时受到被考核者的责难，考核者可能会做出偏高的考核。
>
> （8）对照误差。指把某一被考核者与前一位被考核者进行对照，从而根据考核者的印象和偏爱做出的与被考核者实际工作情况有偏差的结论。例如，如果前一位被考核者在考核者看来各方面表现都很出色，那么在对比之下，就可能会给后一位被考核者带来不利影响。
>
> （9）近期效应。指考核者根据下属最近的绩效信息，对其考核期内的全部表现做出的总评价，以近期的部分信息替代整个考核期的全部信息，从而出现了"以近代远"的考核偏差。
>
> （10）马太效应。指好的愈好、坏的愈坏、多的愈多、少的愈少的一种现象。在绩效考核中，只要员工第一次优秀，那么只要以后在工作中没有出现大的失误，年年都是优秀；相反，只要一次不好，那么以后除非工作取得异常突出的成绩，否则年年都是不好。

3. 及时进行结果反馈与绩效面谈

绩效评估工作完成后，要及时进行绩效面谈，具体包括以下内容。

（1）对绩效考评结果进行有效的反馈，即告知员工他们的评分以及该信息如何被使用（如加薪、晋级）。

（2）对不同绩效水平的员工采取不同的措施，让高效率员工"达到目标"，起到示范和激励作用；而对低效率员工，有针对性地提出绩效改进意见。

为了让绩效面谈取得更好的成效，建议绩效面谈按照以下顺序进行。

（1）告知员工。在绩效面谈前几天通知员工，以便让员工有足够的时间思考他们的工作做得怎样以及他们所遇到的问题，从而进行较为全面的自我评价。自我评价可以使绩效面谈的重点放在上下级之间存在分歧的问题上，从而提高绩效反馈的效率。

（2）审视资料。从审视下属的工作描述中的工作要求开始；然后审视并给予员工评分。准备好给你下属陈述如此评分的原因；可能的话，使用已经形成的文件来说明。

（3）开始面谈。首先，要选择好恰当的时间和地点，以确保双方都有充裕的时间来进行面谈，而且面谈过程中不会被第三人打断。其次，要创造一种正式的面谈氛围，明确告知面谈的目的是要发现并共同解决问题，不要争吵或自我防御。经理要计划好如何开始，采取什么样的开场白取决于具体的谈话对象和情境。面谈的过程中，要明确先谈什么，后谈什么，要达到何种目的，运用什么技巧。

（4）讨论下属绩效。最好引导下属自己发现问题。首先讨论意见一致的领域，从正面的评分开始，然后讨论其他领域。当你必须给予负面反馈时，应使用非情绪化的语句来表达。反馈应当着重于具体行为或结果而不是人身上，要避免对员工作为一个人存在的价值提出疑问。

（5）为改进设定目标。目标的制定有利于提高员工的满意度，激发员工改善绩效的动力。除了制定目标以外，管理者还应该确定一个具体的时间来对员工的实际绩效达到目标要求的进展状况进行审查，以便为管理者提供另一种激励措施来推动员工严肃认真地对待目标，并且为达到这一目标努力工作。

- 通过支撑组织战略、提高员工工作绩效、为正确的人力资源管理决策提供信息、提高员工的工作满意度并降低流失率等方面，绩效管理能够帮助组织获取竞争优势。
- 完整的绩效管理系统的设计需要包含绩效计划的制订、绩效的实施、绩效的反馈与改进等方面。
- 在明确最常用的评估工具优缺点的基础上，公司要使用恰当的评估工具。
- 为配合人力资源部门做好绩效管理工作，直线经理的绩效管理工作包括：为下属设立合理的绩效目标、完成评分、及时进行结果反馈与绩效面谈。

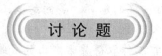

1. 有效的绩效管理如何使组织获得竞争优势？
2. 绩效管理的流程有哪些环节？每个环节是如何实施的？
3. 绩效管理的工具有哪几种？如何运用这些绩效管理工具？
4. 作为一种绩效管理的方法，使用目标管理法的优势和劣势各有哪些？
5. 人力资源部和直线经理在绩效管理中分别起到什么作用？
6. 大数据背景下，绩效管理将产生哪些变化？绩效管理如何进行创新？

> **案例研究**

从复杂到简单的绩效管理改革[①]

"Google"是一个全球家喻户晓的名字,越来越多的人离不开这家公司提供的服务,这家公司也不断地推出新鲜理念的服务让更多的互联网使用者受益,也有越来越多的人为加入这个神秘的公司做着不懈的努力。Google是目前被公认的全球最大的搜索引擎,用户通过访问Google的网页,可以瞬间找到所有想要的相关信息。

2013年之前,每名谷歌员工在每个季度末都会收到绩效考评结果。考评量表总共41级,绩效评分从1.0(表现糟糕)到5.0(表现惊人)。低于3.0意味着偶尔或经常达不到期望值,3.0~3.4意味着能够达到期望值,3.5~3.9意味着超过期望值,4.0~4.4意味着"大幅超过期望值",4.5~4.9意味着"接近于惊人表现"。谷歌员工的平均分在3.3~3.4。为准确区分员工的分数,确保得到令人满意的结果,Google开发出极为复杂精细的解析法,精确到小数点后三位,这意味着公司绩效等级实际上有4 001个等级,Google的经理每三个月就要用上数千小时组织绩效考评。尽管在组织考评上用了很多时间,但等到设定薪水和奖金的时候,经理或后来的评审者有三分之二的时候会进行调整。

同样,一年进行四次绩效考评也遭遇到相似的窘境。谷歌之所以采用一年四次绩效考评,一方面是由于在谷歌迅猛发展的几年里,这样做有利于管理员工的工作;另一方面是由于谷歌希望确保员工的评估总能与实际匹配。然而谷歌发现,一年中有多达24周的时间在分配考评任务、校准评级或就考评结果进行沟通。有些经理喜欢这个频率,称这样可以迫使他们经常检查员工工作,以便发现绩效突然变差的员工。但这种评分只起到一种支撑作用,仅仅只是为了从50 000名员工中找出表现最差的500人,似乎不太合算。

2013年年初谷歌停止了季度考评,改为6个月进行一次,这一改革立刻节省了50%的考评时间。2013年年底,谷歌选定了全公司大约15%的员工,一共6 200多位谷歌人,改为采用5级考评量表:需要改进、持续达到期望值、超过期望值、大幅超过期望值和表现杰出。尽管在2013年年底,5级考评量表还处于试验阶段,但最初的种种迹象显示出这种新考评体系的优势:第一,这种体系下员工能够得到更好的考评结果反馈,替代了以往3.2~3.3的模糊区别;第二,这种体系下的绩效分布更广,缩减了绩效考评的分类,经理就更可能利用考评体系的两级。

2014年,经过反复的争论和一段时间的混乱,谷歌废除了过去那种不准确且浪费资源的考评体系,用一种更简单、更准确,且校准时间也未增加的全新考评体系取而代之。在新的考评体系中,为了确保考评流程的公平性、可信度和高效性,谷歌在考评流程中加入了考评校准会议环节。

思考和讨论题:
(1)案例中谷歌采用了哪些绩效考评方法?谈谈这些方法的适用性。
(2)谈谈你对谷歌"从复杂到简单"绩效考评管理改革的认识。
(3)谷歌绩效管理的改革对其他企业有何借鉴?

[①] 三茅人力资源网, https://www.hrloo.com/rz/14241912.html。

第 7 章

薪酬和福利管理

学习目标

◎ 解释有效的薪酬体系如何提升竞争优势；
◎ 描述如何进行有效的薪酬体系的设计；
◎ 了解不同的福利方案及其管理。

开章案例

巴黎酒店国际集团的新型薪酬计划[①]

问题：薪酬计划与绩效脱钩，无法支撑战略目标的实现

巴黎酒店国际集团的薪酬计划缺乏详细的规划，而且过于简单，对每一种职位（前台接待员、保安等）支付的薪酬区间比较狭窄。每一位酒店经理自己决定新员工的薪酬从这个狭窄的薪酬区间中的哪一点开始，而且酒店基本没有考虑将酒店总体或员工个人的薪酬水平和酒店的战略目标联系起来。比如，酒店支付的薪酬仅仅是当地其他酒店支付给相同职位的平均薪酬水平。

此外，由于公司的薪酬不具有外部竞争力，管理人员往往倾向于实施普遍加薪。这就意味着，业绩优秀的员工和业绩一般的员工所得到的薪酬涨幅是一样的；同时，公司没有任何奖励计划关注把员工的绩效与一些同战略相关的员工能力和行为联系起来。公司只有不到5%的员工（仅限于管理人员）符合领取奖励性薪酬的条件。而且，低绩效员工和高绩效员工获得的奖励性薪酬相差不到2%。

解决方法：优化薪酬政策，建立新的奖励计划

公司必须重新设计薪酬计划，这一计划的总体方向就是支持公司的战略目标。

（1）在薪酬咨询专家的指导下，首先进行职位评价，确定公司内部每个岗位的相对价值；其次，进行薪酬调查，明确每个地区的竞争对手及其他类似经营组织支付薪酬的状况，为公司确定薪酬水平提供更加合理和公平的基础。

（2）新奖励计划的标准：对于新奖励计划必须达到的标准，公司提出了三条明确的要求。第一，巴黎酒店中至少应当有90%的员工（或者全部员工）符合得到绩效加薪或奖励性薪酬的条件，并且绩效加薪或奖励性薪酬与员工的业绩要有联系；第二，低绩效员工和高绩效员工得到的奖励性薪酬之间的差异至少要达到10%；第三，新奖励计划必须包括特殊奖金和评

[①] 钱德勒. 人力资源管理. 刘昕，译. 14 版. 北京：中国人民大学出版社，2017.

价机制,并且它们应该能够将员工在各类职位上的行为与同战略相关的员工能力和行为联系起来。例如,前台接待员的评估与奖励可以部分地取决于他们为顾客登记入住与结账时的友好态度及速度;对客房清洁员的评估与奖励可以部分地取决于客房清洁情况等。

效果:新的薪酬政策与竞争优势的获取

新的薪酬政策实施后,从酒店经理们的脸书主页上欣喜地了解到,他们已经感觉到了一些积极的变化。比如,每个职位的求职者平均增加了超过50%,离职率则下降了80%;同时,关于员工士气和组织承诺的调查也反映出一些积极的结果。此外,顾客满意度指数、顾客入住平均时长、顾客再次入住频率等指标的数值也都很快开始上升。

7.1 薪酬和福利管理与获取组织竞争优势

薪酬是公司人力资源管理的重要组成部分,薪酬在激发员工工作动机、增强公司凝聚力、支持公司经营改革等方面起着重要的作用。合理的薪酬政策不仅能有效地激发员工的积极性、主动性,提高公司经营效益,而且能在人力资源日益重要的知识经济下吸引和保留一支高素质且具有竞争力的员工队伍,在激烈的市场竞争中获取竞争优势。

薪酬在人力资源管理中是一个十分敏感的层面,其合理与否直接关系到公司人力资源的管理效能。可以说,薪酬管理是公司管理的一个有效硬件,是决定公司人力资源激励有效性的重要变量。薪酬管理作为人力资源管理的一个核心内容和锐利的管理工具,每一位管理者都应该了解并应用好这一工具。

7.1.1 改进成本效率,提高市场竞争力

首先,一家公司必须能够在产品市场上进行有效的竞争。换言之,它们必须能够把自己的产品和服务推销出去,而且确保产品和服务的销售数量及销售价格还能够为公司的投资带来充分的回报。各公司之间的竞争表现在多个维度(如质量、服务等)上,但价格是其中最重要的竞争领域之一。而价格的一个重要影响因素就是生产成本。如果与产品市场上的竞争者相比,一家公司的劳动力成本较高,效率较低,那么它就不得不在与其他公司所提供的产品质量类似的情况下为自己的产品制定更高的平均价格,从而影响其产品的市场竞争力。

虽然成本仅仅是决定竞争力的诸多因素之一,但是高额成本有可能导致公司业务的流失。当公司无法找到明确的证据,认定自己的生产率与其他公司的生产率之间存在差异,那么在这个时候,就需要对成本进行严密的监督。

那么,哪些因素构成了劳动力成本呢?劳动力成本的一个重要组成部分是每位员工的平均成本。这种成本不仅包括公司的直接支出成本(如薪资和奖金),还包括公司的间接支出成本(如健康保险、社会保险及失业补偿等)。劳动力成本的另一个主要组成部分是公司的人员使用水平(即员工人数)。因此,毫不奇怪,那些在财务上陷入困境的公司,常常削减上述两大劳动力成本的构成因素之一或同时削减两大成本要素来降低成本。裁员、停止雇用、薪资冻结以及与员工分摊福利成本等,是用以提高公司在产品市场上竞争力的几种最常见途径。

7.1.2 提高员工满意度，最大限度地吸引和保留核心员工

从本质上来讲，劳动力市场竞争就是指一家公司为了同那些所雇用的员工与本公司类似的其他公司进行竞争而必须付出的代价。薪酬、福利对求职者和员工都极为重要。工作报酬是大多数人寻找工作的主要原因。报酬不仅是一种谋生的手段，让人们满足物质及休闲需要，它还能满足人们的自尊需要。因而，如果一家公司的报酬系统被认为是不适当的，则求职者会拒绝接受该公司的雇用，现有员工也可能选择离开。现有员工即使继续留在这个公司中，心怀不满的员工也可能开始采取生产力低下的行动（如变得没有积极性和合作性）。

当然，由于公司不得不在劳动力市场上进行竞争，因此它们不能仅仅把自己的员工视为一种成本，而且还应把他们看成是一种资源，公司对这种资源进行投资，并且有望从中获得可观的价值回报。尽管控制成本对公司在产品市场上的竞争力有着直接的影响，但是如果以员工的生产率和质量为代价而降低成本，那么公司的竞争力也会大打折扣。劳动力成本比竞争对手高并不一定是件坏事，因为如果本公司拥有一支最优秀和效率最高的员工队伍，那么就能够生产出数量更多而且质量更好的产品。

从鼓励员工实施公司期望看到的行为，同时抑制公司不希望看到的行为这一目的来看，薪资政策和薪资方案是公司可以使用得最为重要的人力资源管理工具之一。因此，在对这种工具进行评价时，成本就不应当成为唯一的评价标准，同时还应当关注它们所产生的收益——它们是如何吸引、保留及激励一支高质量的员工队伍的。

薪酬通过现实的利益对员工行为有很强的导向作用。合理的薪酬制度可以促进公司塑造良好的文化氛围，激发员工投入创造，不断创新；反过来，公司要建立优秀的公司文化，必须要支持和巩固公司文化的薪酬制度。薪酬作为一种锐利的管理工具，向员工强烈地传递着这样的信号：公司鼓励、倡导什么样的工作态度、工作行为和工作绩效，反对什么样的工作态度、工作行为和工作绩效。薪酬对员工的激励作用应用正确，公司必定可以获得经营改善的结果。

7.2 薪酬和福利管理的问题及实践

7.2.1 薪酬体系的设计

当员工认为自己的薪酬符合下列情况时，就会认为公司给出的报酬是公平的：
- 相对于公司内部其他同事所得的报酬，公司给出自己的报酬是公平的（内部一致性）；
- 相对于其他公司从事相似岗位的员工所得的报酬，公司给出自己的报酬是公平的（外部竞争性）；
- 公司给出的报酬公平地反映了自己对公司的投入（贡献相符）。

下面来分析公司在薪酬设计时，该如何达到薪酬的公平性。

1. 达到内部一致性——内部公平性

内部一致性（internal consistency）是指公司内员工获得的报酬恰当地体现了他们对公司

的贡献。由于某些工作比其他工作为公司做出的贡献更大，从事这些工作的人就应该获得更高的薪酬。例如，大多数人都会同意，大学教授比办公室的普通职员薪酬高，因为他们的工作更重要，也就是说，他们对学校发展做出的贡献更多。

内部一致性薪酬体系要求对公司内所有工作的相对价值进行清晰的界定。要想衡量某一职位的相对价值，典型的方法之一是进行岗位评价。岗位评价要完成两方面的工作：一是确定报酬要素，即岗位评价的标准；二是根据这些报酬要素对公司的重要性程度的差异，对所有的报酬要素分配权重，即确定岗位标准的权重。

1）确定报酬要素

报酬要素就是被公司认为有价值且愿意为之支付报酬的一些重要岗位特征。这些特征是反映一项工作价值的最重要的决定因素，具体包括：岗位所承担工作的复杂性、工作条件、要求的受教育程度、工作经验及需要承担责任的大小等。表 7-1 列出了工作评价中的报酬要素。

表 7-1　工作评价中的报酬要素

评价要素	要素定义	评价因素的子因素
工作智能	完成岗位职责应该具备的学历、经验、专业技能及个性素质	● 学历； ● 经验； ● 专业技能； ● 主动性和创造性
工作责任	完成岗位职责应该承担的责任，包括对经营效益、管理下属及本部门或跨部门各项具体工作任务所承担的责任	● 经营效益的责任； ● 对他人负责的责任； ● 开拓发展的责任； ● 质量管理的责任
工作强度	完成本岗位承担任务所需要付出的脑力、体力和心理压力	● 工作时间； ● 心理压力； ● 体力消耗
工作环境	本岗位工作区域的环境状况	● 工作场所的危险性

报酬要素是岗位评价的标准，直接影响到岗位评价的最终结果。因此，报酬要素的确定必须准确和公正。专栏 7-1 给出了岗位评价中保证报酬要素准确性和公正性的标准。

专栏 7-1

报酬要素确定的标准

（1）一致性。岗位评价应当在人员和时间上保持一致。当两个人评价同一项工作得出的评分相似，且两个人在两个不同场合得出的评分相似时，即达到了一致性。

（2）避免偏见性。评价人应当保持客观，避免存在试图"照顾自己"的倾向。

（3）可更正性。公司应提供修正不准确或过时评分的机制。管理部门应阶段性地复查并更正岗位评价结果。允许员工复查对其岗位的评价，并允许其在不满意的情况下对评价进行上诉。

（4）代表性。受该过程影响的所有员工的关注点都应得到体现。

（5）信息的准确性。报酬要素确定的依据必须以准确的信息为基础，即进行评估的人对所评估的岗位十分熟悉。

通常公司要组建一个岗位评价委员会并进行培训，确保他们对评估的岗位都比较熟悉。委员会的成员一般包括分管人力资源的副总裁、部门经理、人力资源部经理、薪酬专员和外部人力资源专家。

岗位评价中的主观性会导致评价的不准确。为了把岗位评价中的主观性降到最低，就需要尽可能清晰地界定评价工作岗位所使用的评定量表，并为评价者所熟练运用。

2）确定岗位标准的权重

岗位分析（见第 3 章）提供了与职位特征有关的一些描述性信息，岗位评价则要为这些报酬要素确定相应的价值。岗位评价可以采用多种方法，薪点法（也叫因素计分法）是一种应用最广泛的方法。

薪点法把工作的构成要素进行分解，按照事先设计出来的结构化量表对每种工作要素进行估值。每项职位分配到的总薪点数，取决于其相对价值，也就是它在薪酬结构中的位置。薪点法的基本实施步骤如下。

（1）进行工作分析。薪点法从工作分析开始，在各类职位中找一些有代表性的职位作为基准职位样本。这些职位的内容是报酬要素定义、给要素评分和确定权数的基础。

（2）确定报酬要素。确定报酬要素在薪点法中起着中心作用，因为这些要素起源于工作本身和公司的战略方向，能反映工作如何增加公司的价值。为了发挥作用，报酬要素必须：以所执行的工作为基础（做了什么），以公司的战略和价值观为基础（什么有价值），最终受报酬结构影响的利益相关者能够接受（什么能令人接受）。例如，表 7–1 给出的工作智能、工作责任、工作强度、工作环境等要素及相应的子要素。

（3）给报酬要素评分。报酬要素一经选出，就应制定一个量表去反映每个要素内部的不同等级，每个等级可根据基准职位中有代表性的技能、任务和行为来确定。例如，给工作智能要素的子要素学历进行评分：高中及以下学历（20 分）；大专学历（40 分）；本科学历（60 分）；硕士及以上学历（80 分）。

（4）确定要素权数。要素权数没有科学或现成的方法，主要依靠经验判断。

（5）应用于非基准职位。

关于应用薪点法进行岗位评价，专栏 7–2 给出一个应用的示例。

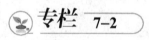

应用薪点法进行岗位评价

假设某公司确定的报酬要素为工作智能、工作责任、工作强度和工作环境，根据经验，四个要素的权重分别为 35%、40%、20%和 5%；同时假定岗位的总薪点为 1 000，并且报酬要素只包括了给出的子因素，如表 7–2 所示。

表 7–2　应用薪点法进行岗位评价示例

评价要素	权重/%	配点	评价因素的子因素	1	2	3	4	5	6
工作智能	35	350	● 学历 ● 经验 ● 专业技能 ● 主动性和创造性	20 15 15 20	40 30 30 40	60 45 45 60	80 60 60 80	80 75 100	90
工作责任	40	400	● 经营效率的责任 ● 对他人管理的责任 ● 开拓发展的责任 ● 质量管理的责任	20 15 20 18	40 30 40 36	60 45 60 54	60 60 80 72	120 75 100 90	90
工作强度	20	200	● 体力消耗 ● 工作时间 ● 心理压力	20 10 10	40 20 20	60 30 30	80 40 40	100 50 50	
工作环境	5	50	工作场所的危险性	15	35	50			
合计	100	1 000							

　　按照每个岗位说明书的要求核对所对应的薪点等级及相应的薪点，把各项薪点相加就是总薪点，这就较为准确地确定了各岗位的相对价值。注意：实务中，如果公司职位较多，不可能对所有的岗位都进行评级，所以在对评价的关键岗位确定薪点后，需要对未被评价的非关键岗位和已经评价的关键岗位进行比较，利用插值法确定非关键岗位的薪点。

　　例 1：根据某个岗位的工作说明书的描述，其情况如下：学历要求在 3 级（本科学历），工作经验在 3 级（工作 3 年及以上），专业技能在 5 级（工程师）……那么，它的薪点数是：60+ 45+75+…

　　例 2：根据某个岗位的工作说明书的描述，其情况如下：学历要求在 2 级（大专学历），工作经验在 3 级（工作 3 年及以上），专业技能介于 1 级和 2 级之间（工程师助理，这个是非标准岗位，薪点介于 15～30 之间，可以取 25），……那么它的薪点数是：40+ 45+25+…

　　应用薪点法进行岗位评价往往需要耗费大量时间。但大多数公司认为这样做是值得的。如果公司能够正确地推行，每项工作的评价总分（薪点数）应该能够反映出它对公司的相对价值，从而保证公司薪酬的内部一致性。

　　3）把岗位归于合适的薪酬等级

　　岗位评价工作完成后，评价者应根据各个工作岗位的总分，把相同或相近得分的工作岗位分配到对应的薪酬等级中去。薪酬等级实际上是将岗位价值比较接近的岗位归入同一个等级，采用同样的薪酬水平。薪酬等级的数量不要太多，但也不要太少。太多的话，意味着差别不大的岗位拿到不同水平的工资，易导致人力成本增加；太少的话，不能把工作职责和环境差异大的岗位区分开，失去激励作用。至于多少合适，要综合考虑公司职位数量的多少、薪酬支付成本的承受能力、公司文化等多种因素，没有统一的标准。表7-3举例说明了如何将岗位评价得分转换为薪酬等级。

表7-3 岗位评价与薪酬等级转换表

职位	点数	级差	等级
出纳	140	100	1（100~200点）：150点
离退休办主管	180		
行政事务主管	210	100	2（200~300点）：250点
总经理秘书	260		
行政事务主管	335	100	3（300~400点）：350点
报销会计	345		
招聘主管	355		
会计主管	425	50	4（400~450点）：425点
项目经理	470	50	5（450~500点）：475点

2. 达到外部竞争力——外部公平性

外部竞争力即外部公平性，指公司的薪酬水平高低以及由此产生的公司在劳动力市场上竞争力的大小。如果公司的薪酬制度无法实现外部公平，则很难吸引优秀人才，也很难留住人才。外部竞争性强调本公司薪酬水平与其他竞争对手的比较，因此必须了解其他公司付给员工的报酬，然后结合本公司的薪酬政策，最终制定与这一决策相对应的薪酬。

1）薪酬调查

薪酬调查是采集、分析竞争对手所支付薪酬水平的系统过程，它能提供与竞争对手相关的薪酬策略所需数据。信息数据的获取，可以委托专业的薪酬调查公司，也可以从别人已做过的调查中进行信息收集，如各地人力资源和社会保障局网站定期发布的相关信息、相关的薪酬调查报告及行业蓝皮书等。当然，公司也可以自己进行薪酬调查。具体步骤如下。

（1）确定要收集的信息。薪酬调查收集的主要信息是被调查岗位人员的薪酬数量，包括薪酬范围、平均起薪和当前支付的平均薪酬水平等。为了评估竞争对手所支付的总体报酬情况，薪酬调查也需要收集相关公司的总体报酬计划的信息，如各个公司的薪酬形式（利润分享、红利、佣金）和津贴选择。

（2）选择基准职位。基于工作成本和实际操作的可能性方面的考虑，薪酬调查通常不会收集关于所有岗位的信息，而是将注意力集中在几个基准岗位上。选择基准岗位时必须确保每项工作的定义清晰明确，以便从相应的公司中较为容易地识别工作中有哪些符合基准岗位的工作。基准岗位还应包括相当数目的员工。

（3）选择被调查的公司。可供调查的公司包括以下几类：同行业中同类型的其他公司；其他行业有相似岗位或工作的公司；与公司招聘同一类劳动力，可构成人力资源竞争对象的公司；本地区同一劳动力市场上招聘员工的公司、标杆企业。因为相关劳动力市场随着要调查的工作类型不同而变化，所以公司必须实际地做好薪酬调查，每个调查针对每一个相关市场。

2）确定公司的薪酬政策

薪酬政策的制定必须和公司战略、文化一致，并突出公司的价值导向。整体来看，公司的薪酬政策分为三类：领先型、追随型和滞后型。表7-4为不同薪酬政策的目标对比。

表7-4 不同薪酬政策的目标对比

薪酬政策	薪酬政策目标				
	吸引力	留置力	成本控制	降低对薪酬的不满	提高绩效
领先型	好	好	不明确	好	不明确
追随型	中	中	中	中	不明确
滞后型	差	不明确	好	差	不明确

薪酬政策要兼顾两个目标——控制劳动力成本、吸纳和留住员工。公司既要让薪酬水平保持在可接受的范围之内，又要让员工满意。那么，二者之间如何平衡？一般来说，对公司的关键人员如高级管理人员、核心技术人员，提供高于市场水平的薪酬，对一般员工实施追随型的薪酬政策。

3）设定薪酬

一旦确定了岗位的市场薪酬水平，结合公司的薪酬政策，公司就可以为每个工作岗位设定薪酬。利用所收集的关于基准岗位的数据，公司可以确定岗位评分与市场上平均薪酬水平两者之间的统计关系（通常为简单的线性回归），从而确定薪酬政策线。如表7-5和图7-1所示。

表7-5 关键岗位的点数与市场平均薪酬水平

顺序	关键岗位	点数 (X)	市场平均薪酬水平/（元/月）(Y)
1	出纳	140	4 600
2	总经理秘书	260	5 720
3	行政事务主管	335	6 150
4	招聘主管	355	6 560
5	会计主管	425	6 780
6	项目经理	470	7 030

为了确定非标准岗位的薪酬水平，可以运用最小二乘法对点数和市场平均薪酬水平之间的关系进行拟合，得到一条不同岗位的薪酬趋势线，如图7-1所示。

$$Y=3\ 701.5+7.370\ 8X \tag{7-1}$$

把每个职位的薪点数作为X代入上述公式中得到相应的Y值，就是该职位的平均薪酬水平。如招聘主管每月的薪酬为：3 701.5+7.370 8×355=6 244.426（元）

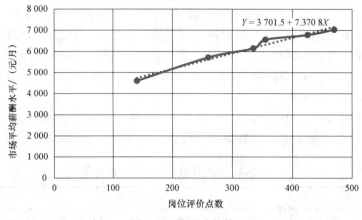

图 7-1　薪酬政策线

当然，并非一定要用直线来拟合岗位评价分数与薪酬调查所获得数据之间的关系。对于一些较高级别的重要岗位，市场可能会提供递增性的薪酬水平，这时用非线性的薪酬曲线（如对数关系）进行拟合则更加符合实际情况。

3. 与员工贡献相符——个人公平性

当员工认为他们的薪酬水平公平地反映了其对公司的贡献时，公司就实现了薪酬的个人公平性。要达到这一目标，公司首先必须为每一薪酬等级规定一个薪酬区间，然后根据每位员工的贡献将其恰当地放入相应的范围内。

1）确定薪酬区间（薪酬带宽）

确定薪酬区间的目的，是使企业的基本工资结构能适当地反映除岗位价值之外的因素，如员工能力、努力程度和对组织的贡献的影响，即薪酬区间反映了同一基本工资等级的在职员工因对组织的贡献不同而在基本工资上的差异。

在建立薪酬区间时，首先要明确薪酬区间的中值，然后从中值向上、下延伸不同的幅度，形成薪酬区间的上下限，即某薪酬等级员工可能获得的最高薪酬和最低薪酬。通常情况下，薪酬等级越高，薪酬区间的幅度越大。利用表 7-5 的数据和式（7-1），表 7-6 给出了岗位薪酬区间。

表 7-6　岗位薪酬区间

顺序	职位	点数	区间中值	薪酬区间中值	薪酬区间 （假定薪酬区间变动率都为 20%）
1	出纳	140	150	4 808	（4 371，5 245）
2	总经理秘书	260	250	5 546	（5 042，6 050）
3	行政事务主管	335	350	6 284	（5 713，6 855）
4	招聘主管	355			
5	会计主管	425	425	6 838	（6 216，7 460）
6	项目经理	470	475	7 207	（6 552，7 862）

注：
薪酬区间变动率=（上限－下限）/下限（这个数值一般是由公司根据情况自己确定）
下限值=中位数/（1+50%×变动率）
上限值=下限×（1+变动率）

2）设计薪酬体系

设计合理的薪酬体系能够在最大程度上使员工的贡献得到认可。设计薪酬体系是一个系统工程，反映了公司的分配思路，即依据什么确定员工的薪酬。通常要综合考虑三方面的因素：岗位等级、个人的技能和资历、个人绩效。

（1）岗位薪酬体系——以岗位为基础的薪酬体系。这是公司比较容易采用的一种传统薪酬制度。它的指导思想是员工对公司的贡献主要体现为其岗位价值，因此可以根据员工所承担的岗位职责大小、工作内容的复杂程度、工作难度等因素来进行岗位价值评价，根据岗位本身的价值支付薪酬。岗位薪酬体系是首先对岗位本身的价值做出客观的评估，然后根据这种评估的结果赋予担任这一岗位的从业人员与其岗位价值相当的工资的一种工资制度。这种工资体系建立在岗位评价基础上，职工所任岗位的差别是决定基本工资差别的最主要因素。

岗位薪酬体系的特点是：严格的岗位分析，比较客观公正；岗位工资比重较大，岗位津贴高，在整个工资中岗位工资一般在60%以上，工资浮动比重小，比较稳定；严格的岗级，并对应严格的工资等级；容易形成管理独木桥，职员晋升的机会比较小，成长的规划比较窄，影响了员工工作的积极性、主动性和创造性。

岗位薪酬体系的设计流程：
- 进行岗位分析，形成职位说明书；
- 进行岗位价值评价；
- 进行薪酬调查；
- 确定公司薪酬政策；
- 建立薪酬结构。

实施这种薪酬体系要求员工的工作范围和内容比较固定，从而能够对岗位价值进行准确的评价。采用这种薪酬体系的公司，其结构通常为金字塔形，越到上级人员越少，但岗位价值越大，薪酬也越高。

岗位薪酬体系有如下优点。

① 它清楚地界定了各岗位的相对价值，并将岗位价值与薪酬直接联系起来，较好地体现了薪酬的内部公平性。

② 薪酬与岗位高低密切相关，有利于激发员工的进取心，鼓励员工努力工作，争取晋升。

③ 有利于按照岗位序列进行薪酬管理，操作比较方便。

岗位薪酬体系的缺陷也比较明显。

① 由于岗位所规定的工作内容比较固定，员工工作缺乏灵活性，不利于公司适应日益多变的市场环境。

② 公司结构逐渐趋于扁平化，员工的晋升机会减少，提薪难度加大，工作积极性可能受挫。

③ 无法对员工拥有的知识和技能进行报酬。

④ 在一些新的工作方式如项目小组、工作团队，岗位概念模糊，因而难以根据岗位来确定薪酬。

⑤ 强调资历和岗位等级，容易出现员工工作按部就班，不愿创新，导致整个公司的官僚化。

（2）能力薪酬体系——以能力为基础的薪酬体系。此处能力不仅包括知识和技能，还包括行为方式、个性特征、动机等因素。在能力薪酬体系下，公司把薪酬与员工实现高绩效所需的能力联系起来。

能力薪酬体系的设计流程如下。

① 提炼公司核心能力。确定哪些能力为公司创造价值。通常认为，核心能力是为保证成功所需要技能和能力的关键领域。

② 能力分析。包括对知识、技能、专业经验、专业规范等方面的分析。公司可以通过绩效区分优秀员工，确定这些能力可由哪些品质、特性、行为组合表现出来。

③ 能力分级。将岗位划分为职系和职种，每个职种按照能力的高低进行分级。

④ 能力评价。由高级主管、业务专家和外部专家组成能力评价小组，评价内容包括专业知识评价、技能评价、专业经验评价及行为评价等。

⑤ 建立能力薪酬结构。能力薪酬体系的重点在能力评价体系的建立，它的成功实施必须依赖基于能力的公司文化。

能力薪酬体系相对于岗位薪酬体系有以下几方面的优点。

① 打破了传统岗位薪酬体系官僚化的特点，为员工提供了更为广阔的职业生涯道路。在传统的岗位薪酬体系下，员工只能通过岗位的晋升来获得薪酬的大幅增加；而能力薪酬体系可以让员工通过提升自己的知识、技能和能力来获得薪酬的增加，同时它还能更好地适应公司扁平化的需要。

② 更加有利于鼓励和引导员工不断学习新的知识、技能和能力，从而帮助公司提升人力资源的素质，培养员工的核心专长和技能。

③ 在帮助员工获得核心专长和技能的基础上，有效地支撑了公司核心能力的培养，有助于公司在未来的竞争环境中赢得竞争优势。

当然，能力薪酬体系也有一些缺点。

① 能力并不等同于现实的业绩。如果实施能力薪酬体系导致的成本增长超过了公司现实业绩的增长，公司可能无法承受。

② 能力的评价相当困难，并常常带有一定的主观性，评价的结果也可能不为员工所接受。

③ 能力薪酬体系的建立和维持是一项复杂的工作，是对公司人力资源管理的巨大挑战。

（3）绩效薪酬体系——以绩效为基础的薪酬体系。为了把薪酬与绩效联系起来，鼓励员工更加努力地工作，一些公司采用了绩效薪酬体系。在该体系中，薪酬的一部分随着某种标准衡量——个人或公司的绩效变动而变动，由员工的工作绩效来决定。根据支付基础的不同，绩效薪酬可分为个人奖励、团队奖励和公司奖励。个人奖励就是将员工个人绩效同制定的标准相比较，确定其绩效工资的额度。个人奖励主要有两种形式：一种是由个人工作成果直接决定奖金的模式，如销售人员的提成制；另一种是由绩效考核的结果决定奖金的模式。团队奖励就是将关注点转移到团队，通过比较团队绩效与预定标准来确定。团队作为基本的工作单元正日趋流行，相互依赖和合作的需要意味着必须用薪酬来强化团队努力，鼓励合作。团队激励计划虽能增强合作，提高员工参与度，易于绩效测评，却同时造成了"搭便车"现象，降低了收入的稳定性。公司奖励是根据公司的整体绩效来确定奖金发放的奖励计划。公司通常根据关键绩效指标的完成情况来确定整个公司的奖金发放额度、奖金的发放对象和分配方式。

以上这三种薪酬体系各有优缺点，实践中往往综合采用。岗位薪酬体系强调在每个岗位上配备适当的员工，在技术岗位上应用得较多，因为技术技能很难被量化；能力薪酬体系鼓励员工能力的提升和创新，在管理岗位上应用得较多；绩效薪酬体系在销售类岗位、适合计件工资的生产类岗位上得到了广泛应用。

7.2.2 福利方案的设计

福利作为公司向员工支付总薪酬的一部分，它与基本工资、奖金被并称为现代薪酬体系的三大支柱；同工资一样，在吸引、留住和激励员工方面发挥着重要的作用。随着员工福利的发展，员工福利从给员工的礼物发展为员工所拥有的一项基本权利。在很大程度上，福利已经成为公司吸引和留住优秀人才、激发和调动员工工作积极性的一项管理举措。

1. 主要的福利形式

广义的福利包括三个层次：一是由政府提供的文化、教育、卫生、社会保障等公共福利和服务；二是由公司提供的各种集体福利；三是工资收入以外的、由公司为员工个人及其家庭提供的实物和服务等福利形式。我国员工福利的一般分为法定福利和公司福利。

1）法定福利

法定福利是指政府通过立法要求公司必须提供的，即强制性的基本社会保险。这是为了保障劳动者的合法权利，维持劳动者基本生活保障而由政府统一管理的福利项目，是国家劳动保护和基本劳动保险政策的体现。主要包括基本养老保险、基本医疗保险、失业保险、计划生育保险、工伤保险、住房公积金、职工死亡待遇、国家规定的法定假期、带薪休假及年休假等制度，其中，基本养老保险、基本医疗保险、失业保险由公司和员工共同缴纳，其他的由公司承担。

2）公司福利

公司自主设立的福利是指公司为了吸引人才、稳定激励员工，根据自己的实际及目标需要而设计的公司福利体系。比较通行的有休假、弹性工时、公司年金、人寿保险、集体储蓄、住房津贴、法律顾问、心理咨询、优惠商品、子女教育补贴、住院补贴、交通服务、工作午餐、海外津贴、集体旅游、脱产培训、遣散费以及设有托儿所、文体设施等。公司福利又可以将其划分为经济性福利、工时性福利、设施性福利、娱乐及辅助性福利。

（1）经济性福利。这些是对员工提供基本薪资及奖金以外若干经济安全的福利项目，以减轻员工的经济负担或增加员工额外收入，如优惠商品、子女教育补贴、住院补贴等。

（2）工时性福利。这些是与员工工作时间长短有关的福利，如休假、弹性工时、遣散费。

（3）设施性福利。这些是与公司设施有关的福利，如设有员工餐厅、阅览室、健身房、班车、托儿所。

（4）娱乐及辅助性福利。这些是为增进员工社交及文娱活动，促进员工身心健康的福利，如员工旅游、文艺活动。

公司自己制定的个性化的非现金福利也被称为"软福利"，如内部培训、聚餐、休假旅游、娱乐比赛等。"软福利"是公司福利的关键。调查显示，"软福利"活动开展得当，会起到缓解职业压力、提高员工工作效率、优化公司形象、降低员工流失率等作用。例如，定期举行员工家庭日，或者聘请心理指导师为员工减压，定期公司举行旅游、比赛、文化娱乐活动等。

2. 员工福利设计流程

员工福利设计是一个较为复杂的过程，不仅要与公司发展目标相适应，与国家有关法律法规相协调，还涉及公司各部门的参与、员工福利信息的沟通等。从基本流程来看，它可分为确定员工福利宗旨与目标、员工福利需求分析、员工福利成本分析、制订员工福利计划、员工福利计划实施、员工福利效果评价改进等几个不同的阶段。

1）确定员工福利宗旨与目标

员工福利必须有助于公司目标的实现，这些目标必须与公司的战略报酬计划相一致。一个公司设立的福利目标取决于多个因素，包括公司规模、所在位置、盈利能力及行业状况等。Metzger Associates 是美国一家公关公司，人员流失率为15%。公司根据情况确定了"提供比竞争对手更有吸引力的福利，从而减少人员流失率，提高招聘效果"的福利管理目标，经过研究其他公关公司提供的福利，公司制订了"长寿兴旺"福利计划，调整了福利项目，新项目包括了四类活动费用的报销：600美元的健身费、500美元的户外生活费、600美元的休闲费、1 000美元的教育费。新福利实施一年半后，公司的人员流失率由15%降到了2%。

2）进行员工福利需求分析

员工福利需求分析是了解公司福利计划设计的必要性及其规模，确定员工有哪些福利愿望并设置福利项目的过程。

（1）公司范围内的福利需求分析。公司应从公司的生产率、事故率、辞职率、缺勤率、员工的工作行为等不同方面，发现公司目标与员工福利之间的联系，以保证福利计划符合公司的整体目标与战略要求。如将员工目前的实际工作状态与公司对员工的绩效要求标准进行比较，找出存在差距的地方，确定对员工采取相应的激励措施。

（2）员工个人角度的需求分析。一是换位思考，站在员工的角度来体验和考虑他们的需求，了解他们所处的环境和真实感受。二是把员工当作公司的内部顾客，了解员工的动机、情绪、信仰、价值观等。三是加强交流与沟通，建立内部正式的和非正式的互动式沟通和反馈渠道，通过沟通来了解不同员工的不同需求，也了解不同时期的需求重点。

3）分析员工福利成本

员工福利费用的承担有三种选择：一是完全由公司承担，二是由公司、员工分担，三是完全由员工承担。员工福利费用完全由公司支付，由于不计入员工个人收入而减小了员工缴纳个人所得税和社会保险税的税基，员工可以享受减免税优惠，并且管理简易。其弊端是员工在福利的使用上缺乏成本意识，不能充分认识到公司的贡献，并可能导致公司福利成本上升的问题。福利费用由公司和员工分担，它可以使员工更好地认识到公司为自己的福利所做的贡献，也更加谨慎、节约地使用福利；但员工也可能出于节约开支的动机，购买较少的福利，以致不能满足自身基本需要，并可能影响公司的利益。有一些福利，使用的人比较少，费用比较昂贵，不宜由公司负担，可以考虑由员工完全承担费用，公司帮助购买，给购买员工提供了以批量折扣价购买享受这些福利的可能性。如由公司出面，与房地产开发公司达成协议，凡本公司员工在其开发的项目购买房屋，就可以额外享受一些优惠。

4）制订员工福利计划

公司在计划和设计员工福利时，要认识每一种选择的利弊，慎重地在多种方案中进行比较择优。福利计划的制订应从多个方面来考虑：需要了解公司希望吸引何种类型的职工，如果公司希望多吸引流动性比较小的职工，就可以增加退休金在本公司员工福利中的权重；了解本公司的竞争对手提供了哪些福利，市场上通行的"标准做法"是什么，在了解市场"行情"的基础上，考虑本公司员工福利体系的吸引力和竞争力。我国传统的公司福利计划是对所有员工提供了几乎相同的福利待遇，没有从员工个性化、多样化需求的角度出发；而员工对公司发放的福利，不管有用没有，也是先拿了再说，因此不能充分发挥员工福利的激励功能，起不到激发和调动员工的工作积极性的作用。公司制订福利计划时应采用灵活的方案，不必向所有员工都提供一样的福利，而是根据具体情况，考虑区别对待的标准。

5）实施员工福利计划

为了让员工准确地理解公司的福利计划，公司应充分利用多种传达福利信息的方法，详细、及时地宣传公司的福利措施及内容。只有将有关福利信息传递给员工，使员了解福利的价值，福利才能达到吸引、激励和留住员工的目标。例如，可以印制"员工福利手册"，向员工介绍本公司福利的基本内容、享受福利待遇的条件和费用的承担。还可以在公司"员工福利手册"之外，为每个员工准备一本个人的福利手册，提醒员工在福利上所作的选择、享受的权利和分配费用的责任，便于员工随时查询。

6）进行员工福利效果评价

福利效果是指在福利计划实施过程中福利享受者提高工作效率、增加工作满意度、实现福利设计目标的程度。员工福利效果评价主要包括对福利项目设计、福利计划实施方式和实施效果的评估，以及对福利享受者的定期跟踪反馈。员工福利效果评价应重视以下两点：一是建立每个员工的福利档案，对员工进行定期的跟踪反馈，为以后制订福利计划提供现实依据；二是注意福利计划的及时调整和修改。员工福利效果可能是积极的，也可能是消极的，一般来说，福利计划内容与员工期望的相似成分越多，就越容易获得积极的效果。

公司每年都应评估福利计划对员工士气、生产效率等的作用，计算每个员工的福利成本，与同一领域其他主要公司的员工福利计划进行比较。并不是所有的福利项目都能体现设计者的初衷，即使是一些曾被员工强烈要求的福利项目，一旦实施可能会遭到有些员工的反对，这就要求福利管理者及时注意调整与修改。总之，公司福利应当立足于为员工提供优质、高效的服务；服务的质量和水平，是衡量福利管理好坏的基本依据，也是评价福利效率的重要方面。

3. 员工福利管理新模式——弹性福利制

公司福利管理往往面临两个方面的挑战：公司成本急剧上升和难以适应员工需求变化，因此一些公司采取弹性福利制。

弹性福利制就是由员工自行选择福利项目的福利管理模式。弹性福利制有几种不同的名称，如"自助餐式福利计划""菜单式福利模式"等。在实践中通常是由公司提供一份列有各种福利项目的"菜单"，由员工依照自己的需求从中选择其需要的项目，组合成属于自己的一套福利"套餐"。这种制度非常强调员工参与的过程。当然，员工的选择不是完全自由的，有一些项目，如法定福利就是每位员工的必选项。此外，公司通常都会根据员工的薪水、年资或家庭背景等因素来设定每一个员工所拥有的福利限额，同时福利清单的每项福利项目都会附一个限额，员工只能在自己的限额内购买喜欢的福利。专栏7-3介绍了腾讯公司的弹性福利体系。

专栏 7-3

腾讯公司的弹性福利体系

每一位入职腾讯的新员工,都能领到一副"福利扑克"。54张牌,每一张代表一种福利,王牌就是传说中的"10亿安居计划",此外,还有家属开放日、30天全薪病假、15天半薪事假、中医问诊、各种保险、腾讯圣诞晚会、各种节日礼包、各种协会……涵盖了员工工作和生活的各个层面。如今,在弹性福利体系的可选项里,目前已超过70种产品,一副牌已经覆盖不下。

在大多数公司里,福利大都是由老板、职能部门统一决定,再向员工公布。腾讯则是以员工需求为出发点,用做互联网产品的思维搭建了自下而上的弹性福利体系。

个性化的福利体现在2016年上线的弹性福利上:除了体检、保险等必须要保障的福利之外,其他的都让员工自选。另外,腾讯薪酬福利部还尝试增加带有激励性质的弹性福利积分,来"通过个性化福利引导员工的行为"。

弹性福利制具有显著的优点。

(1)由于每个员工个人的情况是不同的,因此其需求可能也是不同的。例如,年轻的员工可能更喜欢以货币的方式支付福利,有孩子的员工可能希望公司提供儿童照顾的津贴,而年龄大的员工又可能特别关注养老保险和医疗保险。弹性福利制充分考虑了员工个人的需求,使员工可以根据自己的需求来选择福利项目,这样就满足了个性化需求,从而提高了福利计划的适应性,这是弹性福利制最大的优点。

(2)由员工自行选择所需要的福利项目,公司就可以不再提供那些员工不需要的福利,这有助于节约福利成本。

(3)这种模式的实施通常会给出每个员工的福利限额和每项福利的金额,这样就会促使员工更加注意自己的选择,从而有助于进行福利成本控制,同时还会使员工真实地感觉到公司给自己提供了福利。

弹性福利制既有效控制了公司福利成本,又照顾到了员工对福利项目的个性化需求,可以说这是一个双赢的管理模式。也正因为如此,弹性福利制正在被越来越多的公司所关注和采纳。

但是,弹性福利制也是存在一些问题的。

(1)它造成了管理的复杂。由于员工的需求是不同的,因此自由选择大大增加了公司具体实施福利的种类,从而增加了统计、核算和管理的工作量,增加了福利的管理成本。

(2)这种模式的实施可能存在"逆向选择"的倾向,员工可能为了享受的金额最大化而选择了自己并不最需要的福利项目。

(3)由员工自己选择可能还会出现非理性的情况。员工可能只照顾眼前利益或者考虑不周,从而过早地用完了自己的限额;当其再需要其他福利项目时,就可能无法购买或需要透支。

(4)允许员工自由进行选择,造成福利项目实施的不统一,这样就会减少统一性模式所具有的规模效应。

7.3 经理人指南

7.3.1 人力资源管理部门在薪酬和福利管理中的主要职责

开发和管理公司的薪酬福利体系是人力资源管理部门的重要责任,包括薪酬福利体系的设计和日常管理。在组织发展战略指导下,人力资源管理部门对员工薪酬支付原则、薪酬策略、薪酬水平、薪酬结构、薪酬构成,进行确定、分配和调整的动态管理。具体包含以下几个主要方面:

- 组织实施岗位评价,确定每个岗位工作的相对价值;
- 开展薪酬调查,了解同样或近似岗位在其他公司的薪酬水平;
- 提出薪酬计划等方面的建议;
- 开发福利项目,并与直线经理协商。

7.3.2 直线经理在薪酬和福利管理中的主要职责

直线经理在薪酬和福利管理中具有重要作用,做好以下五方面工作,就能保证公司的报酬系统对提高竞争优势有积极的作用。

(1) 岗位价值评估。岗位价值评估是公司进行有效价值分配的前提。相对于人力资源部门的人员,直线经理对其所管理的岗位更加熟悉,保证工作评价建立在最新、最精确的工作描述之上,直线经理可以更有效地帮助公司确定特定工作的价值,向人力资源部门提供各个职位工作性质及相对价值方面的信息,并作为薪酬决策的基础。因此,直线经理往往作为工作评价委员会的成员。

(2) 协商起薪。在许多公司,直线经理在雇用新员工时要协商其薪酬。直线经理通常会被授权在雇用过程中与应聘人员在一个固定的薪酬范围内协商起薪。

(3) 行使好直线经理的建议权,建立外部公平。薪酬政策是由公司决定的,直线经理对部门内部员工的薪酬没有决定权,只有建议权。部门员工由直线经理直接领导,如果人员流失的情况比较严重,就会产生很多不便和困扰。因此,直线经理要扮演好资料搜集者的角色,了解当前市场的状况,尽早通知人力资源部门可能会出现的问题,以便人力资源部门经理或企业经营者及时采取措施,避免人员大量流失。要制定一个公平的薪酬制度,真正了解市场行情的应该是直线经理。如果能够为人力资源部提供准确的市场薪酬信息,并预见到可能出现的严重后果,提醒有关部门和领导及早做好准备,这样的直线经理就是非常出色的。

(4) 把工作变动情况告诉人力资源管理部门。经理在其管辖的范围内,若某项工作的内容或职责发生任何变动,要通知人力资源管理部门。这些工作将被重新评估,如果需要,还将改变相应的薪酬等级。

(5) 直线经理应该非常熟悉公司提供的福利,并将这方面的信息清楚地传达给应聘人员。此外,直线经理应了解外界市场信息,针对具体岗位特点,告知人力资源管理部门,提出公司要提供给员工的福利和服务方面的建议。

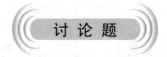

- 通过改进成本效率、提高市场竞争力、提高员工满意度、最大限度地吸引和保留核心员工，薪酬与福利管理能够帮助组织提升竞争优势。
- 确定报酬要素、进行岗位评价、把岗位归于合适的薪酬等级，实现内部一致性——内部公平性。
- 进行薪酬调查、确定公司的薪酬政策、设定薪酬等，实现外部竞争力——外部公平性。
- 确定薪酬区间，设计薪酬体系，选择合适的薪酬体系，包括岗位薪酬体系——以职位为基础的薪酬体系、能力薪酬体系——以能力为基础的薪酬体系、绩效薪酬体系——以绩效为基础的薪酬体系，达到与员工贡献相符——个人公平性。
- 福利设计的流程可分为确定员工福利宗旨与目标、进行员工福利需求分析、分析员工福利成本、制订员工福利计划、实施员工福利计划、进行员工福利效果评价等几个不同的阶段。
- 弹性福利制就是由员工自行选择福利项目的福利管理模式。它还有几种不同的名称，如"自助餐式福利计划""菜单式福利模式"等。

1. 薪酬设计的原则有哪些？
2. 薪酬体系有哪些基本类型？特殊群体的薪酬体系有哪些？
3. 如何应用薪点法进行岗位评价？
4. 如何设计员工的福利方案？
5. 怎样理解人力资源部经理与直线经理在员工薪酬和福利管理中的不同作用？

案例研究

C公司薪酬体系的内部公平性

案例背景：

C公司是集药品研发、生产于一体的国有制药公司，产品主要集中在心脑血管疾病的防治领域，近五年公司总体盈利水平稳步上升。随着行业竞争的加剧，公司为了及时应对市场变化，通过业务重组和公司结构调整，推行了扁平化管理，将公司原有的26个处室合并为9个部门，原有的管理层级由11个降为8个。

该公司长期实行岗位薪酬体系：管理、研发、生产、销售四大系列岗位的工资结构在总体上为典型的倒"Y"模式。在此模式下，员工薪酬水平的增长必须以管理层级的上升为前提，而非以业绩考核为依据。另外，技能工资比重偏高，由于技能工资主要和职称挂钩，同一岗位相同绩效的员工薪酬水平却因职称不同、资历不够而差别较大。

当前，扁平化结构改革减少了中高层管理岗位，进一步加大了靠晋升管理级别而提高薪酬水平的操作难度。大部分毕业生工作一两年，在已掌握核心技术之后便离开公司，从而造成研发、销售人员梯队断裂，核心技术流失，市场占有份额逐步下降。2015年至今，C公司所招聘的应届毕业生已经有47%选择离开。所流失的人员中：管理岗位占5%，研发岗位占51%，生产岗位占8%，销售岗位占36%。为此，C公司付费参与了北京地区制药行业薪酬调查，调查结果却表明该公司核心技术、研发类、销售类岗位的员工工资水平普遍处于市场较高分位。

针对上述问题，对C公司员工进行薪酬满意度抽样调查，结果分析出影响员工薪酬满意度的两个最重要因素，按影响大小排序分别为：① 公司内部对岗位的价值判断不一致；② 薪酬调整的标准不清晰，过于重视资历，未与业绩、能力挂钩。另外，还特别针对部分离职人员进行了离职面谈，绝大部分离职员工都提出了同工不同酬的问题，认为资历成了薪酬水平合理调整的最大障碍。

思考和讨论题：

（1）如何评价C公司原来的薪酬体系？

（2）C公司的人力资源经理应该如何制定新的薪酬制度？应怎样实施？

（3）流失人员中研发岗位占51%，如果你是研发部经理，该如何有效地管理员工薪酬？

第8章

员工职业生涯管理

> **学习目标**
> ◎ 理解职业生涯管理对于企业和员工的意义;
> ◎ 理解职业生涯管理的主要方法;
> ◎ 描述企业和管理者如何搭建职业生涯体系。

> **开章案例**

腾讯的员工职业发展体系[①]

问题:如何在公司的不断发展中,让员工与企业同步成长

腾讯公司以"最受尊敬的互联网企业"为发展愿景,在倾听和满足用户需求、强调用户价值的同时,对内的管理理念尤为强调"关心员工成长"。腾讯重视为员工提供良好的工作环境和激励机制;完善员工培养体系和职业发展通道,使员工与企业同步成长;充分尊重和信任员工,不断引导和鼓励,使其获得成就的喜悦。在腾讯快速发展的过程中,员工队伍的不断壮大与成长也成为公司得以扩张、发展的一个重要促进因素。

解决办法:"双通道"的职业发展体系

在人才发展方面,腾讯提出了一个职业发展的公式,即"极佳的职业发展=朝阳行业+优秀的公司平台+完善的职业发展机制+全方位的培养体系+努力的您"。可以看出,在实现职业发展的五类因素中,只有"努力"取决于员工自身,而剩下的因素更多都是腾讯作为一个企业去完善和建设的。

腾讯从制度上保证了员工在公司内有多通道发展,共同打造员工职业发展体系,建立了员工管理和专业"双通道"的职业发展体系。图8-1表明腾讯内同时存在的管理发展通道和专业发展通道。新入职的员工经过一定时间的工作积累之后,可以自主选择两条通道中任意一条来追求自己的职业发展。与此同时,除了最高级别的高层管理者和专业权威之外,其他层级的两类发展通道之间是相互打通的。如果技术类员工选择了管理通道之后却发现自己难以胜任管理工作时,仍然可以申请回到专业发展通道。

在纵向上,腾讯为员工搭建职业发展阶梯,清晰地指引员工发展目标,体现了对员工能力发展的期望与要求。专业发展通道上,共分为 6 个等级(由高到低):6 级——专业权威(fellow),作为公司内外公认的权威,推动公司决策;5 级——资深专家(master),作为

[①] 腾讯官网,https://www.tencent.com/zh-cn/culture.html(2019-3-27);HR 案例网,http://www.hrsee.com/? id=506。

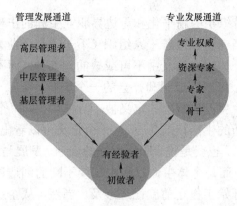

图 8-1 腾讯公司"双通道"的职业发展体系

公司内外公认的某方面专家,参与战略制定并对大型项目/领域成功负责;4级——专家（expert）,作为公司某一领域专家,能够解决较复杂的问题或领导中型项目/领域,能推动和实施本专业领域内重大变革;3级——骨干（specialist）,能够独立承担部门内某一方面工作/项目的策划和推动执行,能够发现本专业业务流程中存在的重大问题,并提出合理有效的解决方案;2级——有经验者（intermediate）,作为一个有经验的专业成员能够应用专业知识独立解决常见问题;1级——初做者（entry）,能做好被安排的一般性工作。以上6个等级中,每个等级还包括3个子等级,即基础级、普通级和职业级。

在横向上,按能力与职责相近的原则,腾讯为不同能力的员工设计了不同的职业发展通道。

技术族（T1~T6）,包含软件开发类、技术研究类、设计类、游戏美术类等。

产品/项目族（P1~P6）,包含游戏策划类、项目类等。

市场族（M1~M6）包含战略类、销售类、营销类、客服类等。

专业族（S1~S6）包含企管类、财务类、人力资源类、法律类、行政类等。

效果：员工职业发展体系与竞争优势的获取

腾讯按照通道/职位建立员工专业技术能力标准。包括的项目有专业经验、绩效表现、通用能力、专业能力和组织影响力。在职级评定中,腾讯鼓励员工充分参与,结合业绩与能力评估,并确保评定过程的客观与公正,提高评估的规范专业性。

根据员工管理和专业的职业发展双通道体系,员工从一入职开始,公司就为他们设计了全方位的培养体系。腾讯的培训体系主要分为新人培训、职业培训和干部培训三大类,每一类型的培训又各自具体化为一些课程内容,并设计了不同名称的人才培养项目（如育龙、飞龙、潜龙、领航等）,从而可以在更大范围上培养公司内的不同员工。腾讯的双通道职业生涯和一系列的培训项目,也成为腾讯构筑人才高地、培育竞争优势的重要依靠。

8.1 员工职业生涯管理与获取组织竞争优势

当今时代,工作的基本性质和对于社会及个人的意义已经发生了根本性的变化。事实上,工作、职业、职位、行业、就业、劳动、生涯、事业等这些词汇之间的联系和差别便昭示着人们认识上的变化。伴随着组织的扁平化和无边界职业生涯的出现，职业转换和工作流动成为一种较为普遍的现象。当在一家或若干家组织（不一定是企业）中以某种形式工作（不一定是全职雇用工作）成为个体生命意义中不可或缺的一部分，而不仅仅是为了谋生之时，职业生涯日益成为连接个体、家庭、组织和社会的一个重要桥梁。

美国生涯发展协会对"生涯"给出的定义被广泛使用，即"个人通过从事工作所创造出的一种有目的的、延续不断的生活模式"。从这一个定义可以看出，"生涯"的主要着眼点在于个人，在于人的生活模式。也就是说，职业生涯的规划、发展与管理不局限于某一份工作、某一个事件、某一家企业，而是个体生命过程中延续不断的创造过程。职业生涯既可能始于第一份工作，也有可能在开始工作之前就已经涉及。当然，从企业和管理者的角度来看，对于员工职业生涯的塑造和管理离不开具体的组织情境条件，也必然是嵌入在组织和团队的经营管理活动中。

从企业的角度来看，组织职业生涯管理是指由组织所实施的、旨在开发员工的潜力，留住员工，使员工能够自我实现的一系列管理方法。古特里奇（Gutteridge）概括指出，组织职业生涯管理的内容包括：为个人提供进行自我评价的工具和机会，为员工提供针对自身特点的职业发展咨询，发布内部劳动力市场信息、组建潜能评价中心，实施培训和发展计划等。克拉布特里（Crabtree）则提出组织职业生涯管理的内涵包括工作安排、工作空缺信息公布、职业规划、为员工安排职业导师、培训和发展活动等。在中国情境下，龙立荣提出了我国企业组织职业生涯管理的四维结构，分别是职业发展（提供职业自我认知的机会）、注重培训（提供职业培训的机会）、公平晋升（建立公平的职业晋升制度）、提供信息（提供职位空缺的信息）。这一内涵结构与西方的研究有相似之处，也更为凸显了中国企业组织中职业生涯管理的重要内容。

8.1.1 良好的职业生涯管理对公司的作用

1. 企业留住和激励员工的重要手段

保留公司的核心人才队伍，是企业稳定持续发展的一个关键。在如今工作机会选择增多和人员流动加速的背景下，员工更为关注在组织和企业中的成长，特别是自身的人力资本能否在组织中得到增值。由此，当公司能够建立起基于员工成长需求而开发和设计的职业生涯管理，其对于员工和人才队伍的吸引得以增强，员工的组织承诺感与工作投入水平也会相应提升。

2. 企业优化人力资源配置、提升人力资源管理效率的必要途径

对员工的职业生涯发展提供规划、指导与支持，能够帮助企业获取更高质量的人力资源队伍，从而在资源配置效率和管理效率上实现提升。在我国经济发展中人口数量红利逐渐消退的背景下，企业的持续发展有赖于高水平、高层次人才带来的发展红利。企业是否能够通过职业生涯规划系统培育出更高能力和高素质的人力资源队伍，已经成为衡量企业人力资源管理水平的一把重要标尺。

3. 企业业绩实现与目标达成的制度保障

最好的职业生涯管理，本质上是在员工和公司之间建立起一种合作式的伙伴关系。一方面，只有当企业的业绩得以实现、设定的发展目标不断达成时，身处企业之中的员工才能够享受更快的职业能力的增长、职业目标的实现,以及取得职业成功;另一方面,好的职业生涯管理系统,能够将员工的能力、素质、经验等高效配置于企业经营活动中,更好地发挥人力资源的潜能,从而助推企业业绩的实现和目标的达成。

8.1.2 职业生涯管理对员工的作用

1. 能够促进个体职业目标的实现

今天的时代背景下,员工在职业目标上也发生了长足的变化。除了传统的物质目标之外,员工也重视在职场中实现职业成功,提升心理成功感。这种主观的目标感受来自工作带来的自豪感和成就感,而并不等同于传统意义上的加薪升职。良好的职业生涯管理可以更好地识别员工的职业目标,并通过职业发展通道的设计,帮助员工寻找到实现职业目标的有效路径。特别是,一个预期明确的职业发展通道和生涯管理体系,能够提升员工个体对于未来职业目标实现的期望,从而进一步强化员工主观感受到的职业成功。

2. 有助于员工个人价值与职业胜任力的提升

员工进入职场,一方面需要依赖已有的知识、能力、素质来帮助实现组织目标;另一方面也必须不断开发新的技能,提升个人的价值。通过明确设计和建立职业生涯管理,员工可以更为清晰地认识到所需要学习和培养的能力,以及这些能力与自身职业发展之间的联系。员工通过在组织工作中不断地实践,能够提升自身在特定行业和工作任务上的胜任力水平,同时具备更高的职业素养。

3. 能够推动和实现员工的全面发展

对于员工个体而言,进行职业生涯管理不同于一般意义上的工作激励手段,而是意味着站在人生发展的更高角度,来思考职业和工作对于人生的意义。如前所述,职业生涯管理的主体是员工自身。职业生涯管理的本质也是员工基于对自己的充分认知、梳理、界定和调整自身在工作中的角色和职责。良好的职业生涯管理,能帮助员工更好地平衡自身目标与组织目标,平衡自身工作与生活和家庭的关系。更重要的是,职业生涯管理要求员工树立更为长远的职业发展目标,不断挑战和提升自我,由此实现员工作为个体的自我实现和全面发展。

8.2 员工职业生涯管理的问题及实践

构建良好完善的职业生涯管理,离不开公司与员工双方面的投入和责任。如图 8-2 所示,完整的职业生涯管理包含四个方面,分别是自我评价、现实审查、目标设定、行动规划。在这四个不同的阶段,公司需要承担相应的责任,员工也需要承担相应的责任。作为连接公司与员工的直线经理,在这一系统中起到独特的作用。

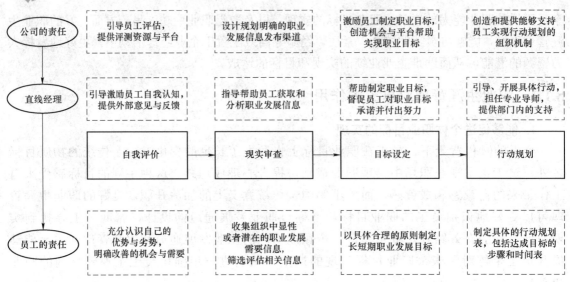

图 8-2　职业生涯管理的全流程与各方主体的责任

8.2.1　自我评价

自我评价主要用于帮助员工了解和确定自己的兴趣、价值观、才能及行为取向。典型的心理测验（如大五人格测量、MBTI 性格测试等）可以用来帮助个体确定自身的人格特征，而霍兰德提出的 RIASEC 理论（现实型、研究型、艺术型、社会型、企业型、传统型）则强调人格类型与相对应的职业类型，并通过职业自我探索量表帮助人们识别自我特征。此外，职业价值观反映了个体认为职业与工作过程中哪些因素更为重要，这在很大程度上决定了个体的工作行为。国内研究者最近的研究发现，中国情境中新生代员工在工作价值观上主要包含功利导向、内在偏好、人际和谐、创新导向和长期发展五个方面的主要内容，而不同代际的员工之间在安全与舒适、能力与成长、地位与独立这三大类价值观上也呈现出明显的差异。表 8-1 呈现了当前八种能够帮助员工澄清职业价值观的主要内容，该体系来自卡茨（Katz）开发的交互指导信息系统（system of interactive guidance and information，SIGI）。自我评价的目的在于，通过评价员工自身，组织和员工可以明确员工的职业发展需要，特别是员工当前的知识、技能、兴趣等与员工期望的工作或职位类型之间存在差距时。通过借鉴这些不同的工具，评价自身能力和技能与期望岗位之间的差距，从而为后续的改进指明方向。

表 8-1　SIGI 主要价值观内容

序号	职业价值观	主要内涵
1	社会贡献	工作能否在整体上改善健康、教育或社会福利
2	高收入	相对于其他职业从业者而言，拥有更高平均水平的收入
3	独立性	无严格监管，无须每日听从工作指示的工作环境
4	领导	领导和组织他人一起工作，承担领导者的责任
5	休闲	工作时间短或假期长，在工作之余寻求满意感

续表

序号	职业价值观	主要内涵
6	社会声望	该职业能帮助他人在社会中尊重你,倾听你的建议
7	稳定性	工作不因经济、技术、政府或其他原因而突然发生变化
8	多样性	工作中接触不同的活动,而不仅是固定的常规工作

显然,自我评价的主体是员工个体。通过回顾在工作中发生的一些关键事件,借助已有的一些测评工具,员工可以对自己的人格、兴趣、能力等有一个较为准确的评价。在评价自身时,也应该将自身在不同职业、不同组织和不同工作岗位上的表现整合起来;同时听取来自上下级、同事或其他重要人士的反馈意见,从而形成一个更为完整的认识。当然,自我评价是一个不断进行的过程,往往伴随员工个体的整个职业生涯。

从组织的角度来说,一是要引导员工不定期地进行自我评价,并将此作为对员工职业生涯进行规划和发展的一个重要依据。一些公司在招聘新员工时会进行一系列的评估和测试,而对于在职员工和在员工晋升过程中却对这些评估重视不足。这一做法的不良后果在于,员工与组织双方或许都对个人缺乏准确的了解。二是搭建和提供不同类型的测评资源。无论组织是在内部发展自身独特的评价体系和工具,或是通过引入购买外部的评价工具,组织有责任为员工提供自我评价的平台和工具。

8.2.2 现实审查

在现实审查阶段,员工需要获取并了解当前组织中存在哪些可能的职业生涯发展机会,以及组织对于员工特别是本人的职业生涯是否制定了相应的规划。通常情况下,对于现实情境和机会的审查,与上一阶段员工和组织对其个人评价的反馈结果密切相关。也就是说,组织会针对不同的员工提供差异化的职业生涯发展机会。可以说,对于个人的职业生涯发展规划而言,自我评价在一定程度上帮助员工明确了自身的供给信息,而对于组织中现实情境的审查则有助于员工了解组织中显性或者潜在的职业发展需求信息。在现实审查阶段,核心的问题在于信息的搜集和传递。例如,企业内部对于不同岗位员工的培训计划如何?是否有设定清晰的职业生涯发展通道?符合什么条件的员工可以获得潜在的晋升机会?员工可否在不同的部门或团队之间实现横向流动等?

从组织的角度来看,可以设计和规划一个明确的信息发布渠道。组织在实施生涯发展项目时,可以通过发展和建设生涯资源中心的方式发布信息。内容包括组织中的生涯发展路径和生涯成长阶梯;在公告栏、电话信息系统或网页上张贴发布组织内部的工作信息;发布有关培训、人员发展或学习机会的信息等。

从员工的角度来看,需要对公司内部的职业发展规划与相关信息保持充分的敏感,主动关注并积极搜集相关的信息。在有些公司中,职业发展规划的信息是明文发布的,员工可以比较方便地通过学习培训、浏览办公网站、查询文件等方式获取;而在更多的公司中,有关职业发展规划的信息可能并非完全公开或者有明确渠道。在此情况下,员工就需要充分挖掘多种渠道,特别是通过与管理者或资深员工之间的人际沟通交流,更好地获取有关职业发展的规划信息。在获取相关的职业规划信息之后,员工也应对这些信息进行筛选和评估,特别是要结合自身能力、知识、素质等,判断哪些现实的职业发展信息与自己当前的个人特质更为相符,能够引导自己的职业发展。

8.2.3 目标设定

有了前述两个阶段的基础,员工可以在目标设定阶段对自己职业发展不同时间维度的目标进行设定,既包括相对较为抽象与模糊的长期职业目标,也包括短期内较为具体的职业发展目标。职业目标可以是获得某个理想的职位或取得晋升(如成为区域经理)、提升相应的技能水平(如具备高水平的演讲能力)、完成特定的工作目标(如在自身的工作岗位上做出优秀的业绩),也可以是比较长期的(如成为金融投资领域内权威专业人士)。需要注意的是,员工在实现自身职业生涯发展的过程中,不应该只是完全从个人出发制定职业目标,而同样需要考虑所处组织的战略目标和发展愿景。与此同时,员工个人目标的实现也离不开整个组织和管理者的支持。因此,在制定职业目标时,员工应与组织内的管理者进行深入沟通后,基于讨论结果制订具体的员工职业开发计划。一个典型的员工职业开发计划表如表 8–2 所示,它包括几个主要部分的内容,分别是:

- 当前自我评价的结果,包含具备的个人优势和需要改善的方面;
- 职业目标,包含长期目标与短期目标;
- 为实现目标的下一步举措;
- 为实现职业发展目标而需要的学习与培训。

表 8–2　员工职业开发计划表示例

姓名:	职位名称:	直接上级:
一、当前自我评价的结果 在从事目前的岗位和工作上,请分别列出自身最主要的三方面优势和需要改善提升的三方面,内容需具体明确。 个人优势: (1) (2) (3) 需改善的方面: (1) (2) (3)		
二、职业目标 长期职业目标: 短期职业目标:		
三、下一步实现目标的举措 为了实现以上职业目标,下一步工作中计划采取哪些具体举措,包括具体的时间安排,可不限于三项。 举措 1: 举措 2: 举措 3:		
四、学习与培训需要 基于上述职业目标和下一步采取的举措,在学习与培训方面有哪些具体的需要? 需要 1: 需要 2: 需要 3:		
员工签名: 直接上级签名: 导师签名(如有):	时间: 时间: 时间:	

员工在制定职业目标的过程中，需要本着具体合理的基本原则。一般而言，短期目标是在较短时间（如一年）内能够实现的一些目标，往往比较具体。即便是长期目标，也应该避免制定得过于模糊，如"实现一个成功的职业生涯"。在员工职业生涯的初期，不少员工往往缺乏对于长期职业发展的规划，这就需要基于对当前工作的深度思考和自身优劣势的深刻分析，并借助他人的指导来确定自身的长期职业目标。与此同时，职业目标应该是一个整体系统，即长期目标与短期目标之间应该是互相促进的关系。员工的短期目标，应该能够服务于长期目标的逐步实现，而不是相互冲突。例如，一名技术性员工如果确定自己的长期职业目标是技术专家，那么短期内的职业发展目标就不应该过多地强调提升自己的管理能力。

公司一方面需要引导和激励员工制定一些具体的、富有挑战性、可实现的职业目标，另一方面更需要创造机会与平台帮助员工实现这些职业目标。特别是，公司应结合自身的发展愿景，在不同部门、团队和岗位上制定具体的目标，整合整个组织的力量去实现组织目标和发展愿景。在此过程中，公司有责任引导员工将自己的职业发展目标与组织目标有机地关联起来，从而使员工在工作中的努力既有利于实现自身的职业发展目标，也能够促进公司目标的实现。

8.2.4 行动规划

在明确长期职业目标和短期职业目标的基础上，职业生涯管理的下一步工作就是立足于目标实现来制定和开展具体的行动，从而提升个体的职业胜任力，以更好地实现职业生涯目标。在不同的企业组织中，职业生涯行动规划的形式也不尽相同。同时，根据不同的职业生涯目标和职业开发需要，员工选取的方法也有所差别。可能的方法包括：在组织中选择一位职业生涯导师，在不同的工作岗位上进行轮岗学习，并进行更为灵活、更具自主性的工作安排，或者参与正式、非正式的课程学习项目等。为了追踪职业开发行动计划的实现，员工可以在与管理者协调沟通的基础上，制定一个个人职业开发行动规划表，如表8-3所示。在这一阶段，员工最主要的责任是制定一个达成自身目标的步骤及时间表。

表8-3 个人职业开发行动规划表

姓名			日期		
长期职业目标					
短期职业目标					
活动次序	有助于目标实现的活动	方式	寻求帮助的关键人物	预期完成时间	实际完成情况
示例1	与部门资深员工交谈	面对面沟通交流	A部门张某	8月10日	8月3日完成
示例2	参加公司组织的业务技能培训	在职培训	人力资源部李总	10月15日	10月15日参训
⋮					

对于企业组织来说，创造和提供一个能够支持员工实现其行动规划的组织机制至关重

要。例如，组织中是否设计和提供了符合员工发展需求的课程，是否鼓励资深员工与管理者和新员工进行经验分享，组织内部的合作关系是开放式还是保守式，这些方面都会直接影响员工的职业生涯发展。以小米公司为例，其主要业务部门均采取开放式的办公环境，任何员工在遇到业务、技术或产品上的问题时，都可以很便捷地在同一办公场所获得及时有效的支持，而不需要考虑部门之间的阻隔。此外，越来越多的企业开始在内部开设商学院或企业大学，以便系统性地为员工提供有关专业技能、管理素养和综合素质的课程，这些都为员工职业生涯规划的实现创造了机会。例如，富士康的 IE 学院，承担工业工程、管理、专业技术等方面的培训和学历教育，从而为富士康员工提供了掌握与提升管理和技术能力的重要平台。

8.2.5 开发手段

1. 正式教学法

对企业来说，最常用和最直接的职业生涯发展方式就是让员工参加各种不同的正式教学项目。主要包括：公司定制的企业内部培训课程与项目，在高校或研究机构参与的短期学习课程，针对管理者和高层管理者的学历教育项目，企业大学课程，在线教学课程等。

在企业内部设置培训中心或者企业大学的优势在于，可以更好地从公司自身的经营与业务发展需求出发，对课程内容、项目特色、师资配置等各方面进行设计，并在培训企业内部管理者和员工的过程中发挥企业文化的作用，更好地保留与培养内部员工，促进他们在公司内更好地发展职业生涯。2017 年年底由上海交通大学海外教育学院主办的 2017 中国最佳企业大学排行榜颁奖盛典上，海尔大学、红星美凯龙管理学院、麦当劳中国汉堡大学、中国兵器人才学院、中兴通讯学院荣获"2017 年度中国企业大学趋势引领奖"，中国移动学院、新希望六和商学院、中航大学、中国南方电网公司干部学院等 20 家企业大学获评"2017 年中国最佳企业大学"。

与此同时，随着信息技术的飞速发展特别是移动互联网的应用，在线教育（包括 MOOC 课程、公开课等形式）在国内取得蓬勃发展。其中，针对职场人士职业生涯发展的专业课程也日渐增多，企业员工对在线学习的需求和接纳程度也不断攀升。大众的消费水平升级，越来越多的人愿意为在线学习和教育付费。为了更好地激励员工利用工作业余时间进行在线学习，一些企业也在福利项目设计和激励政策上做了相应的调整，鼓励和支持员工通过在线教育平台学习职业发展技能。

2. 导师制度

在企业中，导师制度主要是由更具经验的资深员工帮助经验不足的新员工进行职业生涯和职业胜任力的开发。公司既可以设置一对一的指导关系，也可以设置团体导师制度，即多对一或者多对多。在导师制度下，指导者和被指导者既存在指导关系，也存在同事关系，从而更容易在职业生涯发展上分享更为具体的经验和建议。采用导师制度对于指导者和被指导者双方的职业生涯发展都有一定益处，导师能够给被指导者提供职业和心理上的支持，更好地帮助新员工融入公司环境，提升其工作胜任力；同时也能够对导师进行技能开发，并为有可能晋升至管理岗位的核心员工提供锻炼管理能力、获取管理经验的机会。

需要注意的是，导师制度既可以通过正式的制度规定来加以实现，也可以在组织中通过非正式途径进行。在选择导师时，企业和员工均需要注意双方各自的工作风格、个性、工作背景等方面是否具有匹配性，从而增进双方的信任和合作意识，更好地提升指导效果。成功的正式导师指导计划一般具有如下特征：
- 指导者与被指导者双方都是自愿参与，且可以随时退出或中止；
- 双方可以相互匹配，且被指导者可以在正式指导关系之外寻求建立其他非正式指导关系；
- 导师具备指导新员工的足够能力和意愿；
- 导师与被指导者的匹配基于能否满足被指导者的发展需求；
- 导师制度设定了明确的目标；
- 指导关系有明确的时间期限；
- 明确规定双方的最低接触水平；
- 鼓励被指导者寻找导师之外的其他帮助；
- 对导师指导计划的执行与效果进行评价和反馈；
- 让导师可以在组织中得到相应的回报。

3．工作体验法

所谓工作体验，是指员工大多数职业开发得以实现的活动，即员工通过实际工作中遇到的各种问题、需求、关系来实现职业生涯发展，简单来说就是"干中学"。当员工在工作中发现自身的能力素质与实际工作无法匹配，无法满足工作的需求时，他们就需要对自身进行拓展和开发。例如，当公司使用新的在线办公系统时，员工就需要开发在线工作与网络协同能力。特别的是，员工除了可以在组织内部的工作任务中体验并开发自身能力，也可以通过组织外部（包括一些非正式组织、社区组织、俱乐部等）完成相关任务时对自身的职业胜任力予以开发。

如表 8-4 所示，可以有多种不同的途径，主要包括：
- 职位扩大化，扩大现有职位内容；
- 职位轮换；
- 晋升；
- 水平工作调动；
- 降职；
- 临时安排；
- 外派工作。

表 8-4　工作体验法开发员工的主要途径

主要途径	内　　涵
1．职位扩大化	在现有职位中增加更多具有挑战性或新的工作职责，如参加新的项目、承担新的角色等
2．职位轮换	在公司的不同职能领域或部门为员工进行一系列的工作安排，提供在不同部门、职位任职的机会。职位轮换有助于促进员工对公司整体目标的把握，提高员工在不同部门间沟通协作的能力和从事复合型工作的能力
3．晋升	员工承担另一个更具有挑战性、更多责任及更多职权的新职位。这既是对员工的一种激励，也意味着晋升后的员工需要面对和管理更为复杂的情境
4．水平工作调动	指员工在相同或相似的层级上变化工作岗位和主要负责的职能领域，有助于拓展员工的工作视野和经历，但可能会面临人与部门不匹配的新问题

续表

主要途径	内涵
5. 降职	指降低员工承担的责任，削弱相应的职权，向下流动到相关职位上。降职往往是由于业绩不佳或者其他管理不力而导致，会被员工视作一种惩罚。然而，降职也可能是员工开发自身工作技能的手段，甚至有利于员工在公司里实现长期成功
6. 临时安排	临时赋予员工一个新的工作角色和任务，往往有事先确定的终止日期。临时安排有助于拓展员工的工作经历，并帮助组织判断员工是否符合新岗位的工作需求
7. 外派工作	对于跨国企业或者多地区运营的企业来说应用较为广泛，能够提升员工的适应能力和综合管理能力。可能面临文化冲击或员工自身工作家庭冲突的问题

4. 新型工作方式

最为传统的工作方式是员工全职受聘于某一家企业组织，每周工作 40 小时。然而，近年来，随着经济条件、技术条件、社会形势的变化及员工自身的转变等多方面原因，越来越多的新型的、非正式的工作方式开始涌现。对于今天的员工而言，这些非正式的新型工作方式也是他们自身职业生涯开发的重要内容。典型的新型工作方式列举如下。

（1）非全职工作。即员工在其他组织中从事兼职工作，但不影响其在所属组织或岗位上的本职工作。两份工作的内容可以相近，也可以有所不同。

（2）弹性工作时间。即组织允许员工确定自己的工作日程和时间。例如，每天上下班的时间可以灵活，压缩工作周（每周工作 4.5 天，总时间仍为 40 小时）、周六日轮换工作等。这一工作形式的最大好处是可以帮助员工在自身职业发展的同时，更好地兼顾家庭责任。

（3）轮班工作。除了在生产型企业和医护组织，其他一些组织和机构也开始尝试轮班工作的方式，包括银行、金融或商业性的机构。因为工作需要，员工可以轮流地上夜班、晚班或周末班。

（4）多重职业。这种情况与一般意义上的兼职不同，而往往是指员工从事两个（或以上）工作领域相差较大的工作。因此，员工可以在不同的工作领域中进行学习和职业开发，并可以借他山之石，促进两种工作之间的相互借鉴。

（5）工作共享。即同一份工作任务、职责或者工作岗位由两人或者多人来共同承担，同时每一名员工也承担了其他员工的工作任务。工作共享可以降低每一名员工的时间压力，同时通过不同成员之间的合作可以提升每位参与者的工作能力、协调沟通能力等。

（6）远程或在家办公。即在办公地点上赋予员工更多的自主性，这在很大程度上得益于信息技术和互联网的发展。远程办公的好处是可以提供更有弹性的时间，帮助员工兼顾职业发展与家庭责任。但是，远程办公在人际关系、组织文化与氛围、团队建设这些促进员工职业成长的内容上会有所欠缺。

（7）自由职业者或顾问。这类人员往往不会和所服务的企业组织签订正式的劳动合同，而是会和多家企业保持密切的合作关系。双方合作基于具体的工作项目或任务开展，特别是对于一些行业专业人士。在合作服务期间，这些专业人士可以为组织的相关决策提供顾问参考，也可以参与对公司内部人士的指导与帮助。

8.3 经理人指南

8.3.1 直线经理在员工职业生涯管理中的指导性角色

职业生涯管理是一个系统性工程，需要在组织内部活动的多个流程中予以落实。对于直线部门的经理人而言，一方面，他们也需要对自身的职业生涯发展进行规划；另一方面，作为部门管理者需要对本部门员工的职业生涯发展提供充分的支持和指导。一般而言，直线部门的管理者需要在组织正式制度和体系内进行管理活动，这意味着直线经理给员工提供的支持更多是人际性的指导。下面结合职业生涯管理的不同阶段，阐述直接经理在不同阶段应该起到的主要作用。

1. 在自我评价阶段

直线经理在开展和完成业务工作之余，也承担引导员工自我认知的职责。直线经理的引导作用除了体现在激励员工积极参与各种评价活动之外，更重要的，可以基于业务工作的完成情况对员工自我评价提供外部意见和反馈信息。例如，员工在工作中展现出哪些较好的能力，在人格特征和价值观上有哪些明显的表现，是否在能力或素质上与当前岗位或者其他岗位之间存在一定的差距。对于这些问题，直线经理作为业务领导者，能够更为客观地进行审视，并通过给予反馈意见帮助员工更为准确地认识和评价自我。

2. 在现实审查阶段

直线经理的责任在于帮助员工获取和分析相关的职业发展信息。特别是，当公司内出现晋升机会或者其他工作部门与岗位的调动机会时，直线经理应该能够指导员工进行相关信息的搜集与分析，并针对员工是否适合新的岗位给出发展性的建议。进一步地，直线经理还需要确认员工如果到其他职能领域或者岗位去工作，是否能够得到相应的职业发展机会，并且对员工的发展潜力和晋升可能性作出整体性评价。

3. 在目标设定阶段

从直线经理角度来看，他们既需要帮助员工制定职业目标，督促员工对职业目标做出承诺并付诸努力。在一些公司中，部门经理被要求必须参与员工的职业生涯目标的制定工作；也有一些公司，则会进一步指定部门管理者（即直线经理）担任新员工的职业导师。直线经理对公司和部门层面的目标有更为深入的了解，因此能够更好地帮助员工了解公司发展的方向，帮助员工在公司目标与个人职业目标之间实现更好的融合。与此同时，如果员工只是制定了目标而不进行目标承诺或者不落实到行动之中，那么职业目标就几乎毫无价值。为此，直线经理能够起到监督和激励的作用，基于员工自身的职业发展目标来确定员工的绩效期望和绩效标准，从而督促员工在日常工作中围绕制定好的职业目标付出高水平的努力。如表 8-2 所示，直接上级和员工同时在职业开发计划表中签字，表明双方对涉及的内容达成共识，更加表明直线经理也对员工做出承诺——在需要的时候，管理者会对员工的职业生涯目标实现提供必要的支持、资源和帮助。

4. 在行动规划阶段

直线经理扮演着员工职业生涯规划和开发的引路人、导师和支持者角色。在实际工作中，直线经理既需要引导员工积极开展职业生涯行动规划，为实现职业发展目标而落实到具体行动上，也需要起到专业导师的作用，在员工职业规划行动中成为关键人物，分享自身的职业规划经验。此外，直线经理还需要提供部门内部的支持，鼓励员工不仅仅满足于完成当前工作，更要着眼于自身和组织的未来发展目标，从而以更为宏大和长远的视角来规划自身的职业生涯发展。

8.3.2　直线经理在员工职业生涯管理中需要修炼的管理技能

在促进员工职业生涯发展的过程中，直线经理应该具备一系列综合的管理技能。

1. 识别技能

直线经理的识别技能体现在两个方面。一方面，能够准确地理解和识别出组织的发展目标与岗位和工作要求之间的联系，从而能够将对员工的管理和职业发展与公司发展的需求结合起来，促进组织目标与员工职业生涯目标之间的有机融合促进；另一方面，能够准确地识别出员工的潜能，而不是主要从员工当前展现出的能力进行评判。换言之，直线经理应该具有发展性的识人眼光，能够发现员工通过职业发展展现出的可能能力，从而更好地帮助员工明确未来的职业发展目标。

2. 沟通技能

在帮助和促进员工职业生涯发展的过程中，直线经理需要具备良好而高效的沟通技能。无论是通过与员工的接触从而准确评估员工的个性特征，还是与员工协调商量之后帮助其制定合理的职业生涯发展目标，或者是当员工在职业生涯发展中遇到挫折与困境向直线经理求助时，都需要直线经理能够明确发现员工面临的问题，并及时给出具有针对性的反馈，从而帮助员工在整个职业生涯发展的过程中实现更为平稳的发展。

3. 激励技能

在员工职业生涯发展的过程中，直线经理还扮演着激励与支持的角色。首先，直线经理需要引导员工积极关注自身的职业发展问题，从职业生涯的早期或者是日常工作中去思考职业生涯发展的问题。其次，职业生涯发展对员工也是个人能力与素养不断提高的过程，这本身就具有很强的激励性。直线经理也应当结合员工的个人特征和工作需求，在提供相关激励内容（如开发课程、学习机会、培训活动、岗位锻炼等）上给予员工一定的激励。最后，在员工职业生涯管理的全过程中，员工也会期待直线经理能够在职业生涯过程中特别是职业能力的提升上，提供资源、人际和情感上强有力的支持，而这些都需要直线经理不断提升自己的激励技能。

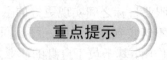

- 员工职业生涯开发不仅仅是组织自上而下的体系设计，更需要一线管理者和员工在日常工作业务中予以落实。
- 在员工自我评价过程中，管理者需要提供自身的反馈意见，帮助员工更为准确地认识自我。
- 管理者和员工应积极关注组织内部可能的职业发展信息。
- 员工制定长期职业目标和短期职业目标时，应符合公司的长远发展目标，并具有合理性、明确性和一定的挑战性。

● 管理者应该积极监督员工实践自身的职业发展行动规划。

● 导师制度的设定需要考虑指导者和被指导者之间的匹配，并注意指导者是否有能力和意愿担任导师。

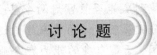

1. 新生代员工在对待职业生涯时有哪些新的认识？如何激励新生代员工更为积极地开展职业生涯规划？
2. 在环境不确定性日益强化的行业背景下，如何设定合适的职业发展目标？
3. 如何在组织中构建效果良好的导师制度？
4. 比较不同的工作体验方式各自的优势与劣势。
5. 描述多种不同的新型工作方式对员工职业发展的意义和潜在问题。
6. 如何基于大数据测评结果为员工制订更为个性化的职业发展方案？

斜杠青年：从单一职业走向多彩人生①

在一般人的眼里，Daisy 是一个很能折腾的人。喜爱旅游的她看到有一个在日本为期三个月的志愿者项目可以用打工方式获得签证，便立即辞去了自己的工作，去日本乡间的民宿志愿工作了三个月。此外，在业余时间里，Daisy 还兼职给以前的老东家做一些外包的翻译工作，同时还和另一个朋友运营自己的微信公众号，主要内容是介绍自己喜爱的各地美食。显然，这些让 Daisy 投注精力和热情的兼职事情，并不在她自身的职业发展轨道之上。

像 Daisy 这样的人，被人们称作"斜杠青年"。如果我们留心观察，会发现这样的人并不罕见。平时在同一个办公室上班的同事，到了周末可能变成兼职的婚礼摄影师；在一家外企工作的白领，下班后可能是淘宝店主；下班打车遇上的专车司机，其实也在从事朝九晚五的白领工作。

斜杠青年来源于英文"Slash"，出自《纽约时报》专栏作家麦瑞克·阿尔伯撰写的书籍《双重职业》，指的是一群不再满足"专一职业"的生活方式，而选择拥有多重职业和身份的多元生活的人群。如果我们把"斜杠"理解为"/"符号，那么斜杠青年或许就是可以用多个"/"符号来表达他们职业身份的人群，如"教师/志愿者/公众号运营者/兼职编辑"等。

这样的人群今天已不在少数。2017 年 10 月，中国青年报社社会调查中心联合问卷网对 1 888 名 18～35 岁青年进行了调查，结果显示 52.3%的受访青年身边确实存在这样的"斜杠青年"。

近年来，国内自媒体和知识经济的兴起，也为那些有着一技之长的年轻人将兴趣"变现"提供了可能。如果在自己的本职工作中遇到瓶颈或者陷入困境，或许可以通过写作、网文、

---

① 宋旸. 斜杠青年的告白//陈晓萍. 管理视野（13）. 上海：复旦大学出版社，2018：58-69.

主播等其他兴趣来更好地实现自身的价值。月入百万的直播平台主播，版税过亿元的网文作家，一篇稿子能带来10万+阅读量甚至数十万元打赏的公众号大V……这些惊人的数字似乎昭示着，如果你有着一技之长，最好的时代已经到来。其中的一部分人，在机缘来临时，也会权衡之后舍弃原本的主业，而在自己兼职的领域开始新的创业之旅。

斜杠青年也会被质疑，尤其是到底能否兼顾好两个甚至更多的业务。有时候，想要兼顾的后果，往往是两边都顾不上。而从管理者的角度来思考这一问题，为什么员工还会在主业之外去兼职？是因为真的工作很闲，还是自身的能力在企业中并没有得到充分的释放？又或者是员工觉得目前的组织和工作上升空间有限、渺茫，觉得自己未来前景黯淡？对管理者来说，如何调动自己的智慧与经验，采取什么样的方法，能够更好地调动起这些斜杠青年的工作积极性？这是一个典型的职业发展问题。

对于斜杠青年本身来说，斜杠不仅仅是职业发展问题，更是关乎每个人对于自身的长远规划，想要什么样的工作，想过怎样的人生。而在年轻人成长的过程中，职业发展的教育往往是缺位的。更常出现的情况是，我们工作是为了实现父母长辈乃至这个社会的预期。可是今天的中国，一份稳定、长期的工作越来越不可能。传统职业观中的"晋升""工资""安稳"也不再是年轻人对工作唯一的判断标准。斜杠，在某种意义上正是年轻人寻找自我、开启多彩生活的一种方式。

无论对于青年，还是企业里的管理者，斜杠青年的出现都是一个值得研究的新问题。

思考和讨论题：

（1）对于斜杠青年而言，他们在职业生涯管理和发展中面临着哪些新的机遇或是挑战？青年员工如何去应对这些新的变化？

（2）从企业管理者和直线经理的角度来考虑，当你的员工是斜杠青年，即在本职工作之外还有其他工作角色，你又会如何设计和规划员工的职业生涯发展？

第 9 章

员工帮助计划

学习目标

◎ 理解员工帮助计划在生产力改进中的作用；
◎ 掌握员工帮助计划的基本内容；
◎ 掌握员工帮助计划促进企业生产力改进的策略和方法。

开章案例

员工帮助计划与人力资源管理工作

问题：国际大型企业本应风光，但无奈员工士气低落

国际大型企业A，新提升了一批中层经理。经理们上任后，对工作环境的适应程度较慢，具体体现在：对员工的工作关注度不够，对自身责任认识不足。在上任后的第一轮绩效考核中，这些中层经理的考核结果普遍不理想。而且考核人员发现，这些新任命的中层经理们的责任意识不强，直接造成了其团队士气低落、组织效率低下、哀怨连篇。

解决方法：全面剖析

经过深入分析，发现原因可能来自如下几方面：首先，新任管理层由于缺乏培训，造成管理理念和知识不足，从而造成不仅自己未能履行好岗位职责，甚至给所带团队带来消极影响；其次，新任管理层对岗位责任缺乏清晰的认识与重视；最后，管理能力的不足与履职的不到位，直接导致中层经理与下属的沟通不畅。沟通不畅直接影响了工作流程效率的提升，员工的负面情绪可能对部门整体工作产生潜在影响。

效果：完善的 EAP 工作系统，带来更强的竞争力

公司为了提高工作效率，引入员工帮助计划（EAP），EAP 咨询师将这次中层经理们出现的问题归纳为两个方面：第一，新任中层经理们胜任力问题；其二，上下级沟通与协作问题。胜任力问题主要是由于缺乏岗前培训所致，由于中层经理们刚刚得到晋升，尚不具备新岗位所需的全部能力；沟通协作问题则透露出新经理们对老团队缺乏有效指挥的弊端。

通过与 EAP 咨询师的密切配合，人力资源部对未来的工作做了如下四方面的改进：第一，管理层履职时，要综合考核待选人员，确保其具有能胜任新岗位的全面的素质和能力；第二，对管理层的持续培养中，要对其管理能力和知识进行持续性的培训，与时俱进，并提升其集体意识；第三，设立导师制，让老经理带新人，承上启下，实现管理经验和人脉关系的有效传承；第四，履职过程中，不断利用内外部专家对绩效进行评估，并实现积极反馈，促进经理人的持续成长。

9.1 员工帮助计划与获取组织竞争优势

9.1.1 企业心理资本的提升与生产力改进

传统上，企业间竞争力的比较，大致可以从企业所拥有的三大资本中得出结论。这三大资本分别是：财力与物力、人力、社会资本。而在人力资本中，除了现有技术水平和经验等可衡量的要素外，员工的自我效能感、情绪智力等因素也越来越多地影响员工的表现，甚至可能激发员工尚未表现出来的潜能。自我效能感、情绪智力等因素构成了企业的第四大资本——心理资本。第四大资本，正是决定同类企业间竞争力的关键所在。

即便在最简单的情境下，每个人的心理活动仍是微妙且细腻的，员工在工作过程中，由于工作环境的改变、工作时间的延长，其心理活动或情绪可能产生些许波动，而这种波动不经意间降低了其工作效率。如果企业能够找到影响员工心理活动的这些要素并加以干预，对企业整体的生产效率提升，势必产生积极的影响。

9.1.2 个性化的职业发展通道与能力培养

没有两个人是完全相同的。即便不能关注到每一个人，管理者也可以将自己的员工根据其特征进行分类。情境假设为：员工是彼此不同的，但依然不会被工作之外的因素影响。

管理者面临一个挑战，不同特质的员工是否应该被无差别对待？比如，对于更有挑战精神的员工，可以给予更多机会让其参与到攻坚任务中。对于不同特质员工的区别对待，能够保证每一名员工的优势得到充分发挥，这对企业无疑是有利的。但从员工的心理视角重新审视这一过程，当步入新的公司后，每名员工都经历了一个更适宜自己发挥优势的成长通道，在此过程中，不仅个人能力得到了强化，且每名员工感受到了"被重视"的关怀，从而对公司产生了更大程度的认可，也更愿意用自己日积月累的能力为公司做贡献，从而实现公司整体能力的提升。

9.1.3 组织认同与自我激励

然而，实际情况远比这种假设的简单情境复杂得多，每名员工都有自己的生活和家庭，面临着不同的压力。因此，我们不得不对上述情境的假设条件进一步更改，即：每名员工都是特异的，且会受到工作外的其他因素影响。这里，必然要回答一个问题：工作外的因素是否会影响一个人的工作本身？

假设人是完美的，根据职业道德要求，工作外的因素不应该影响工作；但可能事与愿违，比如，因为家庭矛盾而士气低落的员工，在工作时心不在焉，本就抑郁的他因此事受到上司训斥，结果很可能使之与上司发生语言冲突。如果出现此种情况，团队的工作效率势必受到影响。

员工帮助计划的一个重要关注点便是：帮助员工解决生活中的困难，从而让员工能够开心地生活、工作，全身心地投入到工作当中。企业对员工个人面临的家庭矛盾，若能给予充分的关注，帮助该员工积极应对并化解家庭矛盾，一方面，员工可以以更饱满的精神状态投入工作中,另一方面也会对公司的关怀心怀感激,从而加强自己对组织文化的认同,在工作中更加努力,实现自我正向激励,提高个体生产力。当员工帮助计划惠及所有员工时,组织整体的战斗力必然得到质的提升,实现更强大的团队凝聚力与竞争力。

9.2　员工帮助计划的问题及实践

9.2.1　员工帮助计划的服务模式

EAP 英文全称 employee assistance program,通常译作"员工帮助计划"。最早对 EAP 概念的诠释可以追溯到 1987 年,Googins 认为 EAP 是企业对员工的合理干预方法,是一个主动了解、评估、诊断、解决影响员工工作绩效的过程。近年来,国际员工帮助计划专业协会(employee assistant professional association,EAPA)则将 EAP 视为企业可调用的资源,目的在于预防、识别、解决个人及生产效率问题,从而保证工作有效性。

由于在促进组织高效运作方面的重要性日益彰显,EAP 在全球范围内受到各类公司的重视。EAP 旨在帮助员工,甚至包括帮助员工家属处理和解决各种问题,从而排除影响工作绩效、安全与健康的消极因素。在此基础上,EAP 的另一大重要职责便在于"提高工作效率、提升组织生产力",这便体现了 EAP 使命的双重性。

EAP 的服务对象是整个企业,既包括管理层,也包括基层员工;既可以针对企业整体,也可以根据组织架构更有针对性地对部门、岗位进行精准服务。根据服务企业各自情况的不同,EAP 的服务模式也是多种多样的。根据 EAP 服务人员的来源,EAP 服务模式可以分为内部、外部、混合三种模式,见表 9–1。

表 9–1　EAP 服务模式

	内部 EAP 模式	外部 EAP 模式	混合 EAP 模式
特点	● 公司内部设有 EAP 实施的部门和岗位,配备专业人员承担 EAP 工作 ● 通常设置在人力资源部、工会、党群部门等	● 由外部 EAP 提供商提供服务 ● 包括:设计并组织、实施适合的 EAP 项目	● 内部 EAP 部门与外部 EAP 提供商企业共同提供服务
优势	● EAP 专员对企业有全面和深入的了解 ● EAP 部门在公司内,实施便捷 ● 更高效的部门间合作、整合和实施服务项目 ● 与公司内管理人员联系更紧密	● 保密性更易得到公信 ● EAP 专家及咨询师团队完备,专业领域和专长可灵活调整、配置 ● EAP 咨询室不在公司内部,员工与家属参与意愿高 ● EAP 专家工作更灵活,利于同业交流	● 若构建得当,理论上可以兼顾内部与外部模式的优点 ● 对于大型国际企业来说,各地分支机构更易获得及时、全面、连续、反应迅速的 EAP 服务
劣势	● 保密性遭质疑 ● 家属的参与意愿较低 ● EAP 咨询师的专业领域难以面面俱到	● EAP 专家不熟悉企业实际情况 ● EAP 服务提供商与客户企业各部门难以有效整合 ● EAP 服务提供商与客户企业协作效率难保证,如人力资源部、工会等	● 比单一模式更复杂,成本更高。若协调不当,劣势也可能被放大 ● 采取此类模式的企业少,难以形成经验曲线
适用于	国外大型企业	中国国情	较少采用

9.2.2 员工帮助计划的流程

图 9-1 为 EAP 促进生产力改进的流程。

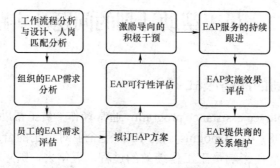

图 9-1　EAP 促进生产力改进的流程

1. 工作流程分析与设计、人岗匹配分析

工作流程分析旨在优化工作流程设计、提高工作效率、减少人财物的浪费，进而提高生产效率。人岗匹配分析不仅可以帮助管理层发现人员配置的不足之处，还可以前瞻性地帮助管理层开展员工职业生涯发展规划工作。例如，某员工长久从事于某一岗位，尽管在该岗位上履职记录良好，但是长期从事同一岗位工作，其心理上可能产生厌倦，而且不利于培养员工的全局意识，也不利于能力的全面提升。

因此，根据该员工的实际情况及从事岗位的相关程度，本着员工关怀和帮助的原则，对其进行岗位调整，以"新鲜感"和"自我提升"为支点，撬动员工的积极性，长期来看，有利于企业整体生产效率的提升。

2. 组织的 EAP 需求分析

通过对现有工作流程和员工履职情况的分析，管理层对于组织整体（公司或部门）对 EAP 服务的需求应该有了大致的认识。接下来，进一步分析、明确具体的 EAP 需求。由于 EAP 使命和对象具有双重性特点，因此，EAP 需求分析也应从两个方面分层次展开，即组织的 EAP 需求、员工的 EAP 需求。

组织的 EAP 需求既可以是企业的整体需求，也可以是各分支机构或部门的需求，视 EAP 项目的客户主体而定。对组织 EAP 需求的评估工作可以分解为现状调研与评估分析两个步骤。

1）现状调研

在首次引入 EAP 服务的企业，或者是首次进行工作流程分析和人岗匹配分析之前，企业管理层或 EAP 专员更有必要对企业现状有清晰的认识。对组织现状的调研工作包括三个部分。

（1）刻画组织现状。对企业基本情况进行采集，如企业组织结构、人员规模与配置情况、员工的人口统计学信息（如年龄、性别、教育程度）、员工工作岗位属性（如白班、夜班、倒班）、精神状况等。

（2）管理者访谈。EAP 专员或外部 EAP 服务企业应该与组织的管理层进行充分交流，了解组织对于本次 EAP 项目的期待，明确 EAP 服务的目标和定位，并且有必要进行工作流程再设计等组织变革问题，进一步确定如何设置 EAP 服务团队。

（3）在前两步工作的基础上，EAP 专业或外部 EAP 服务企业还应进一步加强与人力资源部的协作，了解组织内员工的心理情况等详细信息，从而保证组织需求与个人需求的完美契合。

2）评估分析

对组织的完整认识，不能只看组织内部，还要关注外部宏观环境。在外部，政策经济、社会文化等因素对于企业的战略制定有着举足轻重的影响，进而也会连带地带来积极或消极的影响。在内部，企业所拥有的人力资源，直接决定着生产效率。例如，企业的历史经验积累越丰富、技术和技能越先进，其生产力理论上就会越高效、越先进。

综合利用对现状的调研和评估，明确企业自身的优势、劣势（理论工具：SWOT），客观地评估各种要素对企业的潜在影响，才能让企业管理层和 EAP 专员更全面地总结企业可能产生的 EAP 诉求。只有有的放矢，才能从根本上做到生产力改进。

3. 员工的 EAP 需求评估

为保证人岗完美匹配，同时为员工提供全面的人性化关怀，促进组织和谐发展，提高组织生产效率，EAP 项目中还必须对每一位员工给予充分重视。员工在工作中表现出的能力不足，可以通过绩效考核直接得到反馈，也可以通过培训进行提升改进。

员工 EAP 需求评估中更为关键、难度也更大的工作在于对员工心理健康的调查和分析。若不能让员工以健全的身心状态投入工作，不仅浪费组织资源，降低组织生产效率，甚至可能让组织在未来的发展中逐渐失去凝聚力和竞争力。针对员工的 EAP 服务所需的心理健康调查和分析工作，分为两步执行。

（1）对概况的简单调研。其中包括：员工对于 EAP 的认识和期待、使用意向，以及对 EAP 服务的兴趣和关注点所在，希望以何种方式接受 EAP 服务。这种概况的简单调研，可以通过大范围的问卷调查来实现，从而在较短时间内尽可能全面地收集信息。对于问卷中体现出的关键点，可以辅佐以访谈，进行更精准的定位。

（2）对个体的深入调研。在了解员工对 EAP 的认知之后，就要进一步关注员工的主观情感状态，如情绪、幸福感、满意度、压力、动力等，以及工作相关的投入产出、心理资本等。深入调研主要依托问卷调查法，但是问卷设计的专业化要求高，对所采集数据的分析也要通过科学的方法进行。更关键的是，由于问卷可能涉及员工的隐私，员工可能并不希望某些隐私被雇主知晓。因此，为了进行有效且可靠的调研，可以委托外部 EAP 专家团队的测评人员进行深入调研。

职场表现评估量表，示例见专栏 9-1。该量表从五个维度对员工特定时间段内的工作行为及态度进行考量，从而对每一个员工的工作状态进行精准刻画，挖掘员工的潜在 EAP 需求。此外，在 EAP 项目实施过程中及实施后的 30 天内，还可以持续跟踪员工接受 EAP 服务后的工作改进状况。

需要特别注意的是，对调研结果的分析，虽然要根据系统、科学的分析方法和评估标准，但是也必须充分考虑到组织自身的特殊性。同样的现象，可能由于组织环境的不同、所处时期的不同，其背后的原因也大相径庭。

专栏 9-1

职场表现评估量表

国外学者对 EAP 咨询在大型企业中的应用进行了跟踪研究,发现 EAP 的作用主要体现在以下五个维度:

① 员工缺勤率(有所降低);
② 员工心不在焉的状况(有所改善);
③ 员工对自己生活状态的总体评价(有所提高);
④ 员工工作中遇到的苦恼(有所减轻);
⑤ 员工在除工作投入度之外的所有维度上的综合表现(显著改善)。

4. 拟订 EAP 方案

通过对组织整体及员工个体的 EAP 需求分析,企业内部或外部 EAP 专家可以根据以上五个维度的需求特性,拟订相应的 EAP 计划。

例如,针对涉及岗位配置、工作流程乃至商业机密的问题,采取内部 EAP 模式;对于涉及员工个人隐私等不便同事及熟人知晓的情况,采取外部 EAP 或混合 EAP 模式。在选定 EAP 模式的基础上,确定具体的 EAP 项目目标,项目目标不宜过于宽泛或狭隘。过于宽泛无法针对性地解决问题;过于狭隘则可能造成"盲人摸象"的假象,看似解决了问题,但无法实现全局最优,甚至造成了新的问题。

拟订 EAP 方案,可以遵循以下三个指导方针。

(1)不施加干预或影响措施。仅从工作入手,根据现有工作的流程分析,进行优化或再设计,提高各环节内和环节之间的衔接效率,让现有人才队伍的能力发挥到最大化。

(2)施加内部干预或影响措施。通过岗位调整实现员工能力的提升,使全部员工或部分重点培养员工能够在更多的岗位上积累经验,了解组织的运作流程,在更适合的岗位上发挥特长,也可促进人才队伍能力的提升,间接实现生产力的改进。

(3)施加内外部干预或影响措施。如 EAP 项目实施,借助企业内部 EAP 专员和外部专家智囊的力量,通过深入地走进员工的工作、内心、生活乃至家庭,帮助员工解决困难,营造更好的工作和生活环境,进而提高员工的工作热情和积极性,实现生产效率的提升和生产力的改进。

在以上三个指导方针的指引下,拟订 EAP 方案还必须考虑两个因素:实施范围、实施领域。

1)实施范围

管理者必须明确,每一次 EAP 项目的实施是针对全员还是只针对部分员工。最完善、最全面的 EAP 项目应该是具有普惠性质的全员 EAP,但是过于广大的目标群体,可能造成 EAP 项目的定位不够聚焦,对某些特定问题的解决不够彻底,而且盲目地快速扩大 EAP 项目实施范围,可能面对更大的不确定性,得不偿失。通常来说,在 EAP 项目的计划和实施过程中,应该从小处着手,从小团队、小部门或特定人群开始,逐渐扩大 EAP 项目的覆盖范围。因此,EAP 的实施范围大体可以划分为试点 EAP 和全员 EAP。

（1）试点EAP。指EAP项目的实施以某一特定群体的员工为目标。对大型企业来说，由于公司组织结构复杂，管理层级和分支机构都较多，雇员数量庞大，因此EAP项目的执行宜采取从分公司或某一部门入手，分阶段推进，逐步覆盖公司全员。在项目的推进过程中，需要考虑的要素有部门及分工、性别与年龄、教育与文化背景等。

（2）全员EAP。对于大型企业，在对各部门、各分支机构内部成功实施EAP并取得良好效果后，可以逐步推广至全体员工，从所有员工都面临的共性问题着手，开展全员EAP项目；相反，对小型企业，由于组织结构复杂程度低，雇员数量也较少，企业可以直接开展全员EAP项目，EAP专员有能力对每一位员工给予足够的关注，不会因为员工过多而降低对不同岗位、不同类型员工的关注。

2）实施领域

对于大型企业来说，以分支机构为基础、根据实施范围进行试点划分，虽然有助于EAP项目的逐渐推进，但却无法解决员工数量庞大、个性化关注不足的问题。因此，管理者对EAP项目的计划，还可以从实施领域着手，根据员工所属部门的不同进行区分，或者根据不同员工所处境地的不同进行分组。实施领域的区分可以根据（但不限于）以下两个维度。

（1）员工工作岗位的所属领域。对于市场与销售类岗位，员工需要有高度的市场敏感性，并且长时间保持良好的人际交往能力；对于生产部门，员工则必须在重复性的工作面前保持昂扬的斗志。不同岗位的员工，处于不同的工作环境，岗位对员工的职责、能力、素质的要求也各不相同。因此，有针对性地根据岗位实施EAP计划，有助于保证EAP实施成果和生产效率的提升。

现今，企业在新产品开发、营销策划、售后服务等方面的运营与管理中，越来越强调跨部门协作。因此，除了有针对性地对特定岗位的员工实施EAP计划，还需要未雨绸缪，通过EAP实施过程中的反馈来为员工制订长远的职业发展计划。例如，对于展现出某些特质的员工，管理者可以在适当时机安排轮岗使其在不同岗位上进行自我提升。而且，某一岗位的员工所面临的困难，可能在其他岗位上就会迎刃而解，即：合适的轮岗甚至可以提升EAP的实施效果。这些工作调整手段不仅包括轮岗，还包括工作再设计。除此之外，为了使EAP项目的实施与企业的绩效管理达到更高程度的契合，管理者还应将EAP与日常的激励手段紧密结合，如职位晋升、绩效考核与奖惩等。

（2）员工个人生活与身心健康领域、人文关怀领域。这一维度包括对员工在自身工作乃至生活中的人际关系、家庭关系、休闲活动等方面的支援帮助，也包括对员工个人健康的关注，如运动养生、戒烟戒酒、心理健康与卫生等。

在人际关系方面，EAP项目可以与团队建设、企业文化建设相结合，对团队人际关系的促进，不仅有助于帮助员工解决个人疑惑，还可以通过团队合作来提高团队工作效率。而在员工的家庭关系方面，EAP专员或外部专家必须循序渐进地与员工甚至员工家属进行沟通。由于涉及员工隐私，EAP项目的开展与基于工作岗位的EAP项目有一定差异。因此，EAP项目在计划过程中，无论是项目内容还是项目进度，都应充分考虑组织及员工所处的特定情境，制定个性化对策。

总体来说，基于工作岗位的分领域的EAP项目，具有较高的可复制性，即：可以从试点EAP逐步向全员EAP推进；而基于员工人文关怀的分领域的EAP项目，可能不太适合大规模复制。在实际操作过程中，管理者必须根据组织所处的实际情况，进行EAP项目计划。

5. EAP可行性评估

在拟订方案的基础上,EAP项目组还必须对项目的可行性进行论证。可行性评估主要包括两方面:EAP在组织内推广的可行性评估;EAP实施的保密性评估。

对于推广的可行性,要结合前面调研的结果,对组织内员工的需求特征,有的放矢,选择合适的推广方式和实施方式。推广方式可以是单一的,也可以是多样化的。可利用的方式既包括海报、宣传栏、网站公告、邮件等传统手段,也包括微信、公众平台、SNS、App等新媒体手段。只有推广达到预期效果,才能让后续EAP项目取得更好的执行成果。

对于EAP项目,保密性是影响项目成果的最重要的因素之一。员工隐私需要受到保护,但若无法挖掘员工隐私中的关键信息,则对员工的支持活动也难以有的放矢。相对于内部EAP专员,外部EAP提供商既可以做到有效挖掘企业和员工的信息,又能做到信息的高保密性。在实际操作过程中,对于信息如何保密、如何分享,组织与EAP提供商需通过签署相应的保密协议进行约束和说明。

此外,外部EAP提供商在面对企业和员工"双重客户"的同时,其立场又独立于两者之外,可以相对公平、客观地对问题进行分析,设计相应方案。

6. 激励导向的积极干预

EAP服务的提供过程,不应是单纯被动式地敷衍,更应是主动式地解决问题。EAP专员或外部专家应该能够在潜在问题浮上水面之前,前瞻性地分析问题产生的根源,列举出所有可能的成因,并运用建设性、引导性的提问和追问,让员工发现问题根源的所在并有的放矢,协助员工有针对性地制定自我激励方法,调动员工的积极性并防止工作效率的降低。

对于个人行为已经影响工作效率的员工,EAP咨询师应提供更加细致的问题评估和咨询服务,帮助员工找到解决个人困扰的办法。若情节严重,在合理合法的范围内,EAP咨询师甚至可以对员工困扰的问题采取积极干预手段,帮助员工一起攻克难关。

7. EAP服务的持续跟进

EAP服务的持续性体现在多个层次。

(1) 在组织层面。EAP服务并非一次性的咨询服务,而是长期的。由于组织的持续发展及环境的持续变化,组织在不同时期都需要相应的EAP支持。因此,无论内部EAP团队还是外部EAP提供商,其与组织的交流与协作都是持续性的。由于EAP服务需要大量的前期调研工作,因此对于组织来说,更换EAP提供商的转换成本也较高。无论出于成本还是服务质量方面的考虑,EAP服务的双方都应是长期合作关系。

(2) 在组织内部。EAP项目的实施和效果评估之间,可能有着较长的时间跨度,因此EAP服务必须持续跟进,从而对结果进行及时、准确的把握及评估。

(3) EAP服务的过程中。无论内部EAP团队还是外部EAP服务商,面对多样化的组织和个人需求,都有可能需要再聘请EAP咨询师,因此更长久、稳定的合作关系有利于服务质量的提升。只有服务质量的提升,才能达到生产力提升的根本目的。

8. EAP实施效果评估

EAP是为员工和家属提供服务的过程,因此,只有清楚地把握项目实施的情况及成果,才能确定项目是否有意义、是否有效、是否有进一步延续的必要。对项目效果的评估主要包括以下三方面。

(1) 对EAP实施情况的评估。在实施过程中,项目共开展了何种形式的活动,如培训、面谈、心理咨询、员工健康评估等，开展过程中共采集了哪些数据与信息，数据分析是否客观、合理。对过程的评估应该能够清晰、完整地反映 EAP 项目的所有过程。对于不足的环节，应该加强；对于多余的环节，则应进行删减或改进，从而提高 EAP 项目自身的投入产出比。例如，如果绝大部分员工都没有选择进行某项面谈服务，那么管理者应该考虑是否将该面谈服务移出 EAP 服务清单，或更深入地调查为何员工拒绝接受此项服务。

（2）员工健康评估。通过 EAP 项目的实施，员工的心理健康程度有多大程度的提升，员工家庭关系是否变得更加和睦，员工对工作是否有更高的认同感，企业的离职率是否得到有效降低等。EAP 项目的实施应该给员工和组织都带来积极的作用。

（3）生产力改进效果评估。在促进员工及家属身心健康的基础上，实施 EAP 项目的根本目的在于提高生产效率。不同形式的 EAP 服务，对员工和组织绩效提升的影响，能够客观地反映 EAP 服务作为生产力改进手段的实施效果。但是，由于员工的心理是动态变化的，企业的生产活动也是连续的，因此对生产力改进效果的评估不能单纯地考虑当期 EAP 服务对当期生产力改进的影响，还应该拉长时间轴，综合考虑 EAP 服务及生产的延续性，从而全面、客观地评价生产力改进效果。

此外，在时间轴上，对不同时间周期的阶段性数据收集及评估，对于后一阶段的 EAP 服务设计及实施也有指导意义，有助于企业整体 EAP 实施效果的提升。

9. EAP 提供商的关系维护

EAP 项目执行效果的提升，不仅在于项目计划与执行，也取决于企业与 EAP 提供商关系的紧密程度。企业内部 EAP 专员，必须通过不断加强与外界 EAP 提供商的沟通交流，强化彼此间的熟悉程度，从而提高 EAP 项目的执行效果。一方面，EAP 专员或咨询师对员工有更持久、更深入的了解，更有助于直接解决困扰员工的各种难题；另一方面，也有助于间接促进企业生产力效率的提升和生产力改进。

9.2.3 EAP 对生产力改进的技巧

除了按照 EAP 的流程促进组织提升竞争优势外，管理者还应掌握利用 EAP 进行生产力改进的一些关键技巧。

1. 重视 EAP 的双重性

EAP 的双重性体现在主体的双重性，它要求企业管理者、EAP 负责人、EAP 咨询师要始终牢记秉持双重主体的理念，即：企业客户主体与员工客户主体。在服务组织员工的同时，还要兼顾对组织本身负责的初衷。

由于 EAP 项目的计划与实施均是由企业组织开展，因此，管理者的第一要务是满足企业客户主体的诉求，在较短的时间内以较低的成本，调动员工的工作积极性，提升员工和组织的生产效率，进而实现生产力改进。

在 EAP 项目的推进过程中，帮助员工解决困难是实现生产力提升的手段，而非首要目的。因此，员工个体作为客户主体，容易遭到忽视。EAP 负责人或咨询师在执行过程中，应对每位员工个体给予充分关注，切实地帮助员工解决所面临的困扰，从而提升员工的工作动力，提高组织认同感，达到 EAP 的激励效果。对员工关注不足可能造成治标不治本，无法解决员工的困扰，不仅无法提高士气且也无法提高生产效率，甚至可能让员工产生抵触情绪，起到反效果。

对于 EAP 中的员工客户主体，与生产力改进方法相结合，管理者的工作重点应关注以下几方面：员工的身心健康、人际交往能力、情绪压力等问题；解决员工的问题则主要应包括职业中的问题、家庭关系问题、烟酒和药物依赖等严重影响工作的私人问题。EAP 项目实施的重点应在于心理咨询。

对于 EAP 中的企业客户主体，工作重点则应放在：建设、塑造和发展组织文化，培育融洽的工作环境，优化人力资源管理，提高企业的整体满意度，解决、避免危机事件，并最终实现绩效的提高。

员工与公司两主体之间是和谐一致的。成功的 EAP 项目应该能够协调企业与员工之间的关系，促进企业与员工之间的交流。

2. 重视员工个体与家庭

员工作为 EAP 的客户主体，也具有多面性。首先，员工是企业中的一员，对其开展 EAP 咨询应与企业客户主体的目标相一致；其次，员工作为个体的客户主体，其身份不仅是一个人，也是家庭中的一员，其身份可能是丈夫、妻子、孩子、父母，承担着不同的家庭和社会职责，也相应地面临不同的压力与困难。

作为管理者或 EAP 专员，在对员工实施 EAP 项目的过程中，应结合多种技术手段，全方位地为员工提供帮助与支持；作为企业中的一员，管理者或 EAP 专员应对员工开展心理咨询，心理咨询不仅是针对某一事件或时期的短期咨询，更应该是长期或周期性的。

与此同时，随着员工承担社会角色的变化（如从单纯的丈夫变为父亲）或家庭环境的变化（如家庭矛盾的凸显和激化），员工承担的压力与面对的困难也在发生变化，而这些变化是很难通过个体改变的。因此，在 EAP 项目的执行过程中有必要采取针对员工及家属的家庭疗法。

以国际经验，根据员工所在家庭出现的不同类型的心理问题或矛盾，家庭疗法可以分为四种模式。

① 结构性家庭治疗模式。旨在纠正家庭结构上的问题，促进家庭功能的改善。

② 行为性家庭治疗模式。建立具体可见的针对家庭成员的行为改善目标。

③ 策略性家庭治疗模式。这种方法将家庭问题视为动态演变的过程，分阶段制定应对与治疗策略。

④ 分析性家庭治疗模式。以心理分析为依据，了解家庭成员的深层心理活动与行为动机，从而改善家庭成员的情感表达。

以上四种模式，均需要家庭成员参与 EAP 项目，并接受 EAP 咨询师的心理咨询。但是，由于我国心理咨询尚不发达，难以被普通家庭所接受，因此 EAP 项目在实施阶段不宜采取过于先进的技术，而应该技巧性地采取相对易于被接受的咨询技术。例如，以员工为突破口，逐步获取家庭信息，并以此为依据进行人像刻画。尽管以此模拟的家庭情景可能存在缺陷，但对帮助员工解决自身困难、改善自身缺陷，有着积极的意义。以此为跳板，若员工家庭认可 EAP 项目提供的咨询与帮助，则可进一步对症下药，选择合适的模式进行家庭疗法，从而帮助员工从根本上解决困扰自己的问题。

员工本人及家庭成员对企业认可度的升高，不仅有助于提高员工工作积极性，更会提高员工对企业的忠诚度和满意度，从而在一定程度上降低了企业在人力资源管理方面面临的人才流失的风险。

9.3 经理人指南

9.3.1 EAP 项目中人力资源管理部门的工作职责

针对制订的 EAP 项目方案，人力资源部应在内外部专家库中筛选合适的 EAP 专家。对于 EAP 专家，可以根据 EAP 的两种模式（即内部 EAP 模式与外部 EAP 模式）分别选择，具体见表 9-2。

在内部 EAP 模式下，应该选择具有以下相关领域从业资格或从业经验的专家。这些领域有人力资源管理、企业管理、心理、社会工作、健康、医学相关的专业和从业背景，具有人力资源和社会保障部颁发的心理咨询师等职业资格的人员。

在外部 EAP 模式下，应该考虑该 EAP 服务机构既往的服务客体是否与本公司属于同一领域，是否与本公司具有类似的共性问题，并优先选择已经与本公司保持优良合作历史的 EAP 提供商。

在确定内外部模式的基础上，根据当前 EAP 项目需求，甄选合适的 EAP 专家。人力资源部在充分考虑专家能力与项目需求的同时，还应该对企业和个人的需求及特点进行充分考量，尽量选择对公司文化较为了解的专家，将外部不确定性降到最低。

EAP 项目开始实施前，人力资源部应与专家及企业员工进行充分沟通，制定详细的 EAP 项目实施时间表，并让员工知晓 EAP 项目的目的，防止员工出现抵触心理。在项目实施过程中，人力资源部应与直线经理积极配合，努力协调项目的实施进度，既要保证项目按时推进，也要充分考虑组织、员工个人的动态需求，从而保证 EAP 项目整体目标的实现。

表 9-2 EAP 服务模式选择

	内部模式	外部模式
保密性	• EAP 专员及咨询师是内部员工，对企业外部保密性较好 • 内部员工间熟悉，关系网紧密，员工之间的保密性较差	• 可能出现竞争对手之间的情报泄露，给其他企业挖人以可乘之机 • EAP 咨询师与员工无私人社会关系，利于信任的建立，秘密传播的可能性低
易获取性	• 使用效率高，随叫随到 • 内部 EAP 专员及咨询师的更替难度大、周期长	• 效率相对低，响应时间较长 • 随时可以调动特定领域的专家
经济性	• EAP 项目计划和执行中的沟通成本及交易成本低 • EAP 团队的办公场所、人力资源成本等开支较大	• EAP 项目的立项和执行过程中，沟通成本和交易成本较高 • 无须负担 EAP 团队的各项管理成本
可行性	• 视 EAP 项目的具体需求而定，参见表 9-1 中 EAP 服务模式的优劣势对比	

9.3.2 EAP 项目中直线经理的工作职责

作为直线经理，应积极配合人力资源部进行 EAP 项目的方案制订与实施，双方应该从保密性、易获取性、经济性、可行性四个方面对两者的相对优劣势进行客观分析和比较，从而作出决策。

　　EAP 项目的实施过程中，直线经理作为员工的直属上级，对员工的工作状态有着最直接的认识。因此，在不侵犯隐私的前提下，直线经理应积极配合 EAP 专家为员工提供服务，一方面提高项目实施效果，另一方面也能提高员工对直线经理、团队乃至企业的认同，达到事半功倍的效果。

　　直线经理在 EAP 项目实施后，还应该积极承担并主动配合人力资源部进行 EAP 项目效果评估。相对于人力资源部，直线经理在工作一线直接与员工接触，更能够掌握员工的真实动态，也更容易与员工保持更紧密、更信赖的关系，能够得到更准确的项目实施效果评估数据。

　　由于 EAP 项目具有长期性，在不违反保密性原则的基础上，直线经理应该长期保持对自己团队成员工作状态、心理及行为状态的关注，并将相关信息反馈给 EAP 专家及人力资源部。一方面，有助于下一阶段 EAP 项目的计划和执行；另一方面，也有助于提高团队成员对直线经理的认可，增强团队凝聚力。

9.3.3　直线经理在实施 EAP 项目中需要修炼的管理技能

　　EAP 项目的方案制订、实施和评估，是一个连续的过程。在此过程中，直线经理人必须具有以下几方面的技能。

　　（1）跨部门协作技能。即与人力资源部、内外部 EAP 专家的协作技能。合作过程中应互相配合，避免本位主义。

　　（2）沟通技能。即与人力资源部、内外部 EAP 专家的沟通。做好与团队成员的沟通，与团队成员之间建立信任。此外，要做一个好的倾听者，让员工敢于倾诉，帮员工排解压抑；更要做一个好的经理人，帮助组织落实 EAP 项目，利用专业知识切实地帮员工解决问题。最重要的是，在此过程中切忌让员工出现"被出卖"的心理。

　　（3）观察与分析能力。员工尤其是自己团队的下属，即使没有直接语言倾诉，在工作和生活中的某些细节也可能透露出其面临的困难或抑郁，经理人应有缜密的心思和细致的观察力，捕捉到这些信息，并分析员工可能面临的困惑，尽量在让员工"舒服"的前提下，帮助员工排解困惑。因此，把握员工心理动态，也成为直线经理必做的功课。专栏 9-2 提供了一份 EAP 抑郁自评量表，直线经理借此可以相对快速地把握员工的心理状态，及时与员工沟通，并在必要的情况下及时与人力资源部协调沟通，防患于未然。

专栏 9-2

EAP 抑郁自评量表

　　下面列出了通常我们可能会出现的问题。请仔细地阅读每一条，然后根据最近一周您的情况及您的实际感觉，在四个数字中选择一个。

　　1 代表"没有或很少"；2 代表"少部分时间是"；3 代表"相当多时间是"；4 代表"绝大部分或时间"。其中，打*的项目反向记分；如在一天中早晨最好，如果是绝大部分或全部时间如此，选 1；如果没有或很少，选 4。

量表正文：

（1）我觉得闷闷不乐，情绪低沉。
（2）*我觉得一天中早晨最好。
（3）一阵阵地哭出来或觉得想哭。
（4）我晚上睡眠不好。
（5）*我吃的跟平时一样多。
（6）*我与异性亲密接触时和以往一样感到愉快。
（7）我发现我的体重在下降。
（8）我有便秘的苦恼。
（9）心跳比平常快。
（10）我无缘无故地感到疲乏。
（11）*我头脑和平常一样清楚。
（12）*我觉得经常做的事情并没有困难。
（13）我觉得不安而平静不下来。
（14）*我对未来抱有希望。
（15）我比平常容易生气、激动。
（16）*我觉得作出决定是容易的。
（17）*我觉得自己是个有用的人，有人需要我。
（18）*我的生活过得很有意思。
（19）我认为如果我死了，别人会生活得更好。
（20）*平常感兴趣的事我仍然感兴趣。

分数加和，按照该量表在中国的模拟结果，若总分高于 41 分，则被测者可能有抑郁的症状，需要咨询师的帮助。

重点提示

1. EAP 项目起始于工作设计，它是与工作流程、岗位设计相辅相成的，人岗匹配也是 EAP 需要考虑的因素。
2. EAP 解决员工面临的困难，帮助员工摆脱困境，既包括员工在工作中遇到的困难、心理障碍，也包括家庭和个人生活中遇到的困难。
3. EAP 项目需要人力资源部与直线经理积极配合，既需要人力资源部统筹规划，也需要直线经理的深度参与。
4. EAP 项目方案的选择应充分考虑保密性、易获取性、经济性、可行性问题。
5. EAP 项目实施后应对实施效果进行评估，并持续提供后续服务。

讨 论 题

1. 三种 EAP 服务模式各自有哪些优点和缺点？
2. 调查你的父母或亲戚朋友，在他们工作的企业里有哪些正在执行的 EAP 项目？效果如何？

3. 直线经理在 EAP 项目的执行和持续推进中发挥着什么样的作用？

4. 在当今快节奏的生活和工作环境中，员工面临的困难有哪些？针对这些快节奏环境带来的困难，应该如何设计 EAP 项目？

FamilyMart 连锁便利店的员工关怀

在日本 FamilyMart 连锁便利店的某家店铺，由于 24 小时营业的需要，店员出勤分为早班、中班、晚班和夜班，按照公平原则，所有员工应轮流承担四种出勤。虽然夜班工资较高，但由于照顾孩子等各种理由，不少员工表示值夜班有难度。但也有三名资深店员 A、K 和 Z 表示愿意出夜班。该店店长 M 作为经营者和决策者，进行了以下几方面的思考和衡量。

首先，日本对于服务业要求较高，由于夜班时间长、店中人少且有大量装卸货工作，夜班对出勤员工的经验和精力要求都更高，必须由经验丰富的员工承担。

其次，面对突发事件时，店员必须有经验和能力进行应对和处理，因此男性员工优先。

最后，夜班人数仅有两人，两人须有较好的合作基础，默契的配合才是高质量完成工作的前提。

因此，店长 M 重新评估了所有人的工作能力、个人心理诉求等因素，并作出如下判断。① A、K 和 Z 都是资深员工，工作能力没有问题。② A、K、Z 各家距离店铺并不近，单次出勤获得的薪水越高，员工时间的投入产出比也越高，自然满足感也越高。③ K 与 Z 是夫妻关系，工作能力和素质已经得到验证，两人配合默契，且便利店货品与账目完全公开，M 认为应以工作效率和全局满意度最大化为优先，无须为夫妻在同一部门工作而避嫌。④ A 与 K 或 Z 的工作关系默契，有长期合作基础，且三人共同承担夜班，每个人也有轮空休息的时间。⑤ K 和 Z 同时出勤，可以极大地避免夫妻二人间因长期工作休息时间不一致而产生矛盾的可能。

综合以上考虑，店长 M 通过对所有员工进行面谈的方式，对出勤方式进行调整。为了更好地实现交接，店长 M 将夜班人员需完成的部分厨房清洗工作调整至晚班，而将部门货品整理的工作调整至夜班，使得夜班人员在不增加工作量的情况下可以同时完成货架整理与备货工作。个体员工工作量并无明显变化，但整体工作效率得到了提高。更重要的是，所有员工的诉求都得到了满足。但是，这种做法也有弊端，由于其他员工缺少夜班经验，若 A、K、Z 无法保证两人出勤，则经营者就面临经营危机。

为了降低风险，店长 M 首先在可以上夜班的员工中选择了最适合的一人 S。在与其进行充分沟通、了解其实际情况后，挑选最合适的时间让其与经验丰富的 A 配合夜班工作，从而实现短期缓解用人压力。与此同时，尽快招聘了一名可以上夜班的打工者，由于打工者并非正式员工，只需按实际工时支付报酬，无须承担保险等人力资源成本。在不增加成本的前提下，店长 M 不仅解决了员工的诉求，让员工满意度达到最大，且提高了工作效率，同时也降低了自己作为经理人和决策者所承担的风险。

思考和讨论题：
（1）店长 M 采取的 EAP 模式是何种模式？
（2）店长 M 共承担了何种角色？
（3）每位员工可能面临什么困难？各自的诉求又是什么？
（4）店长 M 共采取了哪些措施？效果如何？

第10章

员工关系管理

学习目标

◎ 理解员工关系管理的内容；
◎ 掌握员工招聘、入职、培训、保密管理和绩效考核中员工关系管理；
◎ 掌握裁员的正确理念和方法；
◎ 掌握劳动合同解除的适用条件、正确的理念和做法；
◎ 掌握人力资源经理和直线经理在员工关系管理中的角色与必备的技能。

开章案例

万科集团的员工关系管理

问题：房地产行业的痼疾影响了企业声誉

城镇化的发展战略促进了城市房地产建设快速发展，房地产业不仅成为城市经济的重要产业之一，也是接纳农民工较多、解决就业问题的主要行业。然而，由于行业特点及一些房地产施工企业错误的认识，农民工工资常常遭到无理克扣和无故拖欠，更不用说给农民工上五险一金了，中小房地产企业尤为严重。这极大地影响了企业声誉，不利于社会稳定。万科作为房地产公司的佼佼者，也同样面临着这种困扰。

解决方法：通过企业文化和完善制度保障员工利益

第一，人才是万科最宝贵的财富和核心竞争力。万科积极构建"共识 共创 共担 共享"的合伙人文化和"阳光照亮的体制"，为每位员工创造可持续发展的空间和机会，鼓励员工和公司共同奋斗，共同成长。

第二，万科集团工程管理、财务处、审计部、法务部联合向自己的一线公司发出通知，要求防止拖欠农民工工资的事情发生；同时，把按时支付农民工工资的约定及拖欠农民工工资的违约责任写进建筑施工合同中。具体解决方案是：今后所有新招标项目，必须在合同中明确约定承建商按时支付农民工工资的条款；在承建商的选择和评估方面，对有这方面不良记录的承建商取消投标资格；而对那些已经签订、还未履行完毕的施工合同，应尽快要求施工单位出具承诺函。一旦发现承建商有拖欠农民工工资行为，万科有权从工程款中扣除相应的数额，直接支付给农民工，并有权解除承建合同。

第三，在国家强制性要求企业必须为员工缴纳社保的政策出台以前，万科已经为全员购买了保险。在万科为员工购买保险时，一些员工还没有意识到保险对自己的好处，认为购买保险用处不大，在公司要花400元钱给员工买保险时，一些员工提出宁愿公司直接给自己

第 10 章　员工关系管理

200 元现金代替购买保险。但万科认识到这些员工的想法比较短视，同时认为公司不能在成本管理上投机取巧。万科还按照国家法律规定和标准，为员工提供法定福利保障，以及多种额外福利和援助，让员工享有体面工作和有质量的生活。

第四，万科对于各部门在员工关系管理方面出现的问题，设置了投诉热线，在保障员工利益、促进员工参与管理、纾解困难方面提供了沟通渠道。

效果：良好的员工关系提高了企业竞争优势

（1）连续多年，万科没有发生违反员工人权及合法权益的法律或条例的重大事件。

（2）连续多年，万科集团获得了"中国年度最佳雇主30强"。最佳雇主品牌不仅是员工对万科的认可，更是万科吸引、留住人才的重要法宝，是万科竞争优势的体现。

随着企业竞争的加剧，企业之间的竞争更多表现为人才的竞争；谁能够吸引人才、留住人才和培养人才，才能真正地抓住人才的心，从而和企业同心同德、共进共退。然而，企业的裁员、并购、人员调整等行为逐渐成为一种常态的经营管理行为；同时我国法律体系越来越规范，员工维权意识不断增强，员工和企业在某些方面的不同利益立场导致的劳资纠纷会越来越多。企业如果处理不好这些问题，不仅会招来法律纠纷影响到企业的正常经营，破坏企业品牌形象，也会导致现有员工人心惶惶，难有对企业的忠诚度。所以，企业应当依法进行员工关系管理，构建规范、和谐的员工关系，促进共同发展，增强企业竞争优势。

10.1　员工关系管理与获取组织竞争优势

员工关系由英文"labor relations"一词翻译而来，和劳资关系、劳动关系相近。它是雇员（为陈述方便，以下"雇员""员工""劳动者"视为等同）与雇主（为陈述方便，以下"雇主""用人单位""企业"视为等同）之间在劳动过程中形成的社会关系、经济关系的统称，具体来说，就是企业管理层与员工之间产生的、由双方利益引起的表现为冲突、合作、力量和权利关系的总和。因此，员工关系既表现为企业与员工双方因签订劳动合同而产生的法律上的权利与义务关系，也表现为彼此在道德伦理、行为习惯及生活方式方面的社会关系。

员工关系管理的总体目标是缓解、调整组织员工关系的冲突，创造组织良好的工作氛围，最大限度地促进员工关系合作，以提高组织管理效率，实现组织目标。所以，员工关系管理有利于促进企业的竞争优势。

1. 有利于吸引更多的优秀员工加入

企业如果建立了和谐的员工关系，可以赢得最佳雇主品牌，可以吸引更多的优秀员工加入企业。

雇主品牌是雇主和雇员之间被广泛传播到其他利益相关人、更大范围的社会群体及潜在雇员的一种情感关系。通过为雇员提供优质与特色服务为基础，企业是最值得期望和尊重的雇主，由此建立了良好的雇主形象，提高了雇主在人才市场的知名度与美誉度。

雇主品牌将会成为人力资源市场上的一面旗帜，不仅凭借其良好声誉吸引更多优秀人才前来应聘，而且向潜在的应聘人员传递企业价值观、雇用关系等全方位的信息，能够吸引更为认同企业的人才，屏蔽一些价值、观念不一致的人才，减少双方适配的风险。

2. 有利于保留和激励员工

员工关系的好坏，在一定程度上决定了员工在企业中的工作满意度、文化认同感和工作责任感，从而进一步决定了员工去留的意愿、激励水平的高低和绩效承诺，对于企业在产品市场上的竞争优势具有重要决定作用。

和谐的员工关系的建立，彰显企业和员工之间的合作共建、互利双赢的过程。企业和员工不应是对立的关系，双方是利益共同体、事业共同体、命运共同体，最终将统一于企业和员工的协调发展。企业不断改善员工工作、生活状况，切实保障员工合法权益，保证员工无后顾之忧、身心健康地投入工作之中，这是员工提高劳动生产率和创造力的前提。

3. 有利于保证企业良性持续地发展

当企业要进一步提高竞争力的时候，往往会遇到各种各样的问题，如资金的紧张、技术的落后、市场的丧失、客户的流失和经验不足等，这些壁垒不但增加了企业发展的难度，而且提高了企业的成本。企业在面对困难时，就更要重视发挥员工的作用，依靠广大员工的力量和智慧共渡难关，形成"有福共享、有难同当"的企业文化，增加员工的归属感和忠诚度。

卓越的雇主形象和优秀的产品品牌一样，也可以给企业带来优厚的财务回报。华信惠悦在全球的"卓越雇主调查"发现，在网络经济高涨的 2000 年，卓越雇主的三年总体股东回报率是 108%，而普通雇主的回报率是 66%；全球经济低迷的 2002 年，卓越雇主这一数字是 24%，而普通雇主是 8%，卓越雇主的财务回报是普通雇主的整整三倍。这说明雇主品牌越在经济萧条的时期，越发彰显其威力。

10.2　员工关系管理的问题及实践

10.2.1　员工招聘时的员工关系管理

员工招聘、录用是公司人力资源管理行为中的重要环节，但是相当多的管理者认为招聘中不存在什么法律风险，招聘广告只是一种宣传手段而已，只有在签订劳动合同时或者劳动用工管理中才存在法律风险。其实不然，劳动合同签订后产生的劳动争议，都是有前因后果的，相当一部分是由于招聘时埋下的"祸根"所致。因此，预防劳动争议，就要从防范招聘时的风险做起。

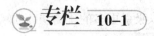

员工招聘时的员工关系管理案例

50 多岁的张某原系东莞市沙田镇一家机械公司的电焊工。2016 年 6 月 27 日，张某在工作中受伤，后经市社会保障局认定为工伤。张某的工资发放至 2016 年 10 月。因停工留薪期间工资差额问题，张某跟公司发生了争议。

2017 年 6 月，张某向该市劳动人事争议仲裁院提起仲裁，要求公司支付其 2016 年 11

月至 2017 年 5 月停工留薪期间工资 3.3 万多元。后劳动仲裁部门裁决公司支付张某上述停工留薪期间工资差额 1.3 万多元。张某对仲裁结果不服，2017 年 6 月向市第二人民法院起诉，要求该公司支付其停工留薪期间工资 3.3 万多元。

庭审中，双方对张某受伤前月平均工资金额发生了争议。张某说，他受伤前月平均工资为 4 788 元，并提交了一张工资条的照片。该工资条显示实发工资为 4 788 元，但未能显示是谁的工资条，也没有公司盖章。公司则称，张某受伤前月平均工资为 2 846 元，并提交了张某 2015 年 7 月至 2016 年 10 月期间的工资表。张某对公司提交的工资表予以确认，但称公司存在两份工资表，其工资系由两份工资表中的数额相加而成；而机械公司对此并无合理解释。

但是，法院发现，机械公司于 2017 年 8 月 28 日在智通人才网发布招聘电焊工的招聘信息，其中电焊工的工资待遇为每月 4 000 元至 7 000 元。东莞市第二人民法院做出一审判决，判令机械公司支付张某停工留薪期工资差额 2.6 万多元。机械公司不服，提起上诉。日前，市中级人民法院做出终审判决，驳回上诉，维持原判。

（资料来源：法院依据招聘广告为电焊工成功维权. 中国日报网，2018-08-02.）

虽然招聘广告只是一种要约邀请，有效的对员工的承诺应该以劳动合同为准。但是，当劳动合同中没有规定而用人单位又不能很好地承担举证责任时，招聘广告中的许诺就可能成为一个有力的旁证而给用人单位带来纠纷。所以，在进行员工招聘时一定要坚持以下原则。

1. 招聘信息要真实、合法

在招聘阶段，企业最容易犯的错误是违反诚实信用原则，为了吸引优秀应聘人员，向应聘人员提供虚假信息或过度美化企业的用工环境、薪资等与员工直接利益关联的信息；或者招聘条件不符合法律法规的规定，如有性别、年龄、身高、血型、宗教信仰等歧视性条件，违背各地的最低工资标准等。欺瞒、不合法等行为不仅会侵害员工的知情权，而且还会导致员工的不满，更有甚者会被员工提起诉讼。

2. 录用条件要准确、具体、可衡量

录用条件是用人单位依据岗位说明书的标准对应聘人员的任职资格和胜任力素质的要求，它不仅决定是否招聘到符合岗位要求的员工，更是决定是否与员工签订或者解除劳动合同、劳务合同的关键举证依据。所以，录用条件一定要准确、具体、可衡量。例如，"熟练掌握常用办公软件"就不具体，因为常用办公软件因不同的公司要求不同而不同，所以应该明确，是要求熟练掌握 Word 还是 Excel 还是其他具体什么办公软件，从而让员工心中有数。

企业可以通过发送书面通知函、录用函、签字确认等方式将录用条件明确告知员工：

- 通过招聘公告发布招聘简章来公示，并为可能的诉讼保留证据；
- 通过发送聘用函（录取通知书）的方式向员工明示录用条件，并要求其签字；
- 在劳动合同中设计条款明确约定录用条件或不符合录用条件的情形；
- 劳动规章制度对录用条件有规定的，要将规章制度在劳动合同签订前向劳动者告知，并作为劳动合同的附件。

10.2.2 员工入职时的员工关系管理

员工入职时，最主要是签订有效的劳动合同。有效劳动合同的要点如下。

1．劳动合同签订的时间

《中华人民共和国劳动合同法》规定：建立劳动关系，应当订立书面劳动合同，不能口头约定或者根本不涉及签订合同的事项。用工前订立劳动合同的，劳动关系自用工之日起建立；已经建立劳动关系未同时订立书面合同的，应当自用工之日起一个月内订立劳动合同。

2．劳动合同必备条款要全面

劳动合同条款包括：必备条款和约定条款。缺少必备条款中的任何一项，劳动合同都是无效的。如果必备条款发生了变化，就必须变更劳动合同。

必备条款包括：劳动合同期限，工作内容和工作时间，劳动保护和劳动条件，劳动报酬，社会保险，劳动纪律，劳动合同终止的条件，违反劳动合同的责任。

约定条款主要是：用人单位与劳动者可以约定试用期、培训、保守秘密、补充保险和福利待遇等其他事项。约定条款是用人单位和劳动者双方在自愿协商的基础上签订的，对双方均有约束力。

3．明确劳动合同的类型

劳动合同按照合同的期限可分为三种类型：固定期限劳动合同、无固定期限劳动合同、以完成一定工作任务为期限的劳动合同。

1）固定期限劳动合同

指劳动合同双方当事人在劳动合同中明确规定了合同效力的起始和终止的时间。劳动合同期限届满，劳动关系即告终止。如果经双方协商一致继续聘用，还可以续订劳动合同，延长期限。

2）无固定期限劳动合同

指用人单位与劳动者约定无确定终止时间的劳动合同。劳动合同的期限长短不能确定，但并不是没有终止时间。在履行过程中，当法律规定的可以解除劳动合同的条件出现，或当事人在合同中约定的可以解除劳动合同的条件出现，无固定期限的劳动合同就可以依法定条件或约定条件解除。无固定期限合同并不是没有终止时间的"铁饭碗"，只要符合法律规定的条件，劳动者与用人单位都可以依法提出解除劳动合同。

3）以完成一定工作任务为期限的劳动合同

指用人单位与劳动者约定以某项工作的完成为合同期限的劳动合同。用人单位与劳动者协商一致，可以订立以完成一定工作任务为期限的劳动合同。这种合同实际上也属于一种有固定期限的劳动合同，一般是项目开工之日为劳动合同期限开始之日，项目完工之日为劳动合同期限期满之日。订立这类合同，有利于用人单位根据需要安排劳动力，也为发挥劳动者的专长和志趣提供了便利。这类合同适用于以下情况。

（1）单项工作，如专门开发一个软件，研发一项技术，推进一项拆迁工作。

（2）可以按照项目方式承包的工作，如房屋装修、工程施工中的某项单项内容。

（3）季节性工作，如榨糖、采棉花、采茶叶等。

（4）临时需要用工的，但需要注意，应当有一定时间的持续性，不同于一次性使用的。但要注意以下三项。

（1）以完成一定工作任务为期限的劳动合同，本质上仍然为劳动合同，并不是承揽合同，用人单位支付劳动报酬仍然以月为周期，与其他劳动合同只是终止期限不同而已。

（2）劳动者仍然享有休息休假权，如果存在加班情况的，用人单位仍然应当依法支付加班工资。

（3）用人单位仍然应当依法缴纳社会保险费，劳动者依法享有社会保险权益。

在劳动合同中必须明确合同类型，确定合同的期限及明确的起止日期。如果没有约定合同期限，则被视为无固定期限劳动合同。

4. 明确工作内容和工作地点

劳动合同中要明确岗位的工作内容和工作地点。因为现代企业竞争激烈和经营多变，会面临比较频繁的工作内容或工作地点的调整，而作为员工，因为个人技能、生活条件、生活习惯的限制，很难方便地适合企业调岗换地的需求，所以事先约定好工作内容和工作地点可以减少很多劳动纠纷。将来一旦涉及工作内容或工作地点的调整，都要变更劳动合同，给员工选择的自由，保障员工利益；未经员工同意而随意调整是违法的。

为了避免劳动纠纷，企业应该建立员工劳动合同台账，明确载明合同类型和起止时间，规范入职流程，保障合同履行合法合规。

5. 明确员工工作时间

我国法律规定的工时制度有三种，即标准工时制、不定时工作制和综合计算工时工作制。

1）标准工时制

这是法律规定的企事业单位、社会团体普遍实行的工作时间，包括每日工作时间和每周工作时间，它是工作时间立法的基础。法律规定：职工每天工作 8 小时，每周工作 40 小时，星期六和星期日为周休息日；有些企业因工作性质和生产特点不能实行标准工时制的，在保证劳动者每日工作时间不超过 8 小时、平均每周工作时间不超过 40 小时的基础上，可以实行每周 6 天工作制。在实践中，一些企业只注意到了要符合"每日工作时间不超过 8 小时，平均每周工作时间不超过 40 小时"条件，容易忽略"用人单位应当保证劳动者每周至少休息一日"这个条件；必须三个条件同时具备才行。

2）不定时工作制

这是指劳动者因生产条件或工作的特殊性，在一段时间内必须进行连续生产或工作，不受固定工作时间的限制，采用轮休调休、弹性工作时间等方式的一种特殊工时制度。但对于实行特殊工时工作制的企业必须经过劳动行政部门严格的审批程序，以保障劳动者工作和休息的权利。根据 1994 年劳动部有关规定，企业符合以下条件之一的员工，可以实行不定时工作制：

● 企业中的高级管理人员、外勤人员、推销人员、部分值班人员和其他因工作无法按标准工作时间衡量的员工；

● 企业中的长途运输人员、出租汽车司机、铁路、港口、仓库的部分装卸人员，以及工作性质特殊，需机动作业的员工；

● 企业的消防、化学物质防护和救援的值班人员、值班驾驶员等工作时间不确定的员工；

● 其他因生产特点、工作特殊需要或职责范围的关系，适合实行不定时工作制的员工。

3）综合计算工时工作制

这是针对因工作性质特殊，需连续作业或受季节及自然条件限制的企业的部分职工，采用的以周、月、季、年等为周期综合计算工作时间的一种工时制度。主要适用于：交通、铁路、邮电、水运、航空、渔业等行业中因工作性质特殊，需要连续作业的职工；地质、石油及资源勘探、建筑、制盐、制糖、旅游等受季节和自然条件限制的行业的部分职工等。另外，对于那些在市场竞争中，由于外界因素影响，生产任务不均衡的企业的部分职工也可以参照综合计算工时工作制的办法实施。但在计量周期内，其平均日工作时间和平均周工作时间应与法定标准工作时间基本相同。也就是说，在综合计算周期内，某一具体日（或周）的实际工作时间可以超过8小时（或40小时），但平均每周工作时间不超过44小时的工时制度，超过部分应视为延长工作时间并按劳动法的规定支付加班费。其中，法定休假日安排劳动者工作的，按劳动法的规定支付加班费。而且，工作时间也不能无限延长，延长工作时间的小时数平均每月不得超过36小时。

实行不定时工作制和综合计算工时工作制的企业，应根据《中华人民共和国劳动法》的规定，要在充分听取职工意见的基础上，采用集中工作、集中休息、轮休调休、弹性工作时间等适当方式，兼顾职工的休息休假权和生产、工作任务的完成。

对于实行不定时工作制和综合计算工时工作制的企业，要根据岗位的特点按照规定报批或备案。仅仅是用人单位单方决定不行，双方在劳动合同约定也不行，只有经过劳动行政部门审批并备案才合法。

实践中有不少企业以不定时工作制和综合计算工时工作制两种制度为名，达到无偿延长员工工作时间的目的，不仅严重损害劳动者的权益，也不利于企业的长远发展，还会给企业招来诉讼。所以，管理者必须清楚这三种工时制的本质特征及适用条件，不能错用和滥用。

6. 明确员工休息休假权

员工享受带薪年休假权利。2008年9月12日开始实施的《企业职工带薪年休假实施办法》指出：年休假天数根据职工累计工作时间确定。职工在同一或者不同用人单位工作期间，以及依照法律、行政法规或者国务院规定视同工作期间，职工累计工作已满1年不满10年的，年休假5天；已满10年不满20年的，年休假10天；已满20年的，年休假15天。国家法定休假日、休息日、职工依法享受的探亲假、婚丧假、产假等国家规定的假期以及因工伤停工留薪期间不计入年休假假期。

单位确因工作需要不能安排职工休年假的，必须经职工本人同意（这里用人单位一定要有记录，如书面说明、员工本人签字确认），可以不安排职工休年假，对职工应休未休的年休假天数，单位应当按照该职工日工资收入的300%支付年休假工资报酬。用人单位安排职工休年休假，但是职工因本人原因且书面提出不休年休假的，用人单位可以只支付其正常工作期间的工资收入。

7. 明确报酬及社会保险

在劳动合同中，劳动者的报酬包括薪酬结构、薪酬比例、薪酬金额（并约定好是税前还是税后）、薪酬支付的时间等。

《中华人民共和国劳动法》《中华人民共和国劳动合同法》《中华人民共和国社会保险法》《关于工资总额构成的规定》和各种地方性的工资支付规定，这是人力资源部制定相关薪酬制度的法律依据。

薪酬结构是由企业来决定的，劳动法中并没有明确规定工资构成，但基本薪金不能低于当地的最低工资。如果与劳动者约定的劳动报酬不明确或有异议，劳动报酬应当按照企业的或者行业的集体合同规定的标准执行;没有集体合同或者集体合同未作规定的,用人单位应当对劳动者实行同工同酬。

同工同酬必须具备三个条件:第一,劳动者的工作岗位、工作内容相同;第二,劳动者在相同的工作岗位上付出了与别人同样的劳动工作量;第三,同样的工作量取得了相同的工作业绩。"同工同酬"并非要求他们的工资数额一样,而是要在同一工资区间内进行浮动。如都是总监级别,单位的薪酬体系在 6 000~9 000 元区间内,那么此级别的总监都应该在这个区间内浮动。

同时,在劳动合同中约定了工资支付时间的,企业要遵守这个时间,可以提前但是不能拖后。如果特殊情况下工资支付时间拖后,一定要征得员工谅解,并留下书面证据,否则就是拖欠员工工资。很多地方性法规都规定了工资拖延支付不能超过 30 日,因拖欠工资企业需要承担的责任见《中华人民共和国劳动合同法》,不仅要补足拖欠工资,还要支付解除劳动的经济补偿金。

社会保险的主要项目包括养老保险、医疗保险、失业保险、工伤保险、生育保险(俗称的"五险")。《中华人民共和国社会保险法》规定用人单位必须为员工缴纳社会保险,这是强制性规定;一旦不按时给员工缴纳社会保险,就是违法。俗称的"五险一金"中的"一金"是住房公积金,住房公积金是企业为员工提供的福利,并不是国家强制要求的。

现实中,更多企业容易犯的错误是,企业给的薪酬过低;没有对员工实现同工同酬。一旦员工发现企业没有对员工实现同工同酬,员工有权向有管辖权的劳动保障监察机构进行投诉或举报。

10.2.3 培训中的员工关系管理

对员工的专项培训,是对员工能力的一项长期投资,有利于提高员工的能力。比如从国外引进一套生产设备,必须把劳动者送到国外去培训如何操作;为了提高科研人员的研发水平或者管理者的管理水平而进行的进修培训,这些都属于专项培训。培训的形式,可以是脱产的、半脱产的,也可以是不脱产的。

由于这种投资回收也是长期的,所以用人单位希望接受培训的员工能够在培训后反哺给用人单位,但最容易出现的风险是员工培训结束后离开公司,给公司造成损失。所以,一般用人单位都是在专项培训前,同受训员工签订培训协议来保证自己的利益。这在法律上是准许的。

应当注意的是,员工的上岗培训、安全生产教育、企业文化培训等必要的、普适性的培训,不属于专项培训。如果企业就非专项培训和员工签订培训协议,并依此对员工进行约束,该协议是无效的。

企业和员工签订书面培训协议时,要明确如下问题:确定受训人员,明确培训费用,约定合理的服务期限,约定培训期间的待遇,明确违约责任和违约金标准等。"员工培训协议书",经双方签字确认才能生效。

1. 确定受训人员

对于专项培训,一定要认真甄选合适的受训人员,第一,保证培训确实是受训人员工作的需要,可以用于以后工作的能力提升,可以带来工作效益;第二,保证受训人员对企业是忠诚可靠的,不要对处于试用期的员工进行专项培训,因为他们具有不稳定性;第三,保证受训人员专业素质过硬，必要时要经过一定的选拔过程遴选出合适的受训人员，通过培训能获得最大的能力提高和潜能开发。这些是保证减少劳动关系纠纷的重要条件。

2. 明确培训费用

培训协议中应明确约定培训费用的数额和所包括的项目。明确培训费用，目的是确定违约金的标准。

在实践中，培训费用主要包括往返交通费、食宿费、学费、考察费以及因培训产生的用于该劳动者的其他直接费用。培训费用不包括培训期间向劳动者支付的工资、津贴或其他福利。

用人单位在与员工签订培训协议时，要将培训费用逐项列明，以明确培训费用范围。如果培训前无法确定培训费用的，应明确费用的支付依据和支付标准，并规定由劳动者先行垫付，培训结束后凭有效票据报销。

3. 约定合理的服务期限

企业在订立培训协议时，可以约定培训后的服务期限，写明具体的起止时间。

约定具体服务期的长短时，切忌约定过长的服务期；否则，过长的部分将会因显失公平，被认定为无效或可撤销，对受训员工丧失约束力。比如，有企业提供一个3个月的专项培训，却为员工约定10年的服务期，这是不合理的，也难以获得法律保护。一般来说，服务期以3～5年为宜。

服务期从培训结束之日起算。在劳动合同期限内，用人单位安排多次培训的，时间上靠后的培训应履行的服务期从之前培训服务期履行完毕之日起算，也就是累加计算。由于服务期与劳动合同的起止点往往不同，这样就容易造成二者终止日期的矛盾。对于该问题，2008年颁布实施的《中华人民共和国劳动合同法实施条例》第十七条规定："劳动合同期满，但是用人单位与劳动者依照劳动合同法第二十二条的规定约定的服务期尚未到期的，劳动合同应当续延至服务期满；双方另有约定的，从其约定。"

4. 约定培训期间的待遇

法律对于培训期间员工工资和福利待遇的支付没有做出强制性规定，因此，企业可以根据具体情况，与劳动者协商确定培训期间的工资和福利待遇支付标准，如员工脱产培训期间，由于未向企业提供正常劳动，因此，可以约定企业不支付工资或仅支付最低工资。

5. 明确违约责任和违约金标准

在培训期间，因为个人原因中途未参加培训或者没有依约获得培训证书的员工要有一定的处罚标准，并在协议中写明。比如，没有达到培训要求的，培训费用由员工承担等。

受训员工若在约定的服务期内，因个人原因而解除或因非企业过错而被企业解除服务期限的，则应当承担培训违约金。

违约金的计算方法为：

$$需支付的费用 = \frac{总的培训费用}{约定的服务月份} \times 尚未完成的服务月份$$

劳动者提前解除劳动关系的，所支付的违约金不得超过服务期尚未履行部分所应分摊的培训费用。企业应严格遵守法律关于违约金上限的规定，不能随意扩大。比如，在培训费用以外再额外增加违约金是违法的，签订这种培训协议是无效的。

10.2.4 员工保密管理

1. 企业的商业秘密

2018 年"张小平离职影响中国登月"事件引起社会较大范围的关注，再次引发对企业商业秘密保护适当性的思考。

商业秘密是指不为公众所知悉、能为权利人带来经济利益并经权利人采取保密措施的所有信息。商业秘密的构成要件有三：一是该信息是不能从公开渠道直接获取的，否则就不叫商业秘密了；二是该信息能为权利人带来经济利益，否则商业秘密保守就没有价值了；三是权利人对该信息采取了保密措施，是付出成本的。

企业的秘密包括企业自有的商业秘密及企业承诺保密的第三方商业秘密，主要有以下几个方面。

（1）经营秘密：包括但不限于投资决策意向、产品服务定价、广告策略等公司内部掌握尚未公开的各类文件资料及信息等。

（2）管理秘密：包括但不限于财务预决算资料、各类财务报表、人事档案、工资薪酬以及公司内部掌握的合同、意向书、可行性研究报告、主要会议记录等。

（3）技术秘密：包括但不限于产品图纸、计算机程序、技术数据、专利技术、科研成果等。

（4）交易秘密：包括但不限于商品产、供、销渠道，客户和供应商名单，成交或商谈的价格、商品性能、质量、数量、交货日期等。

为避免掌握企业秘密的员工在职或离职后因个人过失使公司商业秘密外泄，导致企业蒙受经济、信誉等损失，必须进行员工保密管理，包括订立保密协议，建立保密制度及采取其他合理的保密措施。

2. 企业保密协议的主要内容

1）保密范围

应该在协议中明确哪些内容属于商业秘密，做出细致的描述。

2）保密义务

明确员工的保密义务，同时确认员工哪些行为是泄密行为，一旦泄密要承担什么责任。

3）保密期限

明确员工承担保密义务的期限。

4）脱密期约定

脱密期是指用人单位可以约定掌握秘密的员工在离职之前必须提前通知用人单位，用人单位可以把员工调至不需保密的部门工作，以确保员工不再接触新的商业秘密。该期限期满，员工才可以正式离职。

这一制度是基于商业秘密的时效性的考虑而设计的。由于用人单位的业务在不断发展，在脱密期内一定会产生新的商业秘密，这些新的商业秘密当然更有价值，原有的商业秘密便在脱密期内降低了其价值，即使在员工脱密期后被泄露，也不会给用人单位造成过大的经济损失。

脱密期期限，相关法律没有具体规定。从现实执行情况看，脱密期的长短，一般是由公司与员工进行协商约定的。对特殊的高知密度人员，其脱密期更长，甚至在就业、出境等方面予以终身限制。

脱密期起始时间，自涉密人员离开涉密岗位之日起算。脱密期限结束，才可以办理离职手续，但对所知悉的国家秘密和企业秘密仍应承担保密义务。如果劳动者的脱密期长于劳动合同到期日，那么劳动合同自动延长至脱密期结束。

5）脱密期员工的待遇

在脱密期，通常采取调整工作岗位，相应地变更工作内容、范围和劳动报酬等。一般要求所要调整的工作岗位在前期约定中以列举方式确定，并在合理的范围内，不能是任意的；否则是对员工利益的践踏。

脱密期的劳动报酬，如果没有事先约定，脱密期协议工资还应按照原有的工资进行支付，即使企业将劳动者调到工资相对较低的部门工作。因为企业为了防止商业机密泄露而将员工进行调岗，本身不是员工的错，而要员工做出牺牲就必须给予相应的补偿，所以这期间的工资不应降低。

6）违约责任

如果员工违反了保密协议，应承担违约责任。

应当注意的是，劳动者违反脱密期协议约定的，应根据损害程度承担损害赔偿责任，而不能直接适用违约金约定。当然，如果劳动者和用人单位约定用人单位需要承担违约金的，则约定有效。

如果企业能够证明员工违反脱密期协议的违约行为和企业受到的损害之间存在因果关系，以及损害的大小进行充分举证，那么员工就应当承担相应的损害赔偿责任。如果企业不能举证，那么就不能对员工进行经济惩罚。

7）必要时签订竞业限制协议

竞业限制是用人单位对负有保密的劳动者，在劳动合同、知识产权权利归属协议或技术保密协议中约定的限制保密员工再就业的一种管理措施，即：在解除或者终止劳动合同后，法律规定的相关保密人员不得到与本单位生产或者经营同类产品、从事同类业务的有竞争关系的其他用人单位从事同类业务，或者自己开业生产或者经营同类产品。

由于企业部分员工常常对企业的经营和技术情况了如指掌，员工在跳槽后也往往选择与其业务特长相同或者近似的业务，一旦在跳槽后从事这些职业，不但易于成为原就职企业强劲的竞争对手，而且由于自身的便利和业务的需要，往往会情不自禁地使用原企业的商业秘密。为防止出现这种局面，就形成了竞业限制制度，以保护原就职企业的竞争利益和商业秘密。

要做好竞业限制协议，需要澄清如下认识。

（1）要注意竞业限制的员工只能是某些特殊岗位的员工，如高级管理人员、高级技术人员和其他负有保密义务的人员，不承担保密责任的员工不能实施竞业限制。

（2）竞业限制期限，本着双方平等协商的原则可以协议，但《中华人民共和国劳动合同法》规定竞业限制期限不得超过二年。

（3）作为平等交易的原则，员工承担保密义务就要给予员工相应的补偿。企业对负有保密义务的劳动者，在竞业限制期限内按月给予劳动者经济补偿。其补偿数额可以由双方约定。补偿金的最低数额，国家层面的法律没有明确规定，但各地方性法规对竞业限制的补偿金额做出了具体规定。比如，《深圳经济特区企业技术秘密保护条例》第二十四条规定，竞业限制的补偿金额不得少于员工离职前12个月月平均工资的二分之一;《浙江省技术秘密保护办法》第十五条规定,竞业限制补偿费的标准由权利人与相关人员协商确定;没有确定的,年度补偿费按合同终止前最后一个年度该相关人员从权利人处所获得报酬总额的三分之二计算。所以,补偿数额多少,要看地方法规规定。

(4) 劳动者若违反竞业限制义务,除了支付违约金外,给用人单位造成损失的还需按照实际的损失承担赔偿责任,用人单位还有权要求违反竞业限制义务的劳动者继续履行该义务。但是,如果用人单位不按期支付经济补偿,劳动者可以解除竞业限制约定。

综上所述,企业与离职员工只有签订合法有效的竞业限制协议,并且按时发放竞业限制补偿金,才能保证协议的顺利履行。

10.2.5 员工绩效考核中的劳动关系管理

和员工绩效考核有关的员工关系管理,主要涉及对员工绩效考核结果公平与否,以及绩效考核结果的运用上。

1. 对员工不胜任工作的考核结果的处理

在绩效考核中涉及的劳动关系,最主要的是关于"如果有证据证明员工不胜任工作,企业可以单方面解除劳动关系"。主要的争议点是:第一,如何证明员工不胜任工作;第二,实践中,一些企业故意提高员工的工作量和工作难度,最终以员工不能胜任工作为借口辞退员工,这样做是否合法。

1) 员工不能胜任工作的认定

劳动部1994年颁发并开始实施的《关于〈中华人民共和国劳动法〉若干条文的说明》中,对"不能胜任工作"表述为:"不能按要求完成劳动合同中约定的任务或者同工种、同岗位人员的工作量。"显然,法律上规定的员工不能胜任工作和人力资源管理上的员工不能胜任工作是有区别的。从人力资源管理的角度,员工绩效不仅包括工作质量和数量等任务绩效,还包括工作态度、团队合作能力等周边绩效。劳动法规定的"不能胜任工作"仅仅是从完成任务的数量和质量即任务绩效角度来进行衡量,主要考虑员工能力问题。

之所以这样规定,是因为不能胜任工作应当是主观上有努力工作的愿望,但由于智力、体力、技能等各方面原因而无法完成工作,短期内也很难提高,为避免给企业带来损失,可以解除劳动合同。主观上能胜任工作但是实际上不能完成任务,那是员工工作态度的问题,工作态度的问题应该从激励员工的角度来改进,不能轻易地解除劳动合同。当然,如果员工态度极其恶劣,不思悔改,严重违反用人单位的规章制度的,根据《中华人民共和国劳动合同法》规定,用人单位可以单方面提出解除劳动合同。

"不能胜任工作"的认定,需要有两个关键依据——考核制度的合理合法性和考核结果的准确性,即同时满足如下条件:一是岗位职责和考核标准是可衡量、无歧义的;二是管理者履行告知义务,员工知晓并认可公司的考核制度;三是公司对员工考核的结果有合理的依据支持。

2) 用人单位不得出于某种目的而故意提高工作标准

在实践中,有些企业通过故意提高工作任务、增加工作难度导致员工不能胜任工作从而达到辞退员工的目的。如果有证据证明用人单位为了达到辞退某个(些)员工的目的,人为提高工作任务的标准(如突然提高某岗位工作标准,或者针对某人提高工作标准,却没有合理的解释），有可能面临劳动争议仲裁或诉讼。

3）对员工不能胜任工作的处理

按照现行法律规定，并不是劳动者无法完成一项工作任务或工作能力差导致不称职，用人单位马上就可以解除劳动合同，而是需要经过"两次证明不能胜任工作"后方能解除。"第一次不能胜任"，即经过第一次考核后劳动者被证明未达到考核目标的，企业应给予培训提高其技能使得其能够胜任工作，或者协商一致调整工作岗位。如果培训后或者调岗后胜任工作就继续留用；如果"第二次不能胜任"，才能解除劳动合同，否则就是违法。

4）做好绩效管理工作

为了杜绝绩效考核中的劳动争议，企业应当做好绩效管理。

（1）明确工作岗位职责。一般以岗位说明书等方式具体说明劳动者所在岗位的职责、任职要求等，在和员工签订劳动合同时就要告知员工的岗位工作内容和要求，让员工事先明确自己是否可以胜任该工作，从而决定是否签订该合同，或者有异议可以重新协商。

（2）明确胜任与不胜任标准。例如，以明确的目标任务为导向，确定合理的工作标准要求，对劳动者的工作任务进行量化，形成技术等级、考核标准等。

（3）建立绩效的过程控制机制。让员工掌握自己的实时业绩数据，一旦绩效中出现问题管理者要进行及时的指导和帮助，以防员工对自己不胜任工作产生错觉而导致争议。比如，员工可能会说："我干得好好的，没人说我工作有问题，怎么到考核期就说我不胜任了呢？"

（4）建立完善的考核机制。考核方式方法要明确，考核结果要客观、公正，同时考核结果告知劳动者，建立常规的沟通渠道，让员工对考核结果有异议时可以及时沟通。缺乏完善的绩效管理制度，绩效考核的结果将很难使员工信服。

2. 企业正确实施"末位淘汰制"

"末位淘汰制"是企业通过制定一套较为科学并适应自身的考核体系，对员工进行排序，实行优胜劣汰的机制，把排名靠后的员工转岗或者辞退。末位淘汰制之所以被企业视为有效法宝，是因为它在企业内建立起内部竞争制度，能够调动企业员工的积极性、主动性和创造性。

但是，很多企业的做法是错误的，如对排名靠后的员工直接辞退，并认为实行末位淘汰制是企业自主管理的结果，但任何管理行为都必须在法律限定的框架范围内运作。员工绩效考核处于末位并不等同于员工不能胜任工作，因为末位淘汰制是把人与人进行比较，而员工不能胜任工作是把人与工作标准进行比较。如果证明员工胜任工作只是排名靠后，那么以末位淘汰制对员工直接解除劳动合同，一旦进入诉讼，基本上都是败诉的。

企业需要在法律框架内合理地应用"末位淘汰制"。

第一，必须在企业的规章制度中申明实施末位淘汰制，让员工知晓，相当于双方在劳动合同中认可这一制度，一旦员工被末位淘汰也会表示理解和认可。

第二，对于那些考核处于末位的员工，企业不能直接将其辞退，而应先考虑对这些员工进行转岗或者再培训，做到人尽其才；如果员工确实不能胜任或者不愿意承担公司中的其他工作，这时才可以和员工解除劳动关系。

10.2.6 裁员管理

1. 管理者在裁员时面临的问题

裁员的动因一般可分为三种，即经济性裁员、结构性裁员和优化性裁员。

经济性裁员是由于市场因素或者企业经营不善，盈利能力下降，为降低运营成本，企业被迫采取裁员行为来缓解经济压力；结构性裁员则是由于企业的业务方向发生变化而导致内部组织机构的重组、分立、撤销引起的集中裁员；优化性裁员是企业为保持人力资源的质量，根据绩效考核结果解聘那些业绩不佳的、不能满足企业发展需要的员工的行为。

裁员不仅涉及员工利益，而且一些管理者对裁员采取了不正确的处理方式，往往会引发劳动争议、群体治安事件甚至是刑事案件，会对社会的稳定产生重要影响。而且，更多的公司在裁员时，仅仅把注意力放在"被裁"人员身上，而忽视了留下来的雇员的情绪对公司未来的影响。如何合法、合规、合理、合情地裁员是一门艺术。

2. 合法合规地裁员

为了保护弱势员工，我国法律对裁员的条件和程序做了严格的限定。任何企业裁员，都要合法合规。

《中华人民共和国劳动合同法》第四十一条规定："有下列情形之一，需要裁减人员二十人以上或者裁减不足二十人但占企业职工总数百分之十以上的，用人单位提前三十日向工会或者全体职工说明情况，听取工会或者职工的意见后，裁减人员方案经向劳动行政部门报告，可以裁减人员：……

裁减人员时，应当优先留用下列人员：（一）与本单位订立较长期限的固定期限劳动合同的；（二）与本单位订立无固定期限劳动合同的；（三）家庭无其他就业人员，有需要抚养的老人或者未成年人的。"

为了保护弱势群体，《中华人民共和国劳动合同法》第四十二条规定："劳动者有下列情形之一的，用人单位不得依照本法第四十条、第四十一条的规定解除劳动合同：（一）从事接触职业病危害作业的劳动者未进行离岗前职业健康检查，或者疑似职业病病人在诊断或者医学观察期间的；（二）在本单位患职业病或者因工负伤并被确认丧失或者部分丧失劳动能力的；（三）患病或者非因工负伤，在规定的医疗期内的；（四）女职工在孕期、产期、哺乳期的；（五）在本单位连续工作满十五年，且距法定退休年龄不足五年的；（六）法律、行政法规规定的其他情形。"

而很多企业在裁员时，最容易犯的违法行为是：没有提前三十日向员工说明裁员情况，而是要求1天内就让被裁员工离开公司；对符合法律规定、不应该被裁员的员工裁员了；裁员补偿低于法律规定的标准；性别歧视，裁女不裁男；年龄歧视，裁老不裁少；按照规定，企业的裁员方案须向劳动行政部门报告，然而有些企业并未履行该程序，逃避了有关部门的审查和监督；进行调岗、降薪、待工等变相逼迫员工主动离职，达到裁员目的。

3. 合情合理地裁员

裁员时，既要让被裁的员工满意接受，还要让留下来的员工保持昂扬的斗志，需要做好以下工作。

1）做好裁员的计划工作

企业的裁员往往发生在企业经营遇到重大挫折或出现巨大变化时，企业需要缓解成本压力、改变现在的战略而进行人员的调整或改变。考虑到裁员成本和重新招聘的成本，企业领导者需要认真分析组织未来发展的可能性，在战略不明的情况下，盲目裁员往往会适得其反。

在确定裁员计划后，还需要做好三个方面的准备：一是经济上的准备，对被裁员工的经济补偿金；二是法律上的准备，随着员工维权意识的逐渐加强，企业会面临越来越多的劳动纠纷，需要法务人员的介入；三是媒体应对上的准备，尤其是大公司的裁员，其裁员信息会对企业声誉和股价造成一定的困扰。

2）做好裁员的沟通工作

为了减少裁员时的冲击，在正式裁员开始之前，裁员的信息可以通过小道消息或者其他一些暗示行为先传递出来，在企业中逐渐营造裁员的气氛，给员工一个心理缓冲期，同时员工还可以提前寻找新的"东家"。从心理学角度来讲，在没有思想准备或准备不充分时，一些员工被通知下岗，他们会产生强烈的反抗心理，自然就会有罢工、破坏生产、散布谣言等行为，企业就会很被动。

正式裁员时，经理们应该单独和每位员工进行离职面谈。在面谈过程中，员工的典型情绪是否认、抗拒、沮丧与不愿面对，因此，经理们在传递信息的沟通情境中，要充分运用同理心，告诉他们公司的裁员是不得已而为之，争取员工理解；更要真诚、设身处地为员工可能面临的各种困境给以体谅和尽可能的资源支持；给员工以激励，同时为他们寻找新的工作给出职业发展指导，让他们重拾信心。这个阶段的沟通最重要的就是提供双方比较满意的离职方案，让他们平静而体面地离开。

3）给予被裁员工合理的经济补偿

法律规定要求给予被裁员工经济补偿金的多少，还要看裁员是否合法。

如果合法裁员，解除劳动合同时经济补偿主要由两个因素决定：员工月工资和工作年限。

$$经济补偿=法律规定的员工月工资×工作年限$$

其中，法律规定的员工月工资是指劳动者在劳动合同解除或者终止前十二个月的平均工资。但是如果劳动者月工资高于用人单位所在直辖市、设区的市级人民政府公布的本地区上年度职工月平均工资三倍的，向其支付经济补偿的标准按职工月平均工资三倍的数额支付，同时要求支付经济补偿的年限最高不超过十二年。经济补偿中的年限，通常用 N 表示，按照《中华人民共和国劳动合同法》第四十七条规定，经济补偿按劳动者在本单位工作的年限，每满一年支付一个月工资的标准向劳动者支付。六个月以上不满一年的，按一年计算；不满六个月的，向劳动者支付半个月工资的经济补偿，如果没有提前三十日通知与员工解除合同，需要多支付一个月工资，即俗称的" $N+1$ 赔偿"。

如果裁员不合法，根据《中华人民共和国劳动合同法》第四十八条、第八十七条规定，需要在合法情况下的赔偿数额的基础上双倍补偿，即俗称的" $2N$ 赔偿"。

当然，这些补偿是法律规定的最低标准，企业可以根据自己的实力在这个标准之上进行补偿，以达到员工更大的满意。比如，2014 年微软中国裁员是" $N+4$ "方案，2015 年思科裁员是" $N+7$ "方案，雅虎北京研发中心对员工的赔偿是" $N+4$ "方案。给被裁员工较为丰厚的补偿，有利于缓解员工的不满情绪。

4）尽可能地帮助被裁员工寻找新工作

企业裁员时，很多被裁员工是无助的。如果在这个充满失业压力和情绪波动的时候，公司能出面帮助员工做新职介绍，会使所有员工（包括在职的和被裁的）明白，公司是尊重他们的，而不仅仅是把他们当作某种资源来被管理。这称之为重返岗位计划（out-placement）。

比如，2014 年微软裁员时，除了经济补偿政策外，还设立了 1 800 万元的培训基金，用于被裁员工的技能转型培训。此外，微软还开放了内部其他职位的招聘，希望帮助被裁员工尽快再次就业。

5）关注留任员工

裁员后的留任员工需要继续为公司的未来奋斗，但是他们心中对公司的疑虑将挥之不去。他们也会有"创伤应激反应"，因此管理者必须对下属员工进行安抚：未来的工作任务、目标、公司财务状况，以及是否有新的裁员等都予以说明，以消除他们的顾虑，使之安心投入工作。

6）做好离职员工管理

近年来在人力资源管理领域逐渐受到重视的一种理念是：离职员工是公司的隐形人力资源。那些在企业裁员时被裁的员工，尤其是结构性裁员，并不都是不能胜任岗位的，如果在新公司表现出色，也能成为原公司无声的宣传；而且附于他们身上的某些资源，也可以和原公司共享；如果将来需要，这些员工还可以回归公司。正是看到了这些好处，在一些大公司的人力资源部，就诞生了一个新职位——"旧雇员关系主管"，公司希望通过这一职位的设立来发挥对离职员工的管理功能。

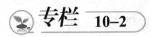

专栏 10-2

国外知名企业的离职员工管理实践

1. 建立校友录保持联系

目前各大互联网公司都在建立离职员工组织。比如百度的"百老汇"、腾讯的"南极圈"、阿里的"前橙会"等。阿里巴巴在 2014 年上市之后，还举办了第一次的"校友会"，当时去的离职员工大约有两千人。马云当场宣布"阿里的工号和花名是保留的，每个工作过的员工都有自己的工号，哪怕只工作过 1 天。"阿里还给离职员工发了纪念版的工牌，上面还印了每个人的照片和工号，意思就是：一入阿里门，终身阿里人，离职的同学们啊，无论你们在哪里，阿里永远有属于你们的位置。

谷歌公司推出离职员工网站"谷歌校友"，邀请所有离职员工加入，赠送礼物，分享各自的生活。

2. 和离职员工在事业发展上进行合作

盛大网络公司对于离职员工，设立一个专门的渠道和平台，让所有从盛大网络公司离职的员工，能直接有渠道与盛大网络公司沟通联系，并为他们开出"三个优先"条件："一、他们推荐的项目，我们的投资基金应该优先考虑；二、他们推荐的人才，我们的人事部门应该优先面谈；三、他们代表新的企业来和盛大谈合作，我们的业务发展部门应该优先合作。"

3. 建立回聘制度

摩托罗拉非常重视员工"回聘"，有一套非常科学完备的回聘制度，为前任员工提供工作机会。为了鼓励员工回槽，公司制定了一套相应的服务年限计算办法。很多重返摩托罗拉的员工往往还会受到公司的重用，因为摩托罗拉认为他们在离开期间转换了公司与工作岗位，会学到一些新东西。

同样，IBM 也非常欢迎离职员工的回聘。对所有离职的员工，IBM 会保留一份名单，人力资源部经理经常与他们保持沟通，倾听他们有价值的意见，关心他们离开 IBM 后干得怎么样,想不想回来,并没有因为他们离开IBM而对他们冷淡。在这种文化下,很多原来离开的员工又重新回到了IBM。IBM的理念是,只要他们愿意回IBM,公司的门总是敞开的。

10.2.7 劳动合同的解除

1. 法律对劳动合同解除条件的规定

合同的解除,分为协商解除、法定解除和约定解除三种情况。但要注意的是,在劳动合同中没有约定解除;或者说,双方在劳动合同中约定了解除条件的劳动合同条款是无效的。劳动法律排除合同双方对解除条件进行约定的目的是维护劳动关系的稳定,避免企业在签订劳动合同时利用优势地位肆意约定解除条款从而侵犯劳动者的权益。因此,除《中华人民共和国劳动合同法》规定的解除条件外,劳动合同双方不得在劳动合同中约定解除条件。

所以,在劳动合同中只有协商解除和法定解除两类。

2. 企业在劳动合同解除中的错误做法

1)法律明确规定不得解除劳动合同的情形但用人单位强行解除的

《中华人民共和国劳动合同法》第四十二条规定,如果员工有六种情形之一的,单位不得解除劳动合同。但在实践中,往往有企业出于对自身利益的考虑而做出违法行为。比如,对于确诊患重病的员工,一些企业想办法和员工解除劳动合同,推卸责任;女员工一旦怀孕或休产假,就被逼迫解除劳动合同。

2)用人单位在解除劳动合同的程序上违法

法律规定:用人单位提前三十日以书面形式通知劳动者本人或者额外支付劳动者一个月工资后,可以解除劳动合同。如果用人单位两个条件都没有实施,就是违法的。

3)用人单位在解除劳动合同办理过程中的方式不当

无论是裁员解除劳动合同,还是不再续签劳动合同,还是因为不符合要求解除劳动合同,最好的结局是双方都平静友好地分手。但有些企业为了避免争议或避免群体性事件的发生,喜欢"快刀斩乱麻";但很多情况是在员工心情低落的情况下,任何傲慢的言行,都可能被离职员工视为"刁难"而出现争执,影响"后员工关系管理"。

4)强迫员工主动解除劳动合同从而规避支付经济补偿

《中华人民共和国劳动合同法》第三十六条规定"企业和员工协商一致可以解除劳动合同"。这种解除劳动合同有两种情形,一种情形是企业先提出的并且企业和员工协商一致的,另一种情形是员工先提出并且企业和员工协商一致的。

而对于企业先提出解除劳动合同并协商一致的情形,根据《中华人民共和国劳动合同法》第四十六条关于解除劳动合同的经济补偿的规定,"有下列情形之一的,用人单位应当向劳动者支付经济补偿:……(二)用人单位依照本法第三十六条规定向劳动者提出解除劳动合同并与劳动者协商一致解除劳动合同的",强调的是"由用人单位先提出解除劳动合同并且劳资双方协商一致解除劳动合同的情况"在补偿之列。但是对于员工先提出解除劳动合同的情形,并没有规定在经济补偿之列,因此法律没有规定的,企业可以不予补偿。

现实中,一些企业利用这个规定,采用劳动条件恶劣、故意拖欠劳动者工资、让员工长期低薪待岗、提高业绩标准让员工很难达到等,迫使员工主动提出辞职从而规避支付补偿金。

如果劳动者保留相关证据证明企业有如上的行为,符合《中华人民共和国劳动合同法》第三十八条规定的,在解除劳动合同时,依据新修订的《中华人民共和国劳动合同法》第四十六条的"(一)劳动者依照本法第三十八条规定解除劳动合同的",用人单位仍旧必须支付经济补偿金。

5)规章制度制定得随意和不完善导致解除劳动合同是违法的

企业管理者通常认为规章制度是企业的"独立王国",企业想怎么规定就怎么规定。这种认识是错误的。

《中华人民共和国劳动合同法》第三十九条规定:劳动者"严重违反用人单位的规章制度的;严重失职,营私舞弊,给用人单位造成重大损害的",用人单位可以解除劳动合同。但什么行为是严重违反用人单位的规章制度?什么行为是严重失职?如果企业的规章制度界定不清楚、不准确,或者根本没有规定,即使员工实际上存在企业认为的严重行为,也无法认定员工是有过错的,企业按照此条规定处罚员工,不合理、不合法,其做出的解除劳动合同的行为可能是违法的,也容易引起劳动争议。

比如,有的公司在《考勤休假制度》中规定:员工迟到五次,是严重违反用人单位的规则制度,解除劳动合同。显然,对于一般的企业来说,员工的迟到最多是违纪,不算是严重违反行为,所以该制度显失公允,不会获得法律支持。

所以,公司制定规章制度时要坚持如下原则。

(1)规章制度要合法,包括内容合法和程序合法。

内容合法指规章制度不得违反《中华人民共和国劳动法》《中华人民共和国劳动合同法》《中华人民共和国工会法》及各地方性法律法规。

程序合法指规章制度的制定必须符合法律规定的程序。对于法律规定必须经过职代会或职工大会及法律规定的其他民主形式通过的规章制度,还必须按法定的民主程序制定,并向劳动者公示。

(2)规章制度要合理公平。比如,员工迟到十次、旷工一天就认为严重违反公司的规章制度,要解除劳动合同的规章制度,这是不合理的。在确定什么是严重违反公司规章制度时,要从量和情节上综合考量,不能太随意,可以参考其他公司的做法。

(3)规章制度要完善。这种完善体现在内容要准确,规定要细致,不能前后矛盾。比如,某公司规定:如果员工在禁烟区吸烟,单位有权警告、记过,甚至是解除劳动合同。这个规定就是不准确的。什么情况下给警告,什么情况下给记过,什么情况下解除劳动合同,并没有给出具体的描述,一旦发生纠纷,法院只能从有利于员工的角度进行解读,这就可能对企业不利。

专栏 10-3

违法解除劳动合同案例分析

2016年7月1日,慧某同甲公司订立三年期的劳动合同。

2017年6月29日,慧某在工作场所与甲公司的经理宋某产生争论,过程中慧某向宋某吐口水。

2017年6月29日，甲公司向慧某发送解除劳动关系通知书，载明"鉴于您严重违反公司规章制度，经公司研究决定，立即解除与您的劳动合同"。甲公司"员工手册"第七章纪律规定、第三节纪律处分中立即解除劳动合同载明"立即解除劳动合同的不当行为列举：……b）极其不可接受的个人行为——打斗、攻击、威胁、挑衅导致在公司场所发生斗殴行为。打斗的主要责任人，造成严重后果（包括造成无论价值多少的财产损失、人身损害）的承担全部责任"。

2017年7月20日，慧某上诉至法院，要求甲公司支付其违法解除劳动合同赔偿金[①]。

案例分析

（1）劳动者严重违反用人单位规章制度的，用人单位可以解除劳动合同。但是，从慧某向上司吐口水的行为来看，具有侮辱和挑衅意味，性质较恶劣，对管理有冲击；但该挑衅行为并不是斗殴行为，所以慧某并没有违反公司的规章制度。最终法院认为用人单位解除劳动合同是违法的，需要支付违法解除劳动合同赔偿金，主要原因在于要有法必依。

（2）公司在拟订规章制度时用词不准确，导致引起歧义。打斗、攻击、威胁、挑衅所代表的恶劣程度并不在同一等级上，而且威胁、挑衅并不一等同于斗殴行为。该案例也说明了企业应当建立完善、实操性强的规章制度。当员工的违纪行为未被"员工手册"明确列明时，即使员工的行为不当，也不应对该员工做出解除劳动合同的处罚。

3. 员工提出解除劳动合同后企业的对策

1）对辞职的员工进行挽留

在员工提出辞职时，尤其是对于公司非常重视的人才，建议员工主管与人力资源部门对其进行双重挽留，让员工充分感受到自己是受到重视的；同时，第一时刻了解员工离职的原因，重点分析离职是个人层面还是企业层面所造成的结果。如果是离职员工对企业有不满意的地方，那么企业应考虑提供什么或改变什么来挽留员工。

2）离职面谈

如果离职员工去意已决，企业又无法兑现离职员工的条件，就要做离职面谈。

根据离职员工及其所处岗位重要性、离职原因等信息，谨慎选择离职面谈主持人。人力资源部的劳动关系主管、与离职员工之间存在较好关系的直接主管、有工作关系交往的关系较好的交叉部门的主管，都可以作为面谈主持候选人。

面谈主持人要充分了解离职员工相关的岗位变动、绩效状况、职业规划、家庭情况等背景信息，在标准化面谈提纲的基础上，拟订具体的关于离职员工的面谈提纲，力求准确获得离职的真正原因，进行真诚的挽留，并咨询其对企业的建议。如果挽留不成，则需要善意地明确双方的权利和义务，并对一些相关的善后/遗留问题提出解决建议。

3）做好善后工作

做好和离职员工的交接工作，要有书面的记录和个人签字，以及相关的说明，做好证据保留。因为如果员工的离职给企业造成了重大损失，员工的责任不会因为员工已经离职而消失，企业可以提起劳动仲裁，要求员工赔偿给企业造成的损失，但一定要保留好相关证据来支持自己的观点。

---

① 员工向上司吐口水，公司解除劳动合同被判违法解除. 威科先行劳动法库，http://www.sohu.com/a/236783010_431835.

10.3 经理人指南

10.3.1 直线经理在员工关系管理中的职责

人力资源部为公司员工关系管理的组织部门,而作为和员工密切接触的直线经理应该是员工关系管理的首要负责人,因为他们更了解员工而且直接管理员工,其管理水平决定了员工关系管理的成效。

1. 参与制定并执行员工关系管理政策

广义上讲,员工关系管理是各级管理人员和人力资源职能管理人员,通过拟订和实施各项人力资源政策和管理行为以及其他的管理沟通手段,调节企业和员工、员工与员工之间的相互联系和影响,从而实现组织的目标并确保利益相关者利益的过程。所以,员工关系管理政策应该是人力资源部门发挥专业化职能作用、直线经理利用管理的实践共同制定的。

在员工关系管理政策确定后,直线经理又是政策的执行者和参与者。比如,对员工的绩效考核工作;和人力资源管理部门一起参与劳资谈判、集体协商、劳动争议处理等工作。

2. 保证劳动关系管理过程合法合规

坚持贯彻执行劳动关系管理的各项条款,做好劳动关系管理过程中的招聘、培训、绩效考核、薪酬支付、休息休假、工作纪律等方面的信息收集、整理和反馈工作,同时为劳动关系管理提供资源和技术支持,保证劳动关系管理合法合规、合情合理。

3. 建立顺畅的信息沟通渠道

建立上情下达、下情上达的沟通机制,保证员工知晓公司大事,及时传达员工关系管理的相关政策,同时能让员工通过各种正规渠道发表建议和表达不满,把员工的意见及时反馈给人力资源部门,共同协商如何解决问题,同时确保员工合法的申诉程序畅通。

此外,还要关注非正式沟通渠道管理。非正式沟通渠道既然消除不了,那就要加以引导和利用,关注"小道消息",特别是那些企业内部非正式组织的"领袖"的动态,可以和他们进行定期沟通,了解员工的真实想法。

4. 重视对员工的心理契约的管理

目前大部分企业对于合同、协议等契约比较重视,但对心理契约普遍忽视。直线经理没有清楚地了解每个员工的需求和发展愿望,也没有对员工的需求进行适当的引导,导致直线经理和员工的认知不合拍,双方的心理定位差距较大。在员工关系管理政策执行过程中,直线经理要不断了解员工的需要、期望和满意度,通过员工参与管理的方式,改进管理策略,营造相互尊重、相互信任的氛围,对员工从工作上和生活上进行关心,培养以人为本、互惠互利、合作共赢的企业文化,保持健康的员工关系。

10.3.2 人力资源管理者在员工关系管理中的技能要求

1. 树立正确的员工关系管理理念

很多时候劳资利益是一致的,但是有的时候由于员工和企业目标不一致,会出现劳资矛盾。比如,企业为了节省成本不给员工缴纳保险,不给员工加班费,违法延长劳动时间。而当出现劳资纠纷时，人力资源管理者就成为"夹心板"，一方面作为企业雇员，从职位角度考虑要代表企业执行公司高管做出决策；另一方面又想帮助员工争取更大的利益。这个矛盾体的职位要求他们必须有社会责任感，树立正确的人力资源管理理念，要以公司长远利益为重，以员工发展为重。如果发现企业做法违规，侵害了员工利益，人力资源管理者首先要深入透彻地掌握各种劳动法规及具体实践，并向管理者提出合法化建议，强调违规操作给企业带来的风险和危害；同时，还要按照相关的法规，规范绩效考核制度和人力资源管理各项流程、文件，为企业尽量争取有利的条件。若碰到有劳动纠纷风险的个案时，需提前预警，和平解决，避免争议或冲突升级。

2. 学法知法，成为法律专家

人力资源管理者必须谙熟《中华人民共和国劳动法》《中华人民共和国劳动合同法》等法律法规，指导并培训直线经理规避法律风险。

3. 沟通和冲突管理技能

员工关系管理离不开沟通。人力资源管理者是公司管理方的角色代表，充当着冲突调停者、合作促进者的双重角色任务，需要高超的沟通技巧。一旦发生劳动争议，人力资源管理者的协调和冲突处理能力显得更为重要。人力资源管理者要多与劳动管理部门、行业协会、工会沟通信息，向他们咨询工作方式、方法和经验。

4. 抗压能力

人力资源管理者所面对的员工关系管理中，都涉及企业员工的切身利益，这就很容易引起员工的不满和冲突。人力资源工作的心理压力非常大，清晰冷静的心理素质、较强的抗压能力等对人力资源管理者很有必要。

5. 处理突发事件的能力

人力资源管理者常常会面对一些突发事件，如员工冲突、劳动纠纷、暴力事件等，这就要求他们要具备应对突发事件的能力，掌握危机公关的方法，临危不乱，冷静客观。

6. 树立务实、缜密的工作作风

人力资源管理者要直接面对员工解决纠纷，很少有缓冲回避层，推脱和不切实际的许愿都将使自己和企业陷于被动。要把内部制度建设工作做扎实，做到有备无患。比如，抓紧修订与《中华人民共和国劳动合同法》等有抵触的企业内部人事管理制度；注重积累劳动纠纷解决案例，并及时总结经验教训；进一步探索建立适应本单位的劳动纠纷预防机制，思考如何构建企业文化，营造和谐良好的员工关系，为及时化解劳资矛盾创造条件。

10.3.3 直线经理在员工关系管理中需要修炼的管理技能

直接经理比人力资源部门的人员更了解其下属，能根据每位员工的特点实施管理（包括员工关系管理），并且是最有资格评价自己下属的人；直线经理又是各项规章制度的最直接的执行者，所以如果直线经理不掌握员工关系管理的知识，可能会为企业带来不必要的麻烦。

因此，直线经理应当掌握员工关系管理方面的技能，主要体现在以下三个方面。

1. 知法、懂法、用法

直线经理直接参与招聘、培训、薪酬管理、绩效考核等各个环节，自然也就必须知道这些环节涉及的劳动关系管理。作为管理者必须增强法律意识，知法、懂法、用法，才能既不侵害员工利益给企业招来争议或诉讼，也可以拿起法律武器维护企业的利益。比如，一些管理者法律意识淡薄，遇到劳动争议时，采用威吓、要挟的手段逼迫员工，在员工的维权意识越来越强烈的情况下反而事与愿违，造成更坏的影响。

2. 规范管理制度

企业的规章制度是劳动关系管理的基础，规章制度的合法、合理和完善直接决定了员工关系管理的质量。直线经理作为规章制度的参与者，必须明确规章制度制定的原则和要求，明确规章制度的内容不得违反国家法律法规的规定，制定程序中必须听取员工意见，必须征得员工代表大会或工会的同意，并对所有员工公示；如果员工不同意，可以进行协商。同时，还要针对管理实践中的问题不断总结经验，完善规章制度。在完善规章制度时，不仅仅要完善各种条条框框，更要记录并保留相关的过程性文件，作为依法管理的证据。承担对规章制度完善的职责，直线经理比人力资源经理更有有利条件。

3. 沟通和冲突管理技能

员工关系管理离不开沟通。直线经理在管理活动中随时随地要与员工进行沟通，在与员工发生劳动争议时，直线经理要提供证据，有理有节地与员工沟通。所以，要使沟通有效果，更多的时候要找到员工利益和企业利益的平衡，并且直线经理必须学会换位思考，适当地站在员工的角度思考问题，达到友好协商的结果。

很多劳动争议最终演化为企业和员工的激烈对抗，很大的原因在于企业。管理者若只站在企业的立场上单纯考虑企业利益，那么企业和员工的争议纠纷必然是越来越激化，难以调和。换位思考是双方协商并达成一致的基础，双赢互利是双方和谐的最佳策略。

重点提示

1. 理解员工关系管理对降低组织风险、提高组织竞争优势的作用，这是每一个直线经理在其管理实践中必须重视的问题。

2. 直线经理不仅是员工关系管理的制定参与者，而且是员工关系管理的实施者。员工关系管理工作，贯穿在从员工招聘入职、签订劳动合同、培训、绩效考核、薪酬支付直到员工离职以后的整个人力资源管理过程中。因此，直线经理应当与人力资源管理部门的专业人员密切配合，达到资源和信息共享，协商解决问题，规避法律风险，建立以人为本、合作共赢、和谐持久的员工关系。

3. 在员工关系管理中，直线经理应树立正确的管理理念，要以公司长远利益为重、以员工发展为重；应该掌握劳动关系政策法规，学法、懂法、用法；在工作中及时完善规章制度，自省管理行为，保证规章制度和管理行为合情、合理、合规、合法；提高沟通和冲突管理技能，尤其是危机管理技能。

讨 论 题

1. 很多管理者认为员工招聘阶段，员工关系还没有建立，不涉及员工关系管理。这种认识是否正确？查找资料，看看员工招聘阶段存在哪些员工关系管理的事项。

2. 劳动合同是调节员工关系管理的重要文件，如何合法签订劳动合同以及如何合法解除劳动合同，达到既保证企业利益又保证员工权益？

3. 企业竞争更多的是先进技术的竞争。为了保障企业的技术秘密以保持企业的竞争优势，以及和谐的员工关系，企业和员工应该做好哪些保密工作的管理？

4. 企业裁员可能会成为一种常态，越是大的企业，裁员越是影响力大。为了保证企业正常的经营活动、维护社会稳定，企业应该怎样做好裁员管理？

诺基亚"改嫁"前擅改制度 员工不愿"陪嫁"求补偿[①]

诺基亚通信设备东莞分公司 2013 年 11 月 19 日起发生较大规模的停工事件。起因是公司被微软收购，员工认为福利待遇明显降低，且在未经与员工协商的情况下修改员工手册，导致他们的权益受损，遂集体停工要求维权。

擅自修改员工手册，引不满

引发员工抗议的导火索是，诺基亚通信设备东莞分公司修订了一些制度，于 2013 年 10 月推出了新版的员工手册，于 2014 年 1 月 1 日起实施。员工反对的内容之一是工资调整。按照新版的员工手册，非员工本人原因，或因诺基亚生产任务不足导致停工、停产的，在一个工资支付周期内，诺基亚应当按照提供正常劳动支付员工工资；超过一个工资支付周期的，诺基亚可以根据员工提供的劳动，与员工重新确定工资标准。诺基亚未安排员工工作的，按当地最低工资标准的 80%支付员工生活费，生活费发放至复工、复产或者解雇员工。在对员工的年假时间计算方面进行了修改，对于 2008 年入职的所有员工，本来到 2014 年 1 月 1 日，他们即将拥有 15 天年假，此规一出，就意味着要到 2016 年 1 月 1 日才能达到 15 天年假。

疑女高管言辞不当，激发矛盾

最严重的是，修订后的员工手册涉嫌变相裁员，公司只要给员工出具三次警告就可以解雇员工，但是出具警告的标准相对以前的标准更低而且让人无法理解。公司 2013 年 9 月以来已经用此方式解雇了 100 多名员工，员工觉得权益受到严重侵犯，于 11 月 19 日集体停工，要求公司澄清事实并尊重员工权益，但是公司并未回应员工诉求。20 日，员工在厂区内看到高管所乘坐的轿车进入工厂，便上前询问何时给工人答复。一位女高管认为工人在无理取闹，便斥责工人称"停工没钱赔，压死人有钱赔"。这句话激怒了员工，于是聚集在女高管乘坐的轿车旁，要求她下车并给在场的工人道歉，当地警方随后到场清场。

从 11 月 19 日起，停工事件从最初的数百人激增至数千人，而至少 169 名员工收到公司发出的"违纪通告"。

员工要求公司"改嫁"前先补偿

事实上，根据参与停工活动的员工发布的微博，停工在一周之前的 11 月 13 日就已经开始了。该名员工在新浪微博上上传了一份致工会的"员工维权书"称，在多场沟通会上，诺基亚通信设备东莞分公司的管理层极力保证在被微软收购后员工的福利和待遇不发生变化，但随着时间的推移，公司并没有履行承诺。员工对此表示非常不满，进而提出了"天要下雨，娘要嫁人，我们管不了；但是你改嫁前先给我们补偿！"

---

① 诺基亚"改嫁"前擅改制度 员工不愿"陪嫁"求补偿. http://wyy73430.blog.163.com/blog/static/162121692201311194306946/, 2013-12-19.

思考和讨论题：

（1）根据相关法律规定，诺基亚通信设备东莞分公司存在哪些违法行为？

（2）对于目前的劳动纠纷，诺基亚通信设备东莞分公司应该怎么做？并请陈述解决矛盾的操作步骤。

（3）针对女高管言辞不当，激发矛盾的严重后果，请你谈谈直线经理在处理劳动争议时应该坚持什么理念，采用什么沟通策略。

参考文献

[1] BLOOM N, REENEN J V. Human resource management and productivity. Social science electronic publishing, 2010, 4 (4): 1697–1767.

[2] DELERY J E, ROUMPI D. Strategic human resource management, human capital and competitive advantage: is the field going in circles. Human resource management journal, 2017, 27 (1): 1–21.

[3] JOSEPH B, WALKER A, FULLER-TYSZKIEWICZ M. Evaluating the effectiveness of employee assistance programmes: a systematic review. European Journal of work and organizational psychology, 2017, 27 (4): 1–15.

[4] MCDOUGALL G H G, LEVESQUE T. Customer satisfaction with services: putting perceived value into the equation. Journal of services marketing, 2000, 14 (5): 392–410.

[5] PORTER M E. Competitive advantage. Journal of business & industrial marketing, 2011, 25 (4): 88–102.

[6] RICHARD O C, JOHNSON N B. Strategic human resource management effectiveness and firm performance. International Journal of human resource management, 2001, 12 (2): 299–310.

[7] RICHMOND M K, PAMPEL F C, WOOD R C, et al. The impact of employee assistance services on workplace outcomes: results of a prospective, quasi-experimental study. Journal of occupational health psychology, 2015, 22 (2): 170–179.

[8] SCHULER R S, MACMILLAN I C. Gaining competitive advantage through human resource. Human resource management, 1984, 23 (3): 241–255.

[9] SEARS S. A definition of career guidance terms: a national vocational guidance association perspective. Career development quarterly, 1982, 31 (2): 137–143.

[10] WAEHRER G M, MILLER T R, HENDRIE D, et al. Employee assistance programs, drug testing, and workplace injury. Journal of safety research, 2016 (57): 53–60.

[11] 鲍立刚. 员工帮助计划的运作. 企业管理, 2008 (6): 86–88.

[12] 曹溪禄. 员工帮助计划的本土化探索与实践. 山东社会科学, 2016 (4): 154–157, 148.

[13] 陈红, 张克勇. 人力资源管理与开发. 成都: 电子科技大学出版社, 2014.

[14] 程延园. 员工关系管理. 2版. 北京: 中国人民大学出版社, 2012.

[15] 德鲁克. 管理的实践. 齐若兰, 译. 北京: 机械工业出版社, 2009.

[16] 德斯勒. 人力资源管理. 刘昕, 译. 14版. 北京: 中国人民大学出版社, 2017.

[17] 高杰, 范新. 基于多维度全流程的培训效果评估体系研究: 以神华集团管理学院为案例. 中国人力资源开发, 2014 (24): 38–43.

[18] 高松. 敏捷共创. 让学习直接创造成果：定义企业培训学习新范式. 清华管理评论，2018（3）：46–56.

[19] 葛明磊，张译丹. "将军"是如何产生的：华为公司管理者培养的案例研究. 中国人力资源开发，2015（11）：21–27.

[20] 贺清君. 名企员工关系最佳管理实践. 北京：中国法制出版社，2017.

[21] 胡翔，李燕萍，李泓锦. 新生代员工：心态积极还是忿忿难平：基于工作价值观的满意感产生机制研究. 经济管理，2014（7）：69–79.

[22] 姜飞，刘大伟. 浅议企业培训项目效果评估体系的顶层设计. 物流工程与管理，2016（7）：260–262.

[23] 克雷曼. 人力资源管理：获取竞争优势的工具. 吴培冠，译. 北京：机械工业出版社，2010.

[24] 李丹，寻延年，雷小霞. 工作分析在企业人力资源管理中的一次成功实践. 人力资源管理，2014（12）：36–38.

[25] 里尔登，伦兹，彼得森，等. 职业生涯发展与规划. 侯志瑾，译. 北京：中国人民大学出版社，2016.

[26] 诺伊，霍伦贝克，格哈特，等. 人力资源管理：赢得竞争优势. 刘昕，柴茂昌，译. 北京：中国人民大学出版社，2018.

[27] 诺伊. 雇员培训与开发. 徐芳，邵晨，译. 6版. 北京：中国人民大学出版社，2015.

[28] 彭剑峰. 人力资源管理概论. 2版. 上海：复旦大学出版社，2011.

[29] 石润民. 员工关系管理焦点实务百问百答. 北京：经济科学出版社，2013.

[30] 孙宗虎，姚小风. 员工培训管理实务手册. 3版. 北京：人民邮电出版社，2012.

[31] 万希. 人力资源战略规划的发展及编制. 中国人力资源开发，2008（12）：33–35.

[32] 王炳成. 基于环境–战略–结构的人力资源规划. 中国人力资源开发，2008（12）：22–24.

[33] 王汉斌，霍一笑. 企业人力资源规划模型库构建原则的确定及流程设计. 哈尔滨商业大学学报（社会科学版），2012（1）：99–104.

[34] 王婷. 人力资源需求预测与模型构建研究：以资产管理公司为例. 中国人力资源开发，2011（3）：91–95.

[35] 张宏如. 协同与创新：员工帮助计划与企业社会工作关系研究. 江苏社会科学，2014（1）：81–84.

[36] 朱传书. 企业组织文化与人力资源激励实证研究. 河南社会科学，2016，24（11）：55–61.